COLEX READER | COLEX AUDIO

AF880833

ACCESO GRATUITO DURANTE UN AÑO AL eBOOK Y/O AUDIOLIBRO **ADQUIRIDOS A TRAVÉS DE AMAZON**

Si ha adquirido este libro a través de **Amazon**, puede solicitar acceso gratuito a su versión digital durante **un año de forma gratuita**. Siga estos pasos:

¿Cómo solicitarlo?

1. Envíe un **correo electrónico a info@colex.es** con el asunto: **«Solicitud de eBook - [Título del libro]»**.
2. **Adjunte la factura de compra** de Amazon como comprobante.
3. Indique en el cuerpo del correo:
   - Su **nombre completo.**
   - Su **dirección de correo electrónico.**
     (para activar su cuenta en **www.colex.es**, si aún no está registrada).
4. **Una vez verificada la compra, recibirá un código de activación** para canjear en www.colex.es

✓ Una vez se valide el código, aparecerá una ventana de confirmación y su eBook y/o audiolibro estará disponible **durante 1 año desde su activación** en la pestaña «Mis libros» en el menú de usuario.

— Para más información y acceso a su código, visite: www.colex.es —

* Los audiolibros están disponibles en las ediciones más recientes de nuestras obras. Se excluyen expresamente las colecciones «Códigos comentados», «Biblioteca digital» y los productos de www.vademecumlegal.es.

No se admitirá la devolución si el código promocional ha sido manipulado y/o utilizado.

LA TRANSICIÓN NORMATIVA Y DIGITAL DE LA COOPERACIÓN JUDICIAL EN LA U.E.

La presente obra es resultado del proyecto de investigación "Cooperación Judicial Europea y Tecnologías Disruptivas", concedido por la Fundación Manuel Serra Domínguez en la IX Convocatoria de Ayudas de la Fundación Privada Manuel Serra Domínguez.

LA TRANSICIÓN NORMATIVA Y DIGITAL DE LA COOPERACIÓN JUDICIAL EN LA U.E.

Dirección

Paulo Ramón Suárez Xavier

Coordinación

Lidia Domínguez Ruiz

Lucana Estévez Mendoza

Irene González Pulido

Prólogo

Silvia Pereira Puigvert

Epílogo

Milagros López Gil

COLEX 2025

© Editorial Colex, S.L.
Calle Costa Rica, número 5, 3.º B (local comercial)
A Coruña, 15004, A Coruña (Galicia)
info@colex.es
www.colex.es

I.S.B.N.: 978-84-1194-878-4
Depósito legal: C 837-2025

SUMARIO

TECNOLOGÍA, COOPERACIÓN JUDICIAL PENAL Y LUCHA CONTRA LA DELINCUENCIA MEDIOAMBIENTAL

Celia Carrasco Pérez

PARTE II
DIGITALIZACIÓN Y NUEVAS TECNOLOGÍAS Y TÉCNICAS EN LA COOPERACIÓN JUDICIAL

HACIA UN INTERCAMBIO EFECTIVO DE INFORMACIÓN DIGITAL ENTRE AUTORIDADES JUDICIALES EUROPEAS EN MATERIA DE TERRORISMO

Lucana M. Estévez Mendoza

LA COOPERACIÓN JUDICIAL PENAL EN LA UE: UNA APROXIMACIÓN PRÁCTICA DESDE LA PERSPECTIVA COMPARADA

Serena Cacciatore

LA REALIDAD VIRTUAL Y AUMENTADA COMO HERRAMIENTAS PARA DIGITALIZAR LA COOPERACIÓN POLICIAL Y JUDICIAL

Irene González Pulido

DECOMISO EUROPEO: UNA HERRAMIENTA DE COOPERACIÓN PENAL INTERNACIONAL

Paulo Ramón Suárez Xavier

PARTE III
INTELIGENCIA ARTIFICIAL Y GESTIÓN DE LA INFORMACIÓN EN EL ÁMBITO JUDICIAL

LA INTELIGENCIA ARTIFICIAL (IA) EN EUROPA: APLICACIÓN EN DILIGENCIAS PROCESALES EN EL CONTEXTO JURISDICCIONAL TRANSNACIONAL

Alejandro Manzorro Reyes

COOPERACIÓN JUDICIAL Y VIOLENCIA DE GÉNERO. A PROPÓSITO DE LA DIRECTIVA (UE) 2024/1385 DEL PARLAMENTO EUROPEO Y DEL CONSEJO, DE 14 DE MAYO DE 2024, SOBRE LA LUCHA CONTRA LA VIOLENCIA CONTRA LAS MUJERES Y LA VIOLENCIA DOMÉSTICA

Irene de Lamo Velado

ÍNDICE ALFABÉTICO REMISIVO

PRÓLOGO

El entusiasmo por escribir estas líneas no puede ser mayor porque se trata de mi primer prólogo. Además, la invitación proviene del Prof. Ramón Suárez Xavier, querido amigo, que ha contribuido y sigue contribuyendo a la disciplina del Derecho Procesal con esfuerzo encomiable y significativos resultados de investigación. Sirva este párrafo inicial para expresarle mi máximo agradecimiento.

El libro que tienen entre sus manos, titulado «La transición normativa y digital de la cooperación judicial en la Unión Europea», aborda temas de gran importancia en un mundo cada vez más tecnológico o digitalizado y en el que buena parte de la actividad delictiva y la investigación criminal se ejecutan en el ciberespacio, sin fronteras delimitadas, en diversos lugares y con efectos que irradian en varios Estados. Tal como expresa TEJADA DE LA FUENTE, es muy frecuente que las evidencias del delito se hallen almacenadas en un país distinto de aquel en el que se está llevando a cabo la investigación, no solo porque dicho país sea el lugar en el que se ha desarrollado la actividad delictiva, sino también porque un tercero ajeno, el prestador de servicios de intermediación y/o alojamiento, ha considerado más oportuno conservar la información en servicios ubicados en otros territorios.

En la misma dirección, en 2018, la Comisión Europea estimó que el 85 % de todas las investigaciones penales implican pruebas electrónicas. De ese porcentaje, dos tercios (65 %) se afirma que implican solicitudes transfronterizas a proveedores de servicios. Las pruebas pueden consistir en datos de contenido (texto, voz, imágenes, vídeo o sonido), datos de tráfico o datos de abonados. Cabe señalar que el 55 % de todas las investigaciones incluyen una solicitud de acceso transfronterizo a pruebas electrónicas[1].

En paralelo con la aparición de nuevas formas de criminalidad mucho más sofisticadas, han aumentado los instrumentos de cooperación judicial o de auxilio mutuo. El Tratado de Funcionamiento de la Unión Europea faculta al Parlamento Europeo y al Consejo para adoptar directivas «en la medida en

---

1 Información extraída del documento de trabajo «Impact Assessment accompanying the document Proposal for a Regulation of the European Parliament and of the Council on European Production and Preservation Orders for electronic evidence in criminal matters and Proposal for a Directive of the European Parliament and of the Council laying down harmonised rules on the appointment of legal representatives for the purpose of gathering evidence in criminal proceedings. SWD/2018/118 final».

que sea necesario para facilitar el reconocimiento mutuo de las sentencias y resoluciones judiciales y la cooperación policial y judicial en materia penal con dimensión transfronteriza». Junto con estas normas mínimas, hay más agencias u organismos de cooperación judicial en materia penal como Eurojust o la Fiscalía Europea.

La delincuencia se ha profesionalizado muchísimo, la ciberdelincuencia no para de ampliar su registro y existe una delincuencia transfronteriza, que actúa principalmente en el marco de organizaciones o grupos criminales, y no de manera individualizada. Todo ello fue visto y comprendido por el legislador español con la promulgación de la Ley Orgánica 13/2015, de 5 de octubre, de modificación de la Ley de Enjuiciamiento Criminal para el fortalecimiento de las garantías procesales y la regulación de las medidas de investigación tecnológica. Un amplio abanico de medidas que van desde la interceptación de las comunicaciones telemáticas hasta la captación de imágenes y sonidos o el registro remoto de dispositivos de almacenamiento masivo, entre otras. Esta reforma, si bien loable, tampoco establece la solución al problema de que en todas estas diligencias de investigación tecnológica se emplean instrumentos o se produce una injerencia en dispositivos que incluyen información de carácter personal.

La doctrina del Tribunal de Justicia de la Unión Europea (TJUE) se ha pronunciado en relación con la conservación preventiva con fines de investigación penal de los datos de tráfico y geolocalización generados durante los procesos de comunicación, que se ha reflejado en las sentencias del TJUE en los asuntos *Digital Rights Ireland y Seitlinger*; *Tele2 Sverige AB, Watson et al.*; La Quadrature du Net, etc. En esta última sentencia, se dispone que la injerencia resultante de un análisis automatizado de los datos de tráfico y localización, como la controvertida en el litigio principal, es especialmente grave, ya que abarca de manera generalizada e indiferenciada los datos de las personas que utilizan servicios de comunicaciones electrónicas.

Otra sentencia del TJUE, mucho más reciente (de 4 de octubre de 2024), ha dictaminado que el acceso de la policía, en el seno de una investigación penal, a los datos personales almacenados en un teléfono móvil puede constituir una injerencia grave o muy grave en los derechos fundamentales del interesado. El TJUE también indica que considerar que solo la lucha contra la delincuencia grave puede justificar el acceso a los datos limitaría indebidamente las facultades de investigación de las autoridades competentes.

Al mismo tiempo, cabe señalar que el Tribunal Europeo de Derechos Humanos (TEDH) ha sido llamado recientemente a pronunciarse sobre la utilización, en un juicio, de información obtenida a través de la plataforma de comunicaciones cifradas *EncroChat*. Concretamente, el asunto A.L. y E.J. contra Francia, de 24 de septiembre de 2024, que se deriva del recurso interpuesto por dos detenidos británicos arrestados sobre la base de datos de *EncroChat* recopilados en el Reino Unido por las autoridades francesas y transmitidos a las autoridades británicas a través de la orden europea de investigación.

En esta obra colectiva, asimismo, se aborda otra tipología delictiva que requiere alta sensibilización, por parte de las autoridades nacionales e internacionales, con el objeto de lograr la respuesta deseada para combatir la lacra de la violencia de género, la violencia infantil, los delitos de odio o de terrorismo.

Por otra parte, algunos de los capítulos se centran en el despliegue normativo de la inteligencia artificial y en algo que, de momento, en España, es embrionario: el metaverso. A pesar del carácter experimental, el Parlamento Europeo prevé que para el año 2026, el 25 % de las personas pasarán al menos una hora en el metaverso.

Me permito, por último, recomendar la lectura de este libro por la calidad de sus contribuciones y autores, expertos en Derecho Procesal y Derecho Procesal Europeo, algunos de la nueva hornada del Derecho Procesal. La transición normativa y la digitalización de la cooperación judicial es algo de rigurosa actualidad y, por tanto, no es un libro más. Del mismo modo, viene dirigido por el Profesor Ramón Suárez Xavier y coordinado por las Profesoras Lidia Domínguez Ruiz, Lucana Estévez Mendoza e Irene González Pulido que, si por algo se caracterizan, es por el rigor de su trayectoria profesional, ya muy consolidada, por destacar en el campo del Derecho y las nuevas tecnologías y hacerlo desde una perspectiva europea, y por ser extraordinarios compañeros de generación de quien firma este prólogo. Siento gran admiración por vosotros y, sin duda, seguiréis aportando buen hacer al Derecho Procesal. Y, por supuesto, un fabuloso e importante compañerismo. ¡*Enhorabuena, amigos!*

Olot-Girona, mayo de 2025

Sílvia Pereira Puigvert

Profesora Agregada de Derecho Procesal
Universidad de Girona

PRESENTACIÓN

Con gran satisfacción, presentamos esta obra colectiva «*La transición normativa y digital de la cooperación judicial en la Unión Europea*». Su contenido es fruto de una reflexión compartida, madurada y crítica acerca de los retos que afronta la cooperación judicial penal en el espacio europeo contemporáneo, en un contexto marcado por la transformación normativa, la aceleración tecnológica y la constante exigencia de garantizar los derechos fundamentales en escenarios transfronterizos.

La globalización, la intensificación del delito económico transnacional, el auge de los crímenes medioambientales y las amenazas asociadas al terrorismo y a las nuevas formas de delincuencia organizada exigen respuestas judiciales más eficaces, ágiles y coordinadas. Sin embargo, tales respuestas no pueden diseñarse sobre la base de los modelos clásicos de cooperación internacional, que resultan ya claramente insuficientes frente a la creciente complejidad de los fenómenos criminales y de las herramientas tecnológicas utilizadas tanto para delinquir como para investigar.

La obra que ahora el lector tiene entre sus manos surge precisamente de esta necesidad urgente de repensar —en clave europea— los mecanismos de cooperación judicial penal. Pero no desde una óptica meramente teórica, sino incorporando la experiencia práctica de quienes trabajan diariamente con instrumentos de reconocimiento mutuo, con órdenes europeas de detención e investigación, o con las nuevas competencias de la Fiscalía Europea. Se trata, en consecuencia, de un trabajo que busca incidir directamente en la mejora del sistema judicial europeo, ofreciendo diagnósticos certeros y propuestas propositivas y aplicables.

Este esfuerzo colectivo ha sido coordinado con esmero por un grupo de juristas jóvenes pero con una sólida trayectoria académica y profesional, entre quienes quiero destacar a Lidia Domínguez Ruiz, Lucana Estévez Mendoza e Irene González Pulido. Su trabajo ha sido determinante para asegurar el equilibrio temático, la coherencia metodológica y la calidad científica de los textos incluidos. A ellas, mi más sincero reconocimiento.

El libro se estructura en tres bloques. En primer lugar, se abordan los desafíos normativos que plantea la cooperación judicial en materia penal dentro del marco institucional de la Unión Europea, incluyendo el análisis de las competencias de la Fiscalía Europea, el régimen del decomiso transfronterizo, y la interpretación reciente del TJUE sobre cuestiones clave como la validez de las pruebas o el control judicial. En segundo lugar, se exploran los procesos de digitalización que afectan a la cooperación judicial, examinando tanto la aplicación de tecnologías disruptivas como la incorporación de sistemas de inteligencia artificial y modelos algorítmicos de análisis de datos. Por último, se incluye un apartado dedicado a estudios específicos sobre la violencia de género, la protección medioambiental, el terrorismo y otros fenómenos delictivos complejos, desde la perspectiva de la cooperación transnacional.

Este proyecto ha sido posible gracias al apoyo de la **Fundación Manuel Serra Domínguez**, que ha financiado esta investigación a través de su IX Convocatoria de Ayudas. La Fundación, fiel a su compromiso con la investigación jurídica, ha hecho posible que esta obra vea la luz, consolidando su papel como impulsora de iniciativas que fomentan la excelencia académica y la transferencia del conocimiento al entorno institucional. Nuestro agradecimiento a la Fundación: sin su apoyo, este trabajo no se habría materializado.

Asimismo, deseamos agradecer a **Editorial Colex**, que una vez más demuestra su apuesta por el conocimiento jurídico riguroso y actual, y que ha sabido acompañarnos con profesionalismo y cercanía a lo largo de todo el proceso de edición.

Confiamos en que esta obra sea de utilidad no solo para quienes se dedican al estudio académico del Derecho procesal, del Derecho penal europeo o de la transformación digital de la justicia, sino también para jueces, fiscales, abogados, legisladores, responsables políticos y técnicos que enfrentan, día a día, la difícil tarea de aplicar e interpretar normas en un entorno transnacional en constante evolución.

Invito al lector a acercarse a estas páginas con espíritu crítico y constructivo. Esperamos que este trabajo contribuya a la consolidación de un sistema judicial europeo más integrado, más garantista y mejor preparado para los desafíos del presente y del futuro.

Paulo Ramón Suárez Xavier
Profesor Ayudante Doctor de Derecho Procesal
Universidad de Málaga

PARTE I

DESAFÍOS EN LAS INVESTIGACIONES TRANSFRONTERIZAS Y LA COOPERACIÓN JUDICIAL

LA PROBLEMÁTICA EXISTENTE EN EL RÉGIMEN DE LAS INVESTIGACIONES TRANSFRONTERIZAS Y SU INTERPRETACIÓN POR EL TJUE

Lidia Domínguez Ruiz[1]
Profesora Titular de Derecho Procesal
Universidad de Almería

1. INTRODUCCIÓN

Desde la puesta en marcha de la Fiscalía Europea, el 1 de junio de 2021, son varias las materias de su regulación no exentas de controversia. El hecho de que el *Reglamento (UE) 2017/1939, del Consejo, de 12 de octubre de 2017, por el que se establece una cooperación reforzada para la creación de la Fiscalía Europea*[2] (en adelante, RFE) no contemple una regulación uniforme, es decir, un procedimiento común y único a nivel europeo para la persecución de los delitos que afecten a los intereses económicos de la Unión, ha originado importantes problemas en la práctica. Así, a pesar de que, originariamente, con la Fiscalía Europea se pretendía la creación de un órgano único e

---

1. Trabajo realizado en el marco del Grupo de Investigación del Plan Andaluz de Investigación, Desarrollo e Innovación (PAIDI) SEJ-384, «La renovación del sistema procesal español y europeo» (PPIT-UAL, Junta de Andalucía-FEDER 2021-2027. Programa. 54. A).

2. DOUE L 283, 31 de octubre de 2017.

independiente a nivel europeo, son diversas las cuestiones que el legislador, finalmente, ha seguido dejando en manos de los Estados miembros; y ello, en gran medida, por el recelo con el que los Estados miembros ven la limitación de sus competencias.

En este sentido, una de las cuestiones más controvertidas es el régimen de las investigaciones transfronterizas de la Fiscalía Europea, porque, aunque el RFE establece su propio mecanismo de cooperación para las investigaciones transfronterizas entre los Fiscales Europeos Delegados de los distintos Estados miembros participantes en la Fiscalía Europea, son varias las cuestiones que el legislador europeo no concreta y quedan, por tanto, en manos de las legislaciones nacionales. Nos referimos, expresamente, a la regulación contemplada en los artículos 31 y 32 del RFE; preceptos cuya aplicación práctica es bastante controvertida, y que han dado lugar a la primera cuestión prejudicial planteada frente al RFE.

Por tanto, con el presente trabajo, queremos dejar constancia tanto de la problemática interpretación de la regulación en materia de investigaciones transfronterizas de la Fiscalía Europea, como del pronunciamiento del TJUE al hilo de la cuestión prejudicial ya planteada; concretando los límites del ejercicio del control jurisdiccional de las medidas de investigación transfronterizas.

2. LAS INVESTIGACIONES TRANSFRONTERIZAS EN EL REGLAMENTO (UE) 2017/1939

Por lo que respecta al régimen de las investigaciones transfronterizas regulado en el RFE, tenemos que referirnos al artículo 31, el cual establece su propio mecanismo de cooperación para las investigaciones transfronterizas entre los Fiscales Europeos Delegados de los distintos Estados miembros. Asimismo, en sus considerandos 72 a 74, realiza una serie de precisiones y matizaciones al respecto. Y, de igual manera, el RFE dedica su artículo 32 a la ejecución de las medidas asignadas en otro Estado miembro. En cualquier caso, téngase también en cuenta los artículos 104 y 105 del RFE, aunque, por exceder del ámbito del presente trabajo no serán abordados, y es que los mismos se refieren al régimen a seguir en aquellos casos en los que fuese necesario ejecutar una medida de investigación en un tercer Estado o en un Estado miembro no participante en la Fiscalía Europea.

El hecho de que el RFE establezca su propio mecanismo de cooperación en materia de investigaciones transfronterizas se debe a que, como establece en su artículo 8.1, la Fiscalía Europea es un órgano indivisible de la Unión que funciona como una fiscalía única con estructura descentralizada. Por ello, y como regla general, para este tipo de investigaciones se sustituyen los instrumentos adoptados de conformidad con el principio de reconocimiento mutuo, y los instrumentos tradicionales de asistencia judicial recíproca, por el nuevo mecanismo de asignación entre los Fiscales Europeos Delegados que contempla el RFE. Y es que como indica el Colegio de la Fiscalía Europea en su Decisión 006/2022, de 26 de enero, que contiene directrices sobre la aplicación del artículo 31 del RFE, la aplicación práctica de dicho precepto no puede ser más complicada, burocrática y requerir más tiempo que los instrumentos de reconocimiento mutuo vigentes (apartados 1-2)[3]; de manera que el RFE intenta establecer un mecanismo de cooperación simplificado.

Sin embargo, son varias las cuestiones que el legislador europeo sigue sin concretar, quedando en manos de las legislaciones nacionales. Pasemos, pues, a analizar el contenido de los artículos 31 y 32 del RFE.

2.1. Sistema de cooperación y asignación entre los Fiscales Europeos Delegados

La creación de un órgano como la Fiscalía Europea que pretende solucionar las deficiencias de los actuales mecanismos antifraude de la Unión Europea y garantizar una mejor protección de sus intereses financieros, conlleva, lógicamente, que haya casos en los cuales las medidas de investigación tengan que llevarse a efecto, es decir, ejecutarse, en un Estado miembro distinto al del Estado miembro donde se está realizando la investigación. En estos casos hay que distinguir entre el Fiscal Europeo Delegado *encargado* y el Fiscal Europeo Delegado *asistente*. En este sentido, el Fiscal Europeo Delegado encargado es el del Estado miembro donde se está realizando la investigación, es decir, el Fiscal responsable de las investigaciones y del ejercicio de la acción penal [art. 2. 5) RFE]; mientras que el Fiscal Europeo Delegado asistente es el que se encuentra en un Estado miembro distinto al del Fiscal Europeo Delegado encargado, en cuyo territorio debe practicarse la medida de investigación, es decir, el Fiscal del Estado miembro en el que se tiene que ejecutar la medida [art. 2. 6) RFE].

Al encontrarnos ante un sistema de cooperación y asignación, como dispone el artículo 31.1 del RFE, el Fiscal Europeo Delegado encargado y el Fiscal Europeo Delegado asistente tienen que actuar con estrecha cooperación, asistiéndose y consultándose mutuamente con regularidad en los casos transfronterizos; con el propósito de llevar a cabo la investigación transfronteriza de la forma más efectiva y eficiente posible. Así, cuando la medida de investigación tenga que llevarse a efecto en un Estado miembro distinto al del Fiscal Europeo Delegado encargado, éste informará a su Fiscal Europeo Supervisor, decidirá qué medida adoptar, y asignará a un

3. Decisión 006/2022, de 26 de enero de 2022, del Colegio de la Fiscalía Europea. La misma puede consultar en:
https://eppo-lex.eu/cdn_01/

Fiscal Europeo Delegado del Estado miembro en el que tenga que ejecutarse la medida (art. 31.1-2 RFE). Pero para ello, y como dispone el *Reglamento Interno de la Fiscalía Europea*[4] en su artículo 53.1, la asignación se tiene que registrar en el sistema de gestión de casos, el cual lo notificará a los Fiscales Europeos afectados. Por su parte, el Fiscal Europeo del Estado miembro en el que deba ejecutarse la medida designará al Fiscal Europeo Delegado asistente apropiado para la labor en cuestión; quien será notificado a través del sistema de gestión de casos. Llegado este punto, el Fiscal Europeo Delegado encargado ya podrá asignarle directamente la ejecución de la medida. Aunque, en casos de urgencia, el Fiscal Europeo Delegado encargado podría también asignar la ejecución de la medida a cualquier Fiscal Europeo del Estado miembro de ejecución.

En cuanto a las medidas de investigación que pueden adoptarse, pueden ser cualesquiera de las recogidas en el artículo 30.1 del RFE, al menos en los casos en los que el delito sea punible con una pena máxima de al menos 4 años de prisión, así como aquellas a las que puedan recurrir los Fiscales Europeos Delegados en sus respectivos Estados en casos similares en virtud del Derecho nacional (art 30.1.I y 4 RFE); estando regida su motivación y adopción por la legislación del Estado miembro del Fiscal Europeo Delegado encargado (art. 31.2 RFE). Asimismo, la decisión tendrá que contener todos los elementos necesarios para que el Fiscal Europeo Delegado asistente pueda llevar a cabo la medida, indicándose, además, un plazo para su ejecución (art. 53.2 Reglamento Interno Fiscalía Europea); aunque no se concreta dicho contenido.

Sin embargo, el Colegio de la Fiscalía Europea, en el apartado 14 de su Decisión 006/2022, indica que en relación con el contenido que debe contener la asignación de la medida debe reflejarse como mínimo: el objeto y los motivos de la asignación; la información necesaria sobre el sujeto o sujetos afectados por la medida; un resumen de los hechos objeto de la investigación, su calificación jurídica y las disposiciones aplicables del RFE y de la legislación del Estado miembro del Fiscal Europeo Delegado encargado; una descripción de las medidas de investigación asignadas y de las pruebas que pretenden conseguirse; justificar que la medida de investigación asignada pueda proporcionar información útil para la investigación y que no existe una medida menos intrusiva con la cual pueda obtenerse el mismo resultado; y, cuando corresponda para la ejecución de la medida asignada, las formalidades y procedimientos que deben respetarse de conformidad con la legislación nacional del Estado miembro del Fiscal Europeo Delegado encargado.

---

4. Reglamento Interno de la Fiscalía Europea. Adoptado mediante Decisión 003/2020 de 12 de octubre de 2020 del Colegio de la Fiscalía Europea y modificado y ampliado mediante Decisión 085/2021 de 11 de agosto de 2021 y Decisión 026/2022 de 29 de junio de 20202 del Colegio de la Fiscalía Europea (DOUE C 181, de 23 de mayo de 2023).

Por su parte, el RFE contempla una serie de motivos no de denegación propiamente dichos, si no en virtud de los cuales los Fiscales Europeos Delegados participantes pueden intentar resolver la cuestión de manera bilateral, al tratarse de un mecanismo de cooperación y asignación; para lo cual el Fiscal Europeo Delegado asistente tendrá que informar a su Fiscal Europeo Supervisor y consultará con el Fiscal Europeo Delegado encargado. Los motivos son los siguientes (art. 31.5 RFE): *«a) la asignación está incompleta o contiene algún error manifiesto importante; b) no cabe llevar a efecto la medida dentro del plazo establecido en la asignación por razones justificadas y objetivas; c) una medida alternativa y menos intrusiva alcanzaría los mismos resultados que la medida asignada, o d) la medida asignada no existe o no cabría recurrir a ella en un caso nacional similar en virtud de la legislación de su Estado miembro»*[5]. Motivos respecto de los cuáles el Reglamento Interno de la Fiscalía Europea sólo se refiere al contemplado en la letra b) (art. 53.3 Reglamento Interno Fiscalía Europea).

En cualquier caso, y como dispone el RFE, si los Fiscales Europeos Delegados no consiguen resolver la cuestión bilateralmente en el plazo de 7 días hábiles y se mantiene la asignación, habrá que remitir el asunto a la Sala Permanente competente; quien decidirá, de conformidad con el Derecho nacional aplicable, si el Fiscal Europeo Delegado asistente ha de llevar a efecto la medida asignada o una sustitutoria, así como el plazo para ello (art. 31.7-8 RFE). Asimismo, y como establece el Reglamento Interno de la Fiscalía Europea en su artículo 53.4, cuando se considere necesario, por ejemplo, porque las investigaciones transfronterizas sean complejas, también podrá organizarse una reunión de coordinación en la oficina central de la Fiscalía Europea en Luxemburgo.

Finalmente, en cuanto al régimen de las investigaciones transfronterizas de la Fiscalía Europea, aunque el RFE establece su propio mecanismo de cooperación y asistencia entre los Fiscales Europeos Delegados de los distintos Estados miembros, téngase también en cuenta que, como dispone el artículo 31.6 del RFE, en aquellos casos en los que la medida de investigación asignada no esté contemplada en la legislación nacional del Estado de ejecución para una situación puramente interna, podrá recurrirse a instrumentos legales de reconocimiento mutuo o de cooperación transfronteriza. En estos casos, los Fiscales Europeos Delegados interesados podrán, de concierto con los Fiscales Europeos Supervisores correspondientes, recurrir a dichos

5. ALLEGREZZA y MOSNA consideran que los motivos del artículo 31.5 del RFE están formulados de manera amplia e imprecisa, especialmente el motivo recogido en su letra a), ya que puede dar lugar a que en un gran número de casos la solicitud aunque no sea rechazada sí sea suspendida por el Fiscal Europeo Delegado asistente, lo que iría en contra de la simplificación y celeridad de la cooperación en materia penal [ALLEGREZZA, S. y MOSNA, A., «Admisibilidad de la prueba transnacional en los procedimientos de la Fiscalía Europea», en *La Fiscalía Europea* (coord. BACHMAIER WINTER, L.), Marcial Pons, Madrid, 2018, pág. 185].

instrumentos[6]. Pero, en ningún caso, y como se indica en el considerando 73 del RFE, la posibilidad de recurrir a dichos instrumentos debe sustituir a las normas específicas que el RFE establece para las investigaciones transfronterizas, sino que debe completar el régimen establecido en el artículo 31 del RFE a los efectos de garantizar que la medida en cuestión pueda aplicarse.

2.2. El control judicial en materia de investigaciones transfronterizas

A pesar de que existen diligencias de investigación que no requieren autorización judicial en ninguno de los Estados miembros implicados y pueden, por tanto, ser tramitadas directamente entre los Fiscales Europeos Delegados, nos encontramos, sin embargo, con aquellas otras que sí la necesitan. En este sentido, y teniendo en cuenta que para la misma medida habrá Estados miembros que exijan autorización judicial y otros que no, el RFE establece la siguiente regla: si la medida requiere autorización judicial en el Estado miembro de ejecución, es decir, en el del Fiscal Europeo Delegado asistente, éste deberá obtener dicha autorización de conformidad con el Derecho de ese Estado, y si la autorización es denegada el Fiscal Europeo Delegado encargado tendrá que retirar la asignación de la medida en cuestión. Mientras que si la legislación del Estado miembro del Fiscal Europeo Delegado asistente no exige autorización judicial, pero sí la exige la legislación del Estado miembro del Fiscal Europeo Delegado encargado, este último deberá obtener la autorización y presentarla junto con la asignación de la medida (art. 31.3 RFE).

Asimismo, el considerando 72 del RFE concreta que en todo caso debe haber una sola autorización judicial, debiendo especificarse claramente a estos efectos en qué Estado miembro ha de obtenerse dicha autorización; cuestión esta que, sin embargo, no se recoge en el artículo 31. De igual manera, el citado considerando añade que, tras agotar todos los recursos, si las autoridades judiciales deniegan la medida de investigación, el Fiscal Europeo Delegado encargado debe retirar la solicitud o la orden; cuestión la de los recursos no exenta de crítica, ya que sobre los mismos tampoco se pronuncia el artículo 31 del RFE.

6. Como señala Bachmaier Winter, las normas sobre investigación transfronteriza en el ámbito de los procesos de la Fiscalía Europea son muy parcas, por lo cual, en ocasiones, deberán ser completadas con otros instrumentos. Y al respecto, en materia de medidas de interceptación de las comunicaciones, entiende que son de aplicación las normas contenidas en la Directiva 2014/41/CE sobre la orden europea de investigación en materia penal, en concreto, sus artículos 30 y 31. Sobre esta cuestión véase Bachmaier Winter, L., «Las investigaciones transfronterizas en el marco del proceso de la Fiscalía Europea», en *La Fiscalía Europea* (coord. Bachmaier Winter, L.), Marcial Pons, Madrid, 2018, págs. 161-164.

En cualquier caso, y como puede observarse, el RFE intenta evitar la doble autorización judicial, propia del sistema tradicional de cooperación judicial y reconocimiento mutuo. En este sentido, si el Fiscal Europeo Delegado encargado necesita que una medida que requiere autorización judicial en su ordenamiento se ejecute en otro Estado miembro, no tendrá que solicitar dicha autorización si la medida en cuestión requiere también autorización en el Estado miembro donde tenga que ejecutarse. Así, en estos casos, será el Fiscal Europeo Delegado asistente el que solicite la autorización judicial para ejecutarla de conformidad con el ordenamiento de su Estado. Por tanto, sólo si en el Estado de ejecución la medida en cuestión no requiere autorización judicial tendrá que ser autorizada en el Estado miembro del Fiscal Europeo Delegado encargado[7]. A ello ayudaría, como ha puesto de manifiesto la doctrina, que la Fiscalía Europea elaborase sus propias fichas belgas a los efectos de facilitar la información relativa sobre qué medidas de investigación necesitan o no autorización judicial en los distintos Estados miembros[8].

En este mismo sentido, se ha pronunciado nuestro legislador a la hora de trasponer el RFE al ordenamiento español, a través de la *Ley Orgánica 9/2021, de 1 de julio, de aplicación del Reglamento (UE) 2017/1939 del Consejo, de 12 de octubre de 2017, por el que se establece una cooperación reforzada para la creación de la Fiscalía Europea*[9] (en adelante, LOFE). Así, cuando el Fiscal Europeo Delegado español actúe como encargado, porque se esté llevando a cabo la investigación en España, si la medida que tiene que ejecutarse en otro Estado miembro requiere autorización judicial de conformidad con nuestra legislación, será el Fiscal Europeo Delegado asistente el que solicite la autorización en el Estado de ejecución de acuerdo con su derecho interno; salvo que dicha medida no requiera autorización en el Estado miembro de ejecución, en cuyo caso será nuestro Juez de Garantías el que deba autorizarla, a petición del Fiscal Europeo Delegado español encargado (art. 51.2. LOFE). Mientras que, si el Fiscal Europeo Delegado español actúa como asistente, adoptará las medidas que le sean requeridas de conformidad con nuestra legislación, y si exigen autorización judicial esta competencia le corresponderá al Juez de Garantías (art. 51.3 LOFE).

Ahora bien, el Colegio de la Fiscalía Europea, en su Decisión 006/2022, aboga por la posibilidad de que la autorización judicial se requiera tanto en el Estado del Fiscal Europeo Delegado encargado como en el del asistente,

---

7. Cfr. Morán Martínez, R. A., «Investigaciones transfronterizas y cooperación judicial internacional en la Fiscalía Europea», en *Revista del Ministerio Fiscal*, núm. 9, 2020, pág. 41; y Csonka P., Juszczak, A., y Sason, E., «The establishment of the European Public Prosecutor's Office», en *European Criminal Law Association's Forum*, 2017, núm. 3, pág. 129.

8. En este sentido, Rodríguez-Medel Nieto, C., «Investigaciones transfronterizas de la Fiscalía Europea», en *Tratado sobre la Fiscalía Europea y el procedimiento penal especial de la L.O. 9/2021, de 1 de julio*, Aranzadi, 2023, págs. 548-549.

9. BOE núm. 157, de 2 de julio de 2021.

es decir, que no exista una sola autorización tal y como indica el considerando 72 del RFE, si no que haya dos autorizaciones judiciales, una en cada Estado miembro. A estos efectos, y ante la ausencia de medios de impugnación contemplados en el artículo 31 del RFE, el Colegio de la Fiscalía Europea entiende que las razones de fondo para la adopción de una medida de investigación deben poder ser cuestionadas ante la autoridad judicial del Estado miembro del Fiscal Europeo Delegado encargado; de ahí la necesidad de que también sea necesaria autorización judicial en dicho Estado. Y es que, como dispone el artículo 42.1 del RFE, *«los actos procesales de la Fiscalía Europea que estén destinados a surtir efectos jurídicos frente a terceros serán objeto de control jurisdiccional por los órganos jurisdiccionales nacionales competentes de conformidad con los requisitos y procedimientos establecidos en el Derecho nacional»*. Por tanto, el considerando 72 del RFE no puede aplicarse en todas las situaciones al suponer una violación tanto del artículo 42.1 del RFE como del artículo 47 de la Carta Europea de Derechos Fundamentales de la Unión Europea (apartados 8-10); es decir, no podría aplicarse ni cuando la autorización judicial se requiriese sólo en el Estado miembro del Fiscal Europeo Delegado asistente, ni si la misma se requiriese tanto en el Estado miembro del Fiscal Europeo Delegado encargado como en el del asistente[10].

En definitiva, nos encontramos ante dos posturas totalmente opuestas por lo que al control judicial de las medidas de investigación transfronteriza se refiere, es decir, la seguida por el RFE y la seguida por el Colegio de la Fiscalía Europea; cuestión que, como posteriormente veremos, el TJUE intenta clarificar en su sentencia de 21 de diciembre de 2023.

2.3. La ejecución de las medidas asignadas

La ejecución de las medidas asignadas a los efectos de determinar cuál es la ley aplicable, es decir, si la del Estado miembro del Fiscal Europeo Delegado encargado o la del Estado miembro del Fiscal Europeo Delegado asistente, es otra cuestión también compleja en la práctica. A este respecto, el artículo 32 del RFE establece que la medida asignada se ejecutará de conformidad con la legislación del Estado miembro del Fiscal Europeo Delegado asistente, aunque cumpliendo las formalidades y procedimientos indicados por el Fiscal Europeo Delegado encargado, siempre y cuando no fuesen contrarios a los principios fundamentales del Estado miembro en el que se ejecute la medida. Sin embargo, el RFE no determina cómo debe proceder el Fiscal Europeo Delegado asistente en el caso de que las formalidades requeridas

10. La interpretación que hace el Colegio de la Fiscalía Europea no es compartida por la doctrina. Sobre esta cuestión, véase Rodríguez-Medel Nieto, C., Fiscalía Europea. Primer año de aplicación del Reglamento (UE) 2017/1939 y de la Ley Orgánica 9/2021 - LOFE, Createspace independent publishing platform, 2022, pág. 292.

por el Fiscal Europeo Delegado encargado sean contrarias a los principios del Estado de ejecución.

En cualquier caso, y en vista de lo expuesto, hay que respetar la legislación de los dos Estados miembros implicados; ante lo cual la doctrina entiende que, en estos casos, y en coherencia con la estrecha cooperación que los Fiscales Europeos Delegados deben mantener en materia de prueba transfronteriza, el Fiscal Europeo Delegado asistente deberá informar de esta circunstancia al Fiscal Europeo Delegado encargado[11]. Y es que, como hemos analizado con anterioridad, el RFE en su artículo 31.5 contempla una serie de motivos que, de darse, conllevan que los Fiscales Europeos Delegados tengan que resolver sus discrepancias de manera bilateral (art. 31. 6-7 RFE).

Adentrándonos un poco más en esta materia, y, al menos, por lo que al ordenamiento español se refiere, podemos referirnos a la famosa sentencia del caso Falciani[12], en la cual el Tribunal Supremo, en su fundamento de derecho cuarto, señala que *«el principio de no indagación no puede convertirse en la pieza maestra con la que resolver las dudas de ilicitud cuando los documentos bancarios ofrecidos por las autoridades policiales de un Estado extranjero han podido obtenerse con vulneración de algún derecho fundamental. De entrada, porque las citas jurisprudenciales a que hemos hecho referencia tienen en común el venir referidas a sentencias dictadas cuando la queja sobre su validez constitucional se produce en el marco de un acto de cooperación jurídica internacional y lo que se cuestiona es la falta de semejanza entre los requisitos que en uno y otro sistema disciplinan la práctica de ese acto probatorio. Es lógico que la validez en el proceso penal español de actos procesales practicados en el extranjero no se condicione al grado de similitud entre las reglas formales que, en uno y otro Estado, singularizan la práctica de esa prueba. Al juez español no le incumbe verificar un previo proceso de validación de la prueba practicada conforme a normas procesales extranjeras. Pero la histórica vigencia del principio locus regit actum, de dimensión conceptual renovada a raíz de la consolidación de patrimonio jurídico europeo, no puede convertirse en un trasnochado adagio al servicio de la indiferencia de los órganos judiciales españoles frente a flagrantes vulneraciones de derechos fundamentales. Incluso en el plano semántico la expresión principio de no indagación, si se interpreta desbordando el ámbito exclusivamente formal que le es propio, resulta incompatible con algunos de los valores constitucionales comprometidos en el ejercicio de la función jurisdiccional»*. Por tanto, cuando esté en juego la vulneración de derechos fundamentales en la actividad investigadora desarrollada en el Estado miembro de ejecución, nuestros tribunales deberían poder solicitar que se cumpla la *lex fori*, y comprobar si la investigación transfronteriza desarrollada puede utilizarse válidamente en España.

---

11. Cfr., BACHMAIER WINTER, L., «Las investigaciones transfronterizas en el marco del proceso de la Fiscalía Europea», *cit.*, pág. 161.

12. STS 116/2017 (Sala de lo Penal, Sección 1.ª), de 23 de febrero.

Y es que, con anterioridad a dicha sentencia, la admisibilidad de pruebas transfronterizas se regía por el «principio de no indagación», entendido como el rechazo a examinar las actuaciones desarrolladas en el extranjero. En este sentido, se respetaba en todo caso la lex loci, es decir, la del Estado de ejecución, a pesar de que hubiese cualquier infracción legal en materia de derechos fundamentales y garantías procesales. Y es que se entendía que la autoridad judicial española, como autoridad requirente, no podía valorar si las actuaciones se habían desarrollado de manera adecuada conforme a la legislación del Estado requerido o de ejecución. En la misma línea nuestras autoridades tampoco podían someter las actuaciones realizadas en el extranjero al filtro de las garantías procesales nacionales, al no poder exigirse a los tribunales ni autoridades extranjeros que conozcan el ordenamiento español; por lo cual se privaba a nuestras autoridades de la facultad de requerir la aplicación de la *lex fori*. Pero, tras la sentencia Falciani, como ha puesto de manifiesto la doctrina, *«los tribunales españoles deben poder controlar que la lex loci respeta las garantías esenciales del proceso penal español y también que en el caso concreto se ha respetado la lex loci: al hacerlo, los tribunales españoles no estarían invadiendo la soberanía de los Estados extranjeros, pues no pretenderían invalidar lo actuado por los tribunales extranjeros, sino decidir acerca de la validez de unas pruebas que pretenden utilizarse ante los tribunales españoles; y lo estarían haciendo como forma —como única forma— de controlar —indirectamente, por supuesto— el respeto a los derechos fundamentales reconocidos a los acusados por la Constitución»*[13].

Con posterioridad el TC, en su sentencia de Pleno número 97/2019, de 16 de julio, que trae causa de la sentencia del TS sobre el caso Falciani, sigue restringiendo la línea marcada en materia de prueba ilícita, al exigirse junto a la vulneración de derechos fundamentales la vulneración, en concreto, del artículo 24.2 de la CE referido a un proceso con todas las garantías. En este sentido, el TC se pronuncia en los siguientes términos: *«son necesarios dos pasos para determinar la posible violación del art. 24.2 CE como consecuencia de la recepción probatoria de elementos de convicción ilícitamente obtenidos: A) se ha de determinar, en primer lugar, si esa ilicitud originaria ha consistido en la vulneración de un derecho fundamental sustantivo o de libertad; B) se ha de dilucidar, en caso de que el derecho fundamental haya resultado, en efecto, comprometido, si entre dicha vulneración originaria y la integridad de las garantías del proceso justo que nuestra Constitución garantiza (art. 24.2 CE) existe un nexo o ligamen que evidencie una necesidad específica de tutela, sustanciada en la exclusión radical del acervo probatorio de los materiales ilícitamente obtenidos»* (Fundamento Jurídico 4).

13. Un estudio en profundidad sobre esta cuestión puede verse en, GASCÓN INCHAUSTI, F., «La eficacia de las pruebas penales obtenidas en el extranjero al amparo del régimen convencional: apogeo y declive del principio de no indagación», en *Orden Europea de Investigación y Prueba Transfronteriza en la Unión Europea* (dir. GONZÁLEZ CANO, M.ª I.), Tirant lo Blanch, Valencia, 2019, págs. 31–63.

Por tanto, con base en lo expuesto, podría entenderse que, si el Fiscal Europeo Delegado español encargado necesita que se practique una medida de investigación en otro Estado miembro, y en su práctica en el Estado del Fiscal Europeo Delegado asistente no se cumplen las garantías que exige el respeto de los derechos fundamentales, según el acervo de nuestro ordenamiento, dicha prueba sería excluida por nuestros tribunales[14].

Por último, y a colación de lo analizado, procede indicar que el artículo 51 de la LOFE, en su apartado 5, contempla la admisibilidad de las pruebas obtenidas en otro Estado miembro, al establecer que *«De conformidad con lo dispuesto en este artículo y en el artículo 37 del Reglamento, no será motivo de inadmisión de prueba el mero hecho de que hayan sido obtenidas en otro Estado miembro o de conformidad con el Derecho de otro Estado miembro, sin perjuicio del libre criterio para su valoración»*. Por tanto, la admisibilidad de las pruebas, como tal, no estará sometida a ningún proceso de validación, ni en el caso de que la legislación del Estado miembro del tribunal que conoce del caso prevea normas diferentes en cuanto a la recopilación y armonización de dichas pruebas; lo cual es posible gracias al principio de reconocimiento mutuo[15]. Sin embargo, podría ser inadmitida por otros motivos teniendo en cuenta el inciso final del artículo 51.5 de la LOFE. Y es que la admisión de las pruebas transfronterizas debe respetar la imparcialidad del procedimiento y los derechos de la defensa del sospechoso o acusado con arreglo a lo dispuesto en la Carta de los Derechos Fundamentales de la Unión Europea (considerando 80 RFE)[16].

3. LA INTERPRETACIÓN DEL RÉGIMEN DE INVESTIGACIONES TRANSFRONTERIZAS POR EL TJUE

3.1. La primera cuestión prejudicial planteada al Reglamento (UE) 2017/1939

En abril de 2022 fue planteada la primera cuestión prejudicial al RFE, versando la misma sobre el régimen de investigaciones transfronterizas con-

14. Cfr. DOMÍNGUEZ RUIZ, L., *El control judicial en el procedimiento de la Fiscalía Europea en España*, Tirant lo Blanch, 2023, págs. 100-101.

15. Cfr. ILLUMINATI, G., «La protección de los derechos fundamentales de los sospechosos y acusados en los procedimientos transfronterizos de la Fiscalía Europea», en *La Fiscalía Europea* (coord. BACHMAIER WINTER, L.), Marcial Pons, Madrid, 2018, pág. 247.

16. ALLEGREZZA y MOSNA entienden que una referencia genérica a los derechos fundamentales garantizados en la Carta europea, como hace el RFE, no resulta suficiente para garantizar la protección de los derechos del acusado en relación con el proceso de admisibilidad de pruebas, al contener la Carta unas garantías mínimas en la materia (ALLEGREZZA, S. y MOSNA, A., «Admisibilidad de la prueba transnacional en los procedimientos de la Fiscalía Europea», *cit.*, pág. 189).

templado en su regulación[17]. En el presente caso, a través del Fiscal Europeo Delegado alemán, la Fiscalía Europea investiga la comisión de un hecho delictivo comprendido en su ámbito de aplicación; en concreto, los investigados son sospechosos de haber eludido normas aduaneras al importar biodiesel de origen estadounidense en la Unión Europea, ocasionando un perjuicio de aproximadamente 1.295.000 euros. Ahora bien, a pesar de que la investigación se estaba llevando a cabo en Alemania, fue necesario realizar investigaciones transfronterizas en Austria, a los efectos de incautar bienes de los investigados en dicho país; para lo cual el Fiscal Europeo Delegado asistente, solicitó y obtuvo órdenes judiciales de registro de las residencias y locales comerciales de los investigados, ya que, conforme a su Derecho nacional, dichas medidas necesitan autorización judicial previa.

Por su parte, el Fiscal Europeo Delegado encargado, no obtuvo autorización judicial previa de dichas medidas en Alemania, a pesar de que tal control sí se exige en su ordenamiento, pero sigue la línea del RFE de evitar la doble autorización judicial. Así, a la hora de transponer dicho instrumento, y en virtud del artículo 31.3 del RFE, si el Estado del Fiscal Europeo Delegado asistente exige autorización judicial, será éste el que la obtenga; por lo tanto, el Fiscal Europeo Delegado encargado no solicitó la autorización judicial en Alemania.

Ante esta situación, los investigados recurrieron, ante el Tribunal Superior Regional de Viena, las órdenes de registro dictadas, sosteniendo que no eran necesarias ni proporcionadas; recursos que el Fiscal Europeo Delegado asistente consideró que debían ser desestimados, aduciendo que, en virtud del marco jurídico para medidas de investigación transfronterizas creado por el RFE, la motivación de las medidas sólo puede ser examinada en el Estado miembro del Fiscal Europeo Delegado encargado, mientras que el Fiscal Europeo Delegado asistente sólo puede comprobar si la medida cumple los requisitos formales y procesales para su ejecución.

Llegado este punto, el Tribunal Superior Regional de Viena decide plantear las siguientes cuestiones prejudiciales ante el TJUE:

> «1. ¿Debe interpretarse el Derecho de la Unión, en particular los artículos 31, apartado 3, párrafo primero, y 32 del [Reglamento de la Fiscalía Europea], en el sentido de que, en una investigación transfronteriza, cuando sea necesaria la autorización judicial de una medida que se haya de ejecutar en el Estado miembro del Fiscal Europeo Delegado asistente, debe llevarse a cabo un examen de todos los aspectos sustantivos, como la punibilidad, la sospecha, la necesidad y la proporcionalidad?
>
> 2. ¿Debe tenerse en cuenta en dicho examen si un órgano jurisdiccional ya ha examinado, en el Estado miembro del Fiscal Europeo Delegado encargado, la admisibilidad de la medida con arreglo al Derecho de dicho Estado miembro?

17. Petición de decisión prejudicial planteada por el Oberlandesgericht Wien (Austria) el 25 de abril de 2022 — G. K., B. O. D. GmbH, S. L. (Asunto C-281/22) (DOUE C 318, de 22 de agosto de 2022).

3. En caso de respuesta negativa a la primera cuestión o de respuesta afirmativa a la segunda cuestión, ¿cuál es el alcance del examen judicial que ha de llevarse a cabo en el Estado miembro del Fiscal Europeo Delegado asistente?».

En definitiva, lo que se pretende con las cuestiones prejudiciales planteadas es conocer cómo deben interpretarse los artículos 31 y 32 del RFE, a los efectos de determinar los límites del ejercicio del control jurisdiccional de los órganos jurisdiccionales del Estado miembro del Fiscal Europeo Delegado asistente en materia de medidas de investigación transfronterizas.

3.2. Las conclusiones de la Abogada General en el asunto C-281/22

Con fecha de 22 de junio de 2023, la Abogada General Tamara Capeta, presentó sus conclusiones a las cuestiones prejudiciales planteadas por el Tribunal Superior Regional de Viena[18]. Para ello, comienza plasmando la problemática existente en materia de investigaciones transfronterizas, y tras reflejar que el artículo 31.3 del RFE no especifica claramente cuál es la legislación del Estado miembro que tiene que obtener la autorización judicial previa, ni cuál es el órgano jurisdiccional responsable para conceder tal autorización, aborda las dos interpretaciones posibles en cuanto al contenido de dicho precepto.

Así, por un lado, la propuesta de los gobiernos alemán y austriaco, a favor de un examen exhaustivo en el Estado miembro del Fiscal Europeo Delegado asistente. En este sentido, entienden que, si el Estado miembro del Fiscal Europeo Delegado asistente exige autorización judicial previa para poder practicar la medida de investigación en cuestión, dicha autorización tiene que ir precedida de un examen exhaustivo; es decir, no limitándose sólo a los aspectos procesales, en cuanto a la ejecución de la medida, sino también a los aspectos sustantivos que las justifican. De manera que tendría que examinar también si se da el nivel necesario de sospecha de comisión del delito, si la medida solicitada aporta pruebas necesarias para el ejercicio de la acción penal, y si esas pruebas pueden obtenerse mediante una medida menos intrusiva (Conclusiones 35-37 y 42-43).

Por otro lado, la propuesta de la Fiscalía Europea, de la Comisión, y de los gobiernos francés, rumano y neerlandés, a favor de una clara división de tareas en cuanto a la autorización judicial se refiere; en el sentido de que, si el Estado miembro del Fiscal Europeo Delegado asistente exige auto-

18. Conclusiones de la Abogada General Tamara Capeta, presentadas el 22 de junio de 2023. Asunto C-281/22. Las mismas pueden consultarse en: https://curia.europa.eu/juris/document/document.jsf;jsessionid=6B438BBAB61F4A-D064A58A4DC5E79743?text=&docid=274882&pageIndex=0&doclang=ES&mode=req&-dir=&occ=first&part=1&cid=23900617

rización judicial para una medida de investigación, dicha autorización sólo implicará examinar los aspectos formales y procesales relativos a la ejecución de la medida. Mientras que si es sólo la legislación del Estado miembro del Fiscal Europeo Delegado encargado la que exige la autorización judicial, dicha autorización comprenderá tanto la motivación como la ejecución de la medida. De igual manera, si se requiere autorización judicial en ambos Estados miembros, esto es, en el del Fiscal Europeo Delegado encargado y en el del Fiscal Europeo Delegado asistente, tendrán que concederse dos autorizaciones; así el órgano jurisdiccional del Estado del Fiscal Europeo Delegado encargado autorizará la medida si entiende que está justificada, y el órgano jurisdiccional del Estado del Fiscal Europeo Delegado asistente autorizará los aspectos procesales de su ejecución. Y es que entienden que la finalidad de evitar la doble autorización judicial indicada en el considerando 72 del RFE no queda, finalmente, contemplado en su artículo 31. No obstante, aunque haya supuestos en los que sean necesarias dos autorizaciones judiciales, en realidad, debido a la clara división de tareas, cada cuestión requerirá una sola resolución (la relativa a la motivación y la relativa a la ejecución); evitándose de esta manera la contradicción entre el artículo 31.3 y el considerando 72 del RFE (Conclusiones 38-40, 44-45 y 54).

Teniendo en cuenta ambas interpretaciones, y tras analizar sus pros y contras, la Abogada General se decanta por la segunda de ellas, al entender que es la opción que mejor respeta los objetivos perseguidos por el RFE. Así, en sus conclusiones, propone que el TJUE interprete los artículos 31.3 y 32 del RFE en el sentido de que *«(...) en las investigaciones transfronterizas, el tribunal que apruebe una medida de investigación que deba ser ejecutada en el Estado miembro del Fiscal Europeo Delegado asistente solo puede examinar los aspectos relativos a su ejecución». Y, de igual manera, en el sentido de que «(...) los tribunales del Estado miembro del Fiscal Europeo Delegado asistente deben aceptar la apreciación del Fiscal Europeo Delegado encargado en cuanto a la justificación de la medida, al margen de que esa medida esté respaldada por una autorización judicial previa de los tribunales del Estado miembro del Fiscal Europeo Delegado encargado»*. Y es que, según la Abogada General, esta interpretación no es contraria al contenido del artículo 31.3 del RFE y da cumplimiento en mayor medida al objetivo del RFE de crear un sistema eficaz en la lucha contra los delitos que afecten a los intereses financieros de la Unión Europea (Conclusiones 73 y 116). Por último, y por lo que respecta a la garantía de los derechos fundamentales de los sospechosos y acusados en el ámbito de las investigaciones transfronterizas, la Abogada General entiende que la interpretación que propone de los artículos 31.3 y 32 del RFE no pone en riesgo la protección de tales derechos. Al contrario, y pese a no prever el RFE motivos de denegación en el Estado miembro del Fiscal Europeo Delegado asistente, considera que son varias las salvaguardas que recoge en su articulado para garantizar su protección: en primer lugar, el mecanismo de cooperación entre los Fiscales Europeos Delegados encargado y asistente del artículo 31.5 del RFE; en segundo lugar, el alcance de la protección de los derechos fundamentales comprendido en el artículo 41 del RFE; y en tercer y último lugar, la exigencia del artículo 42.1 del RFE de que todos los Estados miembros tengan que prever el control jurisdiccional de los actos procesales de la Fiscalía Europea. En definitiva, la Abogado General entiende que mientras no existan normas penales comunes en la Unión Europea, la Fiscalía Europea es un sistema de reconocimiento mutuo, que, aunque no puede tacharse de pleno, es la norma jurídica más avanzada hasta el momento (Conclusiones 101 y 105).

3.4. La STJUE de 21 de diciembre de 2023

A la luz de las cuestiones prejudiciales planteadas por el Tribunal Superior Regional de Viena, el TJUE sigue la línea marcada por la Abogada General Tamara Capeta, en sus conclusiones de 22 de junio de 2023, aunque da un paso más y realiza una importante matización en materia de derechos fundamentales.

Así, en su sentencia de 21 de diciembre de 2023[19], y tomando como base los principios de confianza mutua y de reconocimiento mutuo propios del sistema de cooperación judicial penal, el TJUE también entiende que de los artículos 31 y 32 del RFE se desprende un claro reparto de competencias. En este sentido, mientras que el control de la motivación y adopción de una medida de investigación asignada corresponde a la autoridad judicial del Estado miembro del Fiscal Europeo Delegado encargado, en cambio el control de su ejecución corresponde a la autoridad judicial del Estado miembro del Fiscal Europeo Delegado asistente (apartado 55).

Para llegar a dicha conclusión, como acabamos de indicar, toma en consideración otros instrumentos utilizados en el ámbito de la cooperación judicial en materia penal, en concreto, la orden europea de detención y la orden europea de investigación; en los cuales la autoridad de ejecución no puede tampoco controlar el cumplimiento de los requisitos necesarios para la emisión de una orden europea de detención o de investigación, respectivamente, ya que dicho control corresponde a la autoridad de emisión. En este sentido, entiende que el legislador europeo ha pretendido establecer un mecanismo que garantice las investigaciones transfronterizas de la Fiscalía Europea, al menos en el mismo nivel que el resto de los instrumentos ya previstos. Por tanto, si la autoridad competente del Estado miembro del Fiscal Europeo Delegado asistente pudiese examinar la motivación y adopción de la medida, no se conseguiría en la práctica el objetivo previsto por el RFE y su sistema sería menos eficaz que el del resto de instrumentos jurídicos (apartados 55-68).

19. Sentencia del Tribunal de Justicia (Gran Sala), de 21 de diciembre de 2023, asunto C-281/22 (ECLI:EU:C:2023:1018).

Ahora bien, tras fijar la distinción entre las responsabilidades vinculadas a la motivación y adopción de la medida, de una parte, y a su ejecución, de otra, el TJUE sigue profundizando a los efectos de establecer una salvaguarda en materia de protección de los derechos fundamentales. A este respecto, cuando las medidas de investigación que pretendan adoptarse conlleven injerencias graves en derechos fundamentales[20], el Estado miembro del Fiscal Europeo Delegado encargado tiene que prever en su ordenamiento un control jurisdiccional previo con la finalidad de garantizar la legalidad y la necesidad de la medida en cuestión; respetándose, de esta manera, las exigencias derivadas de la Carta de los Derechos Fundamentales de la Unión Europea, a las que tiene que acogerse la Fiscalía Europea en el ejercicio de sus funciones, como se desprende de los considerandos 80 y 83 y de los artículo 51 y 41.1-2 del RFE (apartados 73-76).

En cualquier caso, y como ya señalamos al analizar el régimen de las investigaciones transfronterizas de la Fiscalía Europea, téngase también en cuenta que el hecho de que el Estado miembro del Fiscal Europeo Delegado asistente no pueda examinar la motivación y la adopción de la medida de investigación asignada, no impide que si considera que los mismos resultados puedan alcanzarse con una medida alternativa y menos intrusiva, informe a su Fiscal Europeo Supervisor y consulte con el Fiscal Europeo Delegado encargado para resolver la cuestión bilateralmente (apartado 77).

En definitiva, y en palabras literales del TJUE, *«los artículos 31 y 32 del Reglamento 2017/1939 deben interpretarse en el sentido de que el control efectuado en el Estado miembro del fiscal europeo delegado asistente, cuando una medida de investigación asignada exige autorización judicial de conformidad con el Derecho de dicho Estado miembro, podrá versar solamente sobre los elementos relativos a la ejecución de dicha medida, y no sobre los relativos a la motivación y a la adopción de la mencionada medida, debiendo estos últimos ser objeto de un control jurisdiccional previo en el Estado miembro del fiscal europeo delegado encargado en caso de injerencia grave en los derechos que a los interesados les garantiza la Carta»* (apartado 78).

En vista de lo expuesto, el legislador europeo tendrá que aclarar el ámbito del control judicial por parte de la autoridad competente del Estado miembro al que pertenece el Fiscal Europeo Delegado asistente, para lo cual debería reformar el contenido del artículo 31 del RFE, concretando, en general, las distintas posibilidades de control jurisdiccional en materia de investigaciones transfronterizas. Y, de igual manera, aquellos Estados miembros que, como el caso de Alemania o España, han transpuesto el RFE evitando la doble autorización judicial en materia de investigaciones transfronterizas, en base a las indicaciones del RFE, tendrán que realizar las modificaciones oportunas

20. Así, el TJUE, en el apartado 75 de su sentencia, indica como ejemplos las inspecciones en domicilios privados, las medidas cautelares en relación con pertenencias personales y la inmovilización de activos del artículo 30.1 a) y d) RFE.

en los términos indicados[21]. Asimismo, sería conveniente que el legislador europeo a la hora de aclarar la regulación del artículo 31 del RFE se pronuncie sobre los recursos posibles en materia de investigaciones transfronterizas, y elimine la referencia a una sola autorización judicial del considerando 72 del RFE; siendo también adecuado que el Colegio de la Fiscalía Europea, siguiendo la línea del TJUE, fuese actualizando su Decisión 006/2022 sobre la aplicación del artículo 31 del RFE.

Tal vez la regulación prevista en la Propuesta de RFE hubiese evitado la problemática existente, sobre todo teniendo en cuenta que los ordenamientos de los distintos Estados miembros no garantizan la protección de los derechos fundamentales de manera uniforme. Así, en su artículo 26, la Propuesta contemplaba veintiuna medidas de investigación diferentes, respecto de las cuales, el apartado 4, determinaba cuáles de ellas necesitaban autorización judicial en el Estado miembro de ejecución y, el apartado 5, cuáles de ellas necesitaban autorización judicial en el Estado miembro en el que se llevase a cabo la investigación[22]. Sin embargo, como pone de manifiesto la Abogada General Tamara Capeta, en sus Conclusiones 23 a 25, dicha regulación fue rechazada por catorce parlamentos nacionales, mediante el mecanismo de control del respeto del principio de subsidiariedad del Protocolo número 2, al entender que la enumeración de las medidas de investigación podía rebajar el nivel de las normas procesales y no garantizar el nivel de protección necesario de los derechos fundamentales, ya que algunas de las medidas de investigación no existían en la legislación de algunos de los Estados miembros; y es que el recelo de los Estados miembros a la perdida de sus competencias ha estado siempre presente[23].

---

21. En este mismo sentido, HERRNFELD, H. «Efficiency contra legem?: remarks on the Advocate General's opinion delivered on 22 June 2023 in case C-291/22 G.K. and others (Parquel européen)», en *Eucrim: the European Criminal Law Associations' forum*, 2023, núm. 2, pág. 235.
Por su parte, GUERRA, J. D. señala, también, como posible solución el ampliar el ámbito de aplicación del apartado 6 del artículo 31 del RFE. De manera que el acudir a otros instrumentos jurídicos sobre reconocimiento mutuo o cooperación transfronteriza no se limite solo a los casos en los que la medida asignada no exista en una situación puramente nacional [GUERRA, J. D., «As investigações transfronteiriças», en *Procuradoria Europeia e Criminalidad Económico-Finaceira* (eds. MIRANDA RODRIGUES, A., NIETO MARTÍN, A., ACALE SÁNCHEZ, M., y COSTA, M. J.), Coímbra, 2023, pág. 65].

22. *Propuesta de Reglamento del Consejo relativo a la creación de la Fiscalía Europea*, Bruselas 17 de julio de 2013, COM (2013) 534 final, 2013/0255 (APP).

23. En todo caso, no está de más cuestionarse si la Unión Europea puede llegar tan lejos en el ejercicio de sus competencias, y es que, siguiendo a ORMAZÁBAL SÁNCHEZ, un órgano de las características de la Fiscalía Europea sólo tendría pleno sentido si la Unión Europea tuviese competencia legislativa propia en materia penal para proteger bienes jurídicos propiamente europeos, es decir, para crear tipos penales propios [ORMAZÁBAL SÁNCHEZ, G., «Hacia una autoridad de persecución criminal común para Europa (Reflexiones acerca de la conveniencia de crear una Fiscalía Europea y sobre el papel de EUROJUST)», en *La Ley Penal: revista de derecho penal, procesal y penitenciario*, núm. 56, 2009, apartado IV].

4. CONSIDERACIONES FINALES

A pesar de que el RFE establece su propio mecanismo de cooperación y asistencia para las investigaciones transfronterizas entre los Fiscales Europeos Delegados de los distintos Estados miembros, son varias las cuestiones que el legislador europeo no concreta y, por tanto, quedan en manos de las legislaciones nacionales; lo cual, claro estaba, no iba a tardar en originar problemas en la práctica, siendo la primera cuestión planteada contra el RFE en materia de investigaciones transfronterizas.

Pero el problema existente no es solo que haya que acudir a la legislación de los Estados miembros implicados a los efectos de terminar de concretar el régimen de las investigaciones transfronterizas, si no que el legislador europeo en la parte que sí le correspondía regular sigue sin pronunciarse sobre algunas cuestiones. En este sentido, en el artículo 31 del RFE no queda clara la necesidad de autorización judicial previa para las medidas de investigación transfronteriza; sobre todo en aquellos casos en los que las autoridades de ambos Estados exijan autorización judicial previa, y es que, aunque el considerando 72 el RFE señala que debe especificarse claramente en qué Estado miembro ha de obtenerse la autorización, debiendo haber en todo caso solo una, el artículo 31 no se pronuncia al respecto. Y de igual manera tampoco lo hace en materia de recursos.

Así, y tras la cuestión prejudicial planteada por el Tribunal Superior Regional de Viena, el TJUE en su sentencia de 21 de diciembre de 2023 sigue la línea marcada por la Abogada General Tamara Capeta en sus conclusiones de junio de 2023, aunque da un paso más y realiza una importante matización en materia de derechos fundamentales. En este sentido, cuando la medida de investigación exija autorización judicial de conformidad con el Derecho del Estado miembro del Fiscal Europeo Delegado asistente, el control judicial se limita a los elementos relativos a su ejecución, en ningún caso a los relativos a su motivación o adopción; control este último que se realiza en el Estado miembro del Fiscal Europeo Delegado encargado. Y, en todo caso, si la medida de investigación asignada por el Fiscal Europeo Delegado encargado conllevase una injerencia grave de los derechos fundamentales debe ser objeto de control jurisdiccional previo en su propio Estado.

Por tanto, habrá situaciones en la que es posible que concurran dos autorizaciones judiciales, una por parte de la autoridad judicial del Estado miembro del Fiscal Europeo Delegado encargado, a los efectos de garantizar la legalidad y necesidad de la medida cuando suponga injerencias graves en derechos fundamentales, y otra por parte de la autoridad judicial del Estado miembro del Fiscal Europeo Delegado asistente cuando la medida lo exija de conformidad con su Derecho nacional. No obstante, y como señala la Abogada General en sus Conclusiones, aunque haya supuestos en los que sean necesarias dos autorizaciones judiciales, en realidad, cada cuestión requeriría una sola resolución (la relativa a la motivación y la relativa a la ejecución);

evitándose de esta manera la contradicción entre el artículo 31.3 y el considerando 72 del RFE.

En definitiva, el TJUE, tras el pronunciamiento en su sentencia de 21 de diciembre de 2023, está avanzando indirectamente en la consecución de la armonización del Derecho procesal penal europeo, y todo apunta a que el legislador europeo tendrá que aclarar la regulación del artículo 31 del RFE en los términos ya expuestos, así como el contenido del considerando 72; lo cual es posible gracias a la cláusula de revisión del artículo 119 del RFE. En cualquier caso, también sería conveniente que el Colegio de la Fiscalía Europea, siguiendo la línea del TJUE, fuese actualizando su Decisión 006/2022 sobre la aplicación del artículo 31 del RFE. Y, de igual manera, los Estados miembros tendrán que adaptar sus legislaciones a las exigencias del TJUE.

LA VIABILIDAD DE LA UTILIZACIÓN DE LOS MODELOS ALGORÍTMICOS DE ANÁLISIS DE DATOS EN EL SENO DE LA FISCALÍA EUROPEA

Rodrigo Miguel Barrio[1]
Profesor ayudante doctor
Universidad de Burgos

1. UNA PRIMERA APROXIMACIÓN

La Unión Europea (UE) administra y gestiona una significativa cantidad de fondos económicos, los cuales son destinados a los Estados Miembros a través de programas y proyectos que abarcan desde el desarrollo agrícola hasta el desarrollo regional, pasando por la investigación científica y la respuesta a crisis económicas, proporcionando así un soporte financiero a diversas regiones de la UE. Empero, la realidad evidencia una administración plagada de numerosos desafíos, destacándose el fraude y la corrupción como dos problemas persistentes en la distribución de dichos fondos. Esta situación representa una amenaza a la integridad financiera del territorio europeo ante actores malintencionados que explotan las deficiencias de los mecanismos de financiación.

La Fiscalía Europea (en adelante, EPPO), instituida[2] con el propósito de perseguir este tipo de delincuencia económica que afecta los intereses finan-

---

1. Trabajo realizado en el marco del proyecto de investigación del plan estatal «El Derecho Procesal civil y penal desde la perspectiva de la Unión Europea: la consolidación del Espacio de Libertad, Seguridad y Justicia»
(Ref. PID2021-124027NB-I00), financiado por MCIN/AEI/10.13039/501100011033/FEDER, UE.

2. A través de Reglamento (UE) 2017/1939 del Consejo, de 12 de octubre de 2017, por el que se establece una cooperación reforzada para la creación de la Fiscalía Europea, y en adelante RFE.

cieros de la UE[3], se enfrenta a la posibilidad de que su actuación resulte inocua en la práctica. La magnitud de las cuantías defraudadas, la multitud de individuos involucrados, así como el uso de diversos instrumentos públicos para falsificar cifras, lo cual implica una sofisticación en los actos de corrupción. La participación de personal público en el fraude, usualmente en connivencia con empresas privadas, como se ha observado en España, demanda la implementación de herramientas más avanzadas que las tradicionales. En este contexto, las tecnologías disruptivas emergen como una solución. El análisis de datos y el aprendizaje automático o *machine learning* (ML) se presentan como vías prometedoras para situar la investigación en un paso por delante de la delincuencia. El análisis de grandes volúmenes de datos para identificar patrones sospechosos puede proporcionar a la EPPO una significativa ventaja en la prevención e investigación de actividades fraudulentas. No obstante, no deben ignorarse las dificultades y reticencias que estos modelos pueden generar en su aplicación, especialmente aquellas relacionadas con la afectación de los datos personales de las personas investigadas por los modelos algorítmicos.

El presente trabajo tiene como objetivo el estudio de la utilización del análisis de datos del *machine learning* como instrumentos que fortalezcan las capacidades de la EPPO para combatir el fraude en la administración de fondos europeos. Para ello, en primer lugar, es necesario comprender las limitaciones que enfrenta la EPPO en la investigación de estas actividades ilícitas ante el gran volumen de fondos económicos y su amplia distribución. En segundo lugar, se debe examinar la aplicabilidad de las tecnologías disruptivas en el presente ámbito y las posibles ventajas que ello podría suponer, identificando igualmente los retos y problemas que pueden derivarse de tales circunstancias.

2. APROXIMACIÓN A LA FISCALÍA EUROPEA Y LIMITACIONES

No es objeto del presente trabajo efectuar un pormenorizado análisis conceptual de la figura, pues su propósito se centra en la aplicación de tecnologías disruptivas en la misma. Empero, resulta imprescindible abordar una aproximación al mandato de la EPPO y las limitaciones que pueden emerger en su implementación. Responder a la primera cuestión resulta una

3. El art. 2.1 Directiva (UE) 2017/1371 del Parlamento Europeo y del Consejo, de 5 de julio de 2017, sobre la lucha contra el fraude que afecta a los intereses financieros de la Unión a través del Derecho penal, hace referencia al término «intereses financieros de la Unión» como todos los: «ingresos, gastos y activos cubiertos por, adquiridos a través de, o adeudados a: i) el presupuesto de la Unión, ii) los presupuestos de las instituciones, órganos y organismos de la Unión creados de conformidad con los Tratados, u otros presupuestos gestionados y controlados directa o indirectamente por ellos»;

tarea sencilla. La EPPO, como órgano[4] independiente[5], tiene como finalidad investigar los delitos que atenten contra los intereses financieros de la UE[6] (delitos PIF)[7], ejerciendo en la misma medida la acción penal. Por tanto, instruye, designa el ordenamiento jurídico competente para el enjuiciamiento del delito y sostiene la acusación ante los tribunales competentes (Pérez Marín, 2019, p. 263). Para ello, podrá recabar denuncias procedentes de las instituciones y órganos de la UE, de las autoridades competentes de

4. Es trascendente destacar cual es la naturaleza de la Fiscalía Europea. Aun utilizándose términos muy amplios como institución, es más correcto denominarlo como órgano, de carácter europeo. En tal cuestión se sitúa JIMENO BULNES (2023, pp. 70-75), para quien no puede denominarse como «institución», al no estar recogida en la actualidad dentro de la enumeración del art. 13 TUE; tampoco como «agencia», puesto que la relación de la EPPO con Eurojust no es más que de proximidad y colaboración; y el término «órgano» se encuentra más adaptado a la propia estructura del modelo, de carácter supraestatal, colegiado, híbrido, trasnacional y descentralizado. La autora igualmente utiliza la denominación instrumento orgánico para separarlo de los restantes instrumentos de cooperación o de aproximación legislativa (JIMENO BULNES, 2021, p. 1021).

5. Aun cuando del sexto artículo del reglamento se determina el carácter de independencia de la EPPO en el ejercicio de sus funciones, no pudiendo recibir instrucciones ni influencias de ninguna persona, física o jurídica, ni de ningún EEMM ni institución u organismo de la UE, el término independencia no lo consideramos idóneo. Esta nomenclatura tiene que ser precisa y formal, y determinar con exactitud el concepto es vital para su entendimiento. La independencia, aunque también se use en el ámbito del Ministerio Fiscal (especialmente en un término negativo), tiene mayor relación con el ámbito judicial, con aquello que se expresaba la Exposición de motivos de la LOPJ de 1870 como «la cualidad más preciosa y esencial de la magistratura». En tal cuestión GÓMEZ COLOMER (2021, pp. 221-222) entiende más óptimo haber utilizado el término objetividad, el cual, como manifestación del principio de imparcialidad, determina el modo de actuar del órgano. Igualmente, interesante es la concreción que realiza VIDAL FERNÁNDEZ, Begoña (2023, p. 31) al determinarlo como independiente «institucional, orgánica y funcionamente».

6. Determina SEGURA RODRIGO (2020, p. 8) la dificultad que puede extraerse del órgano enjuiciador en el supuesto de delitos relativos a la malversación de caudales públicos y cohechos investigados por la EPPO. La complejidad en la investigación conlleva tecnicismo, especialmente en relación a las diligencias de investigación llevadas a cabo en varios Estados, es poco compatible con esta institución. Igualmente, de la lectura del RFE se observan preceptos que, no siendo totalmente contrarios, muestran un camino contrario a la aplicación del Tribunal del Jurado, como el art. 36.4 o especialmente el 37.2, determinando este último que la valoración de la prueba se efectuará por un tribunal profesional, postulado que colisiona con los actuales postulados del Jurado.

7. Acudiendo al art. 3.2 de la Directiva 2017/1371 sobre la lucha contra el fraude que afecta a los intereses financieros de la Unión a través del Derecho penal, se pueden observar los distintos tipos de delitos que entran dentro del ámbito de aplicación de la Fiscalía. De esta forma se pueden encontrar algunos como el contrabando, el fraude de subvenciones o contra los presupuestos de la Unión o licitaciones y adjudicaciones de contrataciones fraudulentas. Todo ellos siempre y cuando hayan sido desarrollados de manera dolosa y hayan provocado un perjuicio económico al presupuesto de la UE superior a diez mil euros. En caso de cuantía inferior, la EPPO podrá ejercer su competencia si repercusión a escala de la UE o sean sospechosos funcionarios, agentes o miembros de las instituciones de la UE.

los EEMM o de cualquier particular (Moreno Catena, 2014, p. 63), en relación con presuntos casos de fraudes o irregularidades.

Su génesis responde a la necesidad de brindar una respuesta frente al considerable fraude transnacional y la utilización indebida de fondos públicos que acaece en los territorios de la UE. Ante las insultantes cifras de corrupción y de pérdidas, que ascienden a cuantías de hasta 140.000 millones de euros, la limitación competencial de las autoridades nacionales a sus respectivas circunscripciones territoriales y la imposibilidad de que los órganos de la UE como la Oficina Europea de Lucha contra el Fraude (OLAF), la Agencia de la Unión Europea para la Cooperación Policial (Europol) y la Agencia de la Unión Europea para la Cooperación Judicial Penal (Eurojust) pudieran iniciar diligencias de investigación en los EEMM (Domínguez Ruiz, 2023, p. 24), evidenciaban la imperiosa necesidad de establecer un órgano supranacional dotado de tales competencias. Este organismo debía superar las deficiencias existentes y establecer uniformidad en las actuaciones a desarrollar[8]. En este sentido, el considerando 10 y el art. 3.3 RFE, y en conformidad con el art. 86 TFUE[9], establecen una estrecha relación entre la actuación de la Fiscalía Europea y de Eurojust basada en la cooperación mutua (art. 100 RFE).

Retomando la primera cuestión, el ámbito de actuación de la EPPO se focaliza en la protección de los intereses financieros de la UE. La economía constituye el motor de los EEMM, y no deja de ser la base sobre la que se asientan otros pilares, como el desarrollo social. Por tanto, la protección de estos intereses por parte de la EPPO implica, de manera indirecta, un efecto expansivo en su ámbito de protección hacia otras cuestiones que pueden verse afectadas por los fraudes cometidos en perjuicio de los intereses financieros.

Una manifiesta dificultad que emana de este órgano se relaciona con la posible «pérdida de soberanía» por parte de los EEMM. La EPPO, en su esencia, es un órgano que asume competencias de instrucción asignadas a autoridades nacionales, ya sea un fiscal o un juez instructor, cuestión que, lógicamente, no es pacífica (Lorente Sánchez-Arjona, 2015, p. 323). Hay que entender que la competencia es conferida a los diferentes órganos nacionales conforme un conjunto de normas, en nuestro caso Leyes Orgánicas, que respetan la trascendencia de la función jurisdiccional. Ello no impide que dicha exclusividad pueda ser modulada a través de un conocimiento por órganos supranacionales de asuntos determinados. Así, y en lo que respecta a la EPPO, es previsible que en la práctica pueda generar ciertas reticencias

8. En tal cuestión manifiesta Bachmaier Winter (2018, p. 16), que el fraude a los fondos públicos europeos supone un fraude a todos los ciudadanos europeos, siendo necesario establecer un modelo uniforme.

9. El segundo precepto del art. 86 TFUE prevé un procedimiento de cooperación reforzada que permitió la aprobación del RFE a pesar de no existir unanimidad entre los EEMM, evitando hipotéticos bloqueos y permitiendo que un grupo de nueve EEMM pudieran dar luz al proyecto (Domínguez Ruiz, 2023, p. 242).

que un órgano externo al ámbito nacional pueda llevar a cabo investigaciones penales. Esto se enfatiza especialmente en relación con la UE y su real falta de competencia legislativa en materia penal.

¿Realmente existe un tipo penal propio a nivel comunitario? La respuesta es negativa, pues no tiene asignada tal competencia la UE para crearlo. En consecuencia, las dudas sobre esta figura pueden llevar a su rechazo. Su aplicabilidad se inserta dentro del Proceso Penal Europeo, cuya implementación tiene un carácter nacional. Es decir, no es necesario que exista una afectación a un bien jurídico europeo como tal, a diferencia de la Fiscalía Europea, que sí tiene esta vinculación con intereses europeístas. Estas cuestiones deben ser entendidas como un camino hacia la construcción de un verdadero espacio judicial europeo en materia penal, siendo la EPPO una parte integral de este, que permita la cooperación judicial en ciertas infracciones que, aun sin existir una cohesión en cuanto a su penalidad, posibiliten una persecución delictiva conjunta y coordinada.

Es menester recordar que la EPPO adopta un modelo híbrido, funcionando a dos niveles: uno internacional y otro estatal. El primero, situado fuera de los EEMM, está formado por la oficina central, sita en Luxemburgo, integrada por el Fiscal General Europeo, los fiscales adjuntos a este último, el Colegio de Fiscales Europeos, las Salas Permanentes y los Fiscales Europeos. El segundo de ellos, en un prisma nacional o descentralizado, está formado por los veintidós Fiscales Europeos Delegados elegidos por los países participantes y por las Salas permanentes para la supervisión y dirección de las medidas de investigación.

Este diseño se percibe ciertamente complejo, lo que lleva a autores como Calderón Cuadrado (2020, p. 253) a señalar que dicha estructura no facilita las labores reales. A mayor complejidad en la EPPO, menores posibilidades de obtener una tutela ágil y eficaz, disminuyendo así su utilidad real por su propia estructura. Esto representa una verdadera afectación para la UE, que sigue viéndose perjudicada en cuanto a sus intereses financieros, pero especialmente en lo más trascendental: sus ciudadanos. En última instancia, la corrupción de cuantías económicas y fondos de la UE no provoca un menoscabo real a la propia comunidad política que es la UE, sino que el daño real se inflige al ciudadano desde dos perspectivas. En primer lugar, el ciudadano se ve perjudicado al utilizarse fraudulentamente las cuantías económicas debidamente recaudadas a través de los impuestos que paga. En segundo lugar, cuando el ciudadano es el beneficiario de los fondos europeos y se produce un fraude en los mismos. En ambos supuestos, los intereses financieros de la UE convergen en la persona física del ciudadano común, quien observa cómo sus impuestos son ilícitamente adquiridos por un individuo que no es el beneficiario real, o sufre las consecuencias de no recibir la cuantía destinada para él, ya sea de manera directa o indirecta, como ayuda al desarrollo económico, tecnológico, industrial o social de una circunscripción territorial o modelos empresariales.

Siguiendo la reflexión llevada a cabo por Satzger (2018, pp. 77-94), se evidencia que el modelo adoptado para la Fiscalía Europea adolece de inadecuaciones, pues su estructura podría ser más eficaz bajo el principio de complementariedad. Bajo esta perspectiva, la EPPO adoptaría un carácter menos intervencionista, restringiendo su competencia únicamente a los casos en los que las autoridades nacionales no puedan o no quieran intervenir en defensa de los intereses financieros de la UE. Tal enfoque conferiría una mayor autonomía a las autoridades nacionales en la persecución de estos delitos, evitando cualquier intromisión en su ámbito de competencia. En una línea de pensamiento similar, Armenta Deu (2021, pp. 148-149) sugiere que deberían haberse respetado los principios de subsidiariedad y proporcionalidad. De esta manera, se habría fomentado una protección más eficaz de los intereses de la UE sin dar lugar a suspicacias.

En cuanto a sus funciones, tal y como ya se ha venido adelantando, estas se enfocan en la investigación, encomendadas a los Fiscales Europeos Delegados en cada EEMM, de los delitos que perjudiquen los intereses financieros de la UE. Dichos fiscales ejercen la acción penal contra los responsables de tales actos, solicitando la apertura del juicio oral. Todas las actuaciones deben desarrollarse dentro de los plazos legalmente establecidos en cada país, con el fin de evitar demoras injustificadas. Manifiesta Domínguez Ruiz (2023, p. 153) que hubiera sido prudente establecer un plazo común para todas las diligencias de investigación mediante el Reglamento de la EPPO, lo que habría promovido una mayor cohesión a nivel comunitario.

Para llevar a cabo estas funciones, la EPPO está facultada para realizar todas las diligencias de investigación necesarias para esclarecer los hechos, bajo la dirección, supervisión y coordinación de las Salas Permanentes y del Fiscal Europeo Supervisor sobre los Fiscales Europeos Delegados encargados de tales investigaciones. El enjuiciamiento de las actuaciones se realiza en los tribunales nacionales del Estado Miembro en el que se desarrollan los actos procesales, lo que implica que la labor de la EPPO se ajuste a las normas procesales nacionales. En este sentido, Pérez Marín (2019b, pp. 691-692) cuestiona si la verdadera intención de crear un ordenamiento procesal penal europeo debería ser mediante esta vía o si sería más adecuada la creación de un Tribunal Penal Europeo en la materia.

La *notitia criminis* puede provenir de distintos puntos. Por ejemplo, una autoridad nacional puede iniciar una investigación que posteriormente sea derivada a la EPPO debido a que el delito está dentro de su ámbito competencial; o bien, el Fiscal Europeo Delegado puede tener conocimiento de un delito por otros medios. Si recibe una denuncia y considera que está dentro de su ámbito competencial, iniciará las funciones de instrucción, pudiendo requerir, en el ámbito nacional español, autorización del juez de instrucción competente si el delito implica una vulneración de un derecho fundamental. Esta fase de instrucción resulta crucial para determinar si se archivan las actuaciones o se formula acusación. Si no existen suficientes indicios de criminalidad para el procesamiento del investigado, corresponde a la sala permanente tomar la decisión. Sin embargo, la naturaleza de la figura permite a los fiscales adoptar medidas, como el procesamiento del individuo, con un alto grado de independencia, incluso frente a una decisión de archivo por parte de la sala permanente. Los imputados gozarán de los derechos establecidos en las Directivas europeas sobre los derechos de los imputados, así como de aquellos establecidos legalmente en el país donde se desarrollen las actuaciones[10].

3. TECNOLOGÍAS DISRUPTIVAS EN EL ÁMBITO JUDICIAL. UNA APROXIMACIÓN AL ANÁLISIS DE DATOS Y *MACHINE LEARNING*

Hasta hace escasos años, la utilización de máquinas, robots o modelos algorítmicos en el ámbito judicial y policial por parte del ser humano parecía ser una cuestión más propia del imaginario cinematográfico de ciencia ficción que de la realidad palpable. La obra fílmica *«Minority Report»* (2002) adelantaba ya la posibilidad de emplear un sistema compuesto por individuos con capacidades precognitivas, lo que permitiría anticiparse a la comisión de delitos y erradicar el crimen antes de su consumación. Esta premisa, que otrora se antojaba como mera fantasía, comienza a materializarse no a través de capacidades extrasensoriales humanas futuras, sino mediante la aplicación de modelos algorítmicos. Si bien la definición de IA es intrínsecamente compleja[11], es fundamental entender que la IA carece de plena autonomía. No se trata de una inteligencia genuinamente autónoma, sino que puede definirse como la aplicación y utilización de la inteligencia humana a través de las máquinas, permitiéndoles desarrollar habilidades tales como el aprendizaje automático o la toma de decisiones que un ser humano podría realizar. Estos modelos algorítmicos no son sino una réplica de los actos

10. Recoge Domínguez Ruiz (2023, p. 38) que el nivel de protección de los derechos de los acusados sea determinado por el derecho nacional del Estado que esté conociendo ha sido visto como un «retroceso en la construcción de un sistema integrado de justicia penal debido a las desigualdades que pueden darse en determinadas ocasiones».

11. Ofrecer un concepto de IA se convierte en materia ampliamente complicada. Manifiesta De Hoyos Sancho (2020, p. 12) la existencia de tantas definiciones en la materia como analistas se han ocupado del tema. Y es que, al ser un concepto tan amplio y dinámico, encontrándose en continua transformación, esto conlleva la imposibilidad, actual de efectuar una definición completa de Inteligencia Artificial, puesto que sus habilidades vienen incrementándose con el transcurso de los días. Empero, nos parece interesante resaltar dos definiciones. En esta cuestión, y recogida por Delgado Calvo-Flores (1996, p. 18), el cofundador del Laboratorio de IA del MIT lo aproxima a una ciencia que permite a las máquinas hacer cosas que requieren la inteligencia humana. En misma línea, para Nieva Fenoll (2018, p. 20) es la habilidad de las máquinas para que piensen, o más bien, imiten el pensamiento humano.

humanos, con frecuencia dotados de mayores capacidades y agilidad para ejecutar tareas, pero sin poseer una verdadera habilidad innata, sino derivada de la inteligencia humana. Así, se sostiene que su empleo debe ser siempre complementario, como auxilio del sistema de justicia, y no como sustituto del personal que lo conforma (Suden, 2014, p. 101).

Si bien es cierto que la utilización de modelos algorítmicos que puedan anticipar el delito parece todavía no ser una cuestión plenamente fiable, al basarse en la interpretación de gestos, movimientos y conductas humanas mediante la utilización de cámaras, la aplicación de patrones distribuidos por categorías, tales como la tipología delictiva, las áreas urbanas con mayor actividad criminal y las características de los delincuentes, se revela como una herramienta formidable. No obstante, a pesar de que estos modelos se han implementado en diversas ciudades de Estados Unidos[12], todavía parecen distantes de nuestros sistemas de garantías procesales.

Empero, la IA ostenta una amplia utilidad, presente y futura, en la investigación delictiva. El estudio de la información puede simplificarse considerablemente mediante el uso de modelos algorítmicos. La capacidad de descubrir información valiosa y de apoyar la toma de decisiones mediante la inspección, limpieza, transformación y modelación de datos constituye una clara ventaja de las tecnologías disruptivas, especialmente en lo que concierne al denominado «análisis de datos». Estas ventajas pueden acelerar los procesos y proporcionar respuestas más acordes a las necesidades de la investigación, promoviendo así un procedimiento más eficiente y eficaz.

La utilización de estos modelos algorítmicos puede ofrecer una serie de capacidades generales que pueden sustentar una instrucción más ágil. Entre ellas se encuentran el seguimiento y monitoreo de diversas actuaciones, la detección de datos que puedan indicar la comisión de un hecho delictivo, el rastreo de flujos económicos y la evaluación de riesgos. Estas capacidades son cruciales para optimizar las investigaciones y fortalecer la administración de justicia en el contexto contemporáneo.

Este análisis de datos tiene que conjugarse las capacidades de aprendizaje automático o *machine learning* (ML), una rama de la IA que enfoca su interés en el desarrollo de algoritmos que permitan a las máquinas mejorar automáticamente a través de la experiencia acumulada en la gestión de asuntos o actuaciones específicas. Los programadores introducen datos históricos que, combinados con los datos contemporáneos a los que la máquina tiene acceso, permiten la identificación de patrones y la generación de respuestas adecuadas. Esta capacidad puede ser de incalculable valor en el proceso judicial, funcionando como un método predictivo y clasificatorio de posibles delitos en curso o futuros. Mediante la identificación previa de un conjunto

12. Véase, a modo de ejemplo el estudio de Rotaru, Hugan, Li, Evans, y Chattopadhyay (2022) acerca del sistema de predicción delictiva, con un acierto del 90 %, desarrollado en la ciudad de Chicago y los patrones delictivos obtenidos del mismo.

de características, el sistema puede analizar diversos patrones para discernir actividades ilícitas.

Igualmente, el ML ofrece diferentes virtudes al proceso judicial, especialmente enfocado en las tareas de investigación. Las técnicas de procesamiento de Lenguaje Naturales empleadas por los algoritmos permiten el análisis de grandes volúmenes de datos contenidos tanto en documentos físicos como electrónicos, facilitando la extracción de información relevante. Ello, unido a las características de aprendizaje, dota a la máquina de un amplio conocimiento relativo a patrones delictivos, lo que simplifica la toma de decisiones y la adopción de diligencias de investigación. Una vez que el sistema adquiere los conocimientos suficientes para comprender los patrones que conducen al delito, podrá detectar anomalías o comportamientos inusuales que se desvíen de los patrones normales, señalando las posibles actividades delictivas en curso.

De esta forma, un modelo algorítmico puede convertirse en un poderoso aliado al ofrecer: (a) mayor eficiencia, al reducir los recursos necesarios y proporcionar respuestas en un tiempo más breve; (b) una optimización en la asignación de los recursos disponibles; (c) mayor precisión en el procesamiento y análisis de grandes volúmenes de datos en comparación con los métodos tradicionales; (d) mayor consistencia y detalle en la identificación de patrones, reduciendo el margen de error; (e) transparencia en las actuaciones, dado que, llevadas a cabo conforme a un protocolo y la ley, proporcionarían un registro claro y verificable de todo el procedimiento realizado; (f) refuerzo de la transparencia mediante auditorías y revisiones externas, que ofrecerían mayor viabilidad al sistema, así como seguridad y confianza jurídica y social; (g) capacidad de detección temprana; (h) cumplimiento de dos principios fundamentales: la interoperabilidad y la colaboración entre los distintos agentes y miembros de la jurisdicción, facilitando el intercambio de información y la coordinación de actuaciones.

4. APLICACIÓN DEL ANÁLISIS DE DATOS Y *MACHINE LEARNING* EN LA EPPO

La investigación de un delito PIF se distingue por la movilización de cuantiosos fondos económicos de la UE en un contexto transnacional. Esta circunstancia implica una particularidad notable: la complejidad inherente a la investigación de tales actividades delictivas, especialmente a la luz de la evolución constante de estos comportamientos ilícitos[13]. La EPPO, órgano

13. La UE ha venido adaptándose a la evolución de la delincuencia económica. Tal y como manifiesta PÉREZ MARÍN (2019.ª, p. 261), estas formas delictivas vienen aprovechando el sistema financiero para enmascarar sus ilicitudes, especialmente a consecuencia de la falta de controles en el tráfico jurídico del espacio económico europeo, lo que ha obligado a la UE

encargado de la persecución de estos comportamientos ilícitos, puede verse sobrepasada ante las dificultades inherentes al rastreo de los activos financieros en los Estados miembros beneficiarios. La incorporación de tecnologías disruptivas, especialmente aquellas enfocadas en el análisis de datos y el aprendizaje automático (ML), puede potenciar de manera significativa la capacidad de la EPPO para detectar e investigar estas conductas, proporcionando una mayor eficiencia al ente europeo. En el presente apartado, se proporcionará una aproximación detallada sobre cómo la Fiscalía Europea puede beneficiarse de las capacidades ofrecidas por estos modelos disruptivos en el contexto de la persecución de delitos financieros transfronterizos que comprometen los intereses económicos de la Unión Europea.

4.1. Detección de Patrones de Fraude y Corrupción

El análisis de datos y el ML se posicionan como herramientas cruciales en la detección de patrones de fraude y corrupción, constituyendo una de las aplicaciones más vitales para la EPPO. La implementación de estos métodos disruptivos puede facilitar de manera considerable la labor del Fiscal Europeo Delegado en la investigación de delitos relacionados con el uso indebido de fondos europeos. Esta problemática ha sido ampliamente discutida, como se evidencia en los múltiples «caso mascarillas» en España, donde se investigan desvíos de fondos públicos europeos destinados a la adquisición de mascarillas, involucrando a numerosos actores, empresas privadas y una gran cantidad de documentación y operaciones encubiertas. Las diligencias de investigación en estos casos se han mostrado complejas y variadas, requiriendo la utilización de diferentes métodos que proporcionen un apoyo eficaz a la fiscalía.

Los modelos algorítmicos pueden servir al Fiscal Europeo Delegado, en primer término, para el análisis de diversas anomalías en la adjudicación y distribución de los fondos públicos. Las redes neuronales y los modelos de *clustering* tienen la capacidad de analizar datos históricos para identificar la normalidad y la anormalidad en los comportamientos financieros registrados. Así, si se detecta un patrón de actividad o transacción que se desvíe de los comportamientos establecidos como normales, se marcará como anómalo, permitiendo al Fiscal iniciar una investigación exhaustiva sobre dicha conducta. En este sentido, las anomalías en las transacciones pueden convertir al modelo algorítmico en un medio efectivo para anticiparse a ciertas posibles actuaciones fraudulentas o detectarlas con mayor rapidez y precisión.

a la adopción de diferentes medidas en la lucha contra el fraude. Para ello, desde la Unión se ha obligado a adoptar medidas internas a las entidades financieras y se ha fortalecido la política penal, tal y como se observa con la Fiscalía Europea. En el presente trabajo, entendemos que otro paso más allá, especialmente a consecuencia de la sofisticación de este tipo de actividades delictivas, es la utilización de la IA, y más concretamente, el análisis de datos y todas las virtualidades que se desprenden de la utilización de modelos algorítmicos.

En segundo lugar, la EPPO puede hacerse valer de estos métodos como sistemas predictivos. A tal efecto, es factible emplear datos históricos relativos a casos de fraude y a situaciones en las que no se ha constatado la comisión delictiva, para entrenar modelos de regresión logística y crear árboles de decisión. De esta forma, el sistema puede prever la probabilidad de fraude en los fondos. Las variables a considerar son numerosas, tales como la naturaleza de las transacciones, las cuantías, los países o las entidades beneficiarias, entre otros factores. Este mecanismo permitirá que el sistema efectúe un diagnóstico de riesgo de fraude y, sin prejuzgar a ningún EM, posibilite a la fiscalía tomar más diligencia a la hora de supervisar las actividades en el país. Por ejemplo, si se trata de un país con múltiples antecedentes de contrabando o de adjudicaciones fraudulentas, el modelo algorítmico identificará patrones históricos de actividades delictivas, emitiendo una alerta sobre tal posibilidad. En estos casos, cuando se reciba una nueva solicitud y asignación de fondos estructurales de la UE, el modelo predictivo asignará una puntuación de riesgo de fraude basada en factores tales como el historial de cumplimiento del solicitante y las actividades ilícitas previas en ese EM o por parte de esa entidad. De este modo, la EPPO estará prevenida respecto al posible riesgo delictivo.

El análisis de redes, en tercer lugar, puede constituir una medida de investigación basada en tecnología predictiva. Para ello, el sistema utilizará grafos para mapear y analizar las relaciones entre personas físicas y jurídicas. El objetivo es identificar estructuras y redes que podrían incluir a personas investigadas por delitos relacionados con el fraude o con posibles intereses privados en fondos públicos, permitiendo descubrir la hipotética existencia de redes de sobornos o de corrupción. Este enfoque permite mapear las interacciones entre estos sujetos y empresas, revelando patrones que, a simple vista, resultan invisibles.

Una de las posibilidades en este ámbito es el uso de grafos, que se representan mediante nodos unidos por aristas y permiten estudiar las interrelaciones entre diferentes unidades que interactúan entre sí. En el contexto de nuestro interés, los nodos pueden representar personas físicas y/o jurídicas, así como cuentas bancarias, y las aristas representan las transacciones entre las mismas, incluyendo atributos adicionales como la frecuencia de interacción o el valor de las transacciones. Estas representaciones pueden proporcionar rápidamente una visión sobre situaciones peligrosas o relaciones entre sujetos, y pueden ser generadas con celeridad por los modelos algorítmicos mediante la integración de la información pertinente, facilitando al fiscal investigador la comprensión de las relaciones entre los sujetos y su ulterior investigación.

Además, resultan de interés los algoritmos de centralidad, que miden la importancia de un nodo dentro de la red, determinando el número de conexiones que posee, la frecuencia de intermediación entre nodos y su proximidad con los demás. Este aspecto puede ser crucial para identificar a los actores clave de la red de corrupción que actúan como facilitadores principales del fraude con fondos públicos. No debe pasarse por alto el algoritmo de Google denominado PageRank, utilizado por el gigante tecnológico para la clasificación de páginas web, que también puede ser útil en una investigación. Este algoritmo permite crear diferentes enlaces para detectar aquellos nodos de mayor importancia, así como aquellos que han tenido una mayor tasa de participación en el asunto, posibilitando la identificación de individuos activos, especialmente aquellos con una influencia significativa en las actividades investigadas.

Finalmente, dentro del análisis de redes, puede ser útil el análisis de clústeres para identificar grupos o comunidades dentro de una red que estén más densamente conectados entre sí que con el resto, como pueden ser facilitadores, empresas o proveedores.

En consecuencia, la EPPO empleará los grafos para mapear las relaciones entre las diversas entidades involucradas en un caso de fraude, analizando las conexiones que puedan existir, tales y como transferencias de dinero o transacciones secuenciales, determinando la presencia de patrones circulares. Los algoritmos de centralidad y el PageRank modificado identificarán a los individuos o entidades, así como su rol central o significativo en la facilitación o ejecución directa del fraude. Esto incluye, por ejemplo, la identificación de empresas que reciben contratos recurrentes para la adquisición de materiales con fondos públicos, o la relación entre el titular de la empresa y la persona encargada de la distribución de los fondos públicos en el EM. Asimismo, los clústeres permitirán identificar estas estructuras y su modus operandi, facilitando al fiscal la comprensión de la dinámica de la red de corrupción para su investigación y procesamiento, en caso de hallarse indicios suficientes. Así se demuestra cómo este análisis de redes puede ofrecer evidencias sólidas, cuantitativas y visuales de las conexiones entre las diversas personas involucradas en el caso de corrupción, elaboradas con celeridad.

En cuarto y último lugar, el Procesamiento del lenguaje natural puede igualmente tener un papel activo como medida de investigación dentro de la EPPO. Prosiguiendo con las anteriores dinámicas expuestas, a través de estos modelos se permite el análisis de grandes volúmenes de información, extrayendo datos clave de documentos, correos electrónicos, audios o cualquier otra forma de comunicación, debidamente digitalizada. La tarea de examinar documentos puede resultar paralizante para la investigación, dado que la revisión manual de amplias cantidades de datos puede ser inviable en un tiempo limitado. Contrariamente, un modelo algorítmico con capacidad de procesamiento del lenguaje natural no padece esta limitación humana y, una vez perfeccionado, puede ofrecer un rendimiento superior en la extracción de datos cruciales para la investigación. Así, los algoritmos de clasificación de texto y análisis de expresiones y terminologías pueden obtener información valiosa de todos los documentos analizados, como contratos o informes de auditoría. El objetivo del algoritmo es extraer datos esenciales, tales como nombres de individuos o entidades, montos de transacciones, fechas y cualquier otro detalle crítico para la investigación.

El lenguaje, aunque sea escrito, puede revelar patrones de comportamiento orientados a la obtención de «favores» dentro de una trama de corrupción o delictiva, basados en la forma en que se desarrolla el lenguaje, ya sea por su carácter evasivo, defensivo, por el tono utilizado o incluso por el uso de expresiones o terminologías inusuales en el contexto, pero que pueden ocultar otros asuntos. Es el contexto de las palabras utilizadas lo que deberá descifrar el algoritmo, previa instrucción de los investigadores, y deberá ser entrenado para comprender terminología específica asociada con el fraude, así como con materias financieras y lenguaje técnico legal o coloquialismos que intenten ocultar información (como «compensación adicional» o «ajuste»). Esta actuación permitirá que el algoritmo clasifique los documentos conforme a categorías predefinidas por los investigadores, determinando la existencia de indicios o sospechas. De esta forma, los investigadores humanos obtendrán una clasificación sobre la hipotética gravedad de la información contenida en los documentos, los términos sospechosos y su ubicación, facilitando así su revisión.

Una problemática potencial es el lenguaje. Dentro de la UE se utilizan múltiples idiomas, lo que, en casos de fraude o contrabando transfronterizos, puede implicar la existencia de documentos o audios en diversas lenguas, incluidas lenguas regionales. En estos supuestos, el modelo algorítmico deberá ser entrenado para manejar los diferentes idiomas oficiales del territorio europeo. Esta cuestión puede generar dificultades logísticas significativas y requerir una considerable financiación, pero, en caso de una correcta implementación, puede proporcionar una ventaja en las medidas instructoras. Si el sistema tiene la capacidad de analizar, interpretar y traducir documentos en varios idiomas, su cobertura se ampliará notablemente, facilitando la persecución delictiva transfronteriza.

4.2. Viabilidad en la incorporación: ventajas y desafíos

Hasta el presente momento se han observado las diferentes virtualidades que ofrece la integración de los modelos algorítmicos en las operaciones de la EPPO. Es necesario iniciar este análisis con un primer problema, que surge siempre que se pretende «modernizar» el sistema mediante la incorporación de nuevas tecnologías: la resistencia al cambio. Modificar implica automáticamente la necesidad de implantar nuevos protocolos y formas de actuación, lo que sugiere la reactivación en el proceso de aprendizaje. Si bien esto es habitual entre los juristas, en el ámbito de las nuevas tecnologías presenta dificultades adicionales, ya que no todos los individuos, sea por razón de edad o por circunstancias personales, poseen la convicción ni la capacidad para comprender su desarrollo. De esta forma, todos los operadores jurídicos, así como la ciudadanía, pueden ser reticentes a adaptarse a estos nuevos modelos, al propiciar un cambio en sus métodos de trabajo establecidos. Esta resistencia al cambio representa un desafío considerable. La única estrategia viable para abordar esta situación es reconocer que el avance tecnológico debe ser implementado en diversos ámbitos, confiando en que con el tiempo se logrará el éxito en las actuaciones, lo que conllevará una aceptación y adaptación gradual.

La cuestión más trascendental en el presente contexto es que la integración de estas tecnologías supone, tal y como ya se ha venido definiendo, una mayor eficiencia. La automatización de tareas repetitivas y la agilidad en el procesamiento de grandes volúmenes de datos puede suponer un examen de la información en un periodo de tiempo mucho más corto que si lo hiciera un ser humano. Esto facilita la actuación de la EPPO, quienes se encontrarán con la información debidamente categorizada, debiendo únicamente acudir a aquellos documentos que presenten patrones o indicios y que hayan sido debidamente clasificados. En la misma línea, la labor de una máquina, a diferencia de un ser humano, es constante. Su actuación puede llevarse a cabo sin interrupción, aprendiendo de los datos que va analizando y aumentando así sus capacidades. Incluso, su potencialidad como método preventivo puede permitir que, al analizar contratos y ayudas, las instituciones de la UE utilicen estos sistemas como un mecanismo de alerta ante posibles patrones sospechosos, como sujetos o empresas que frecuentemente son adjudicadas para la compra de materiales con fondos públicos. Todo ello conduce a una asignación óptima de los recursos, lo cual facilita una gestión más eficiente de los recursos humanos. Los investigadores podrán delegar parte de la carga de trabajo en estas herramientas tecnológicas, enfocándose en cuestiones más trascendentales y menos en tareas monótonas y repetitivas.

Estos modelos disruptivos ofrecen una ventaja muy evidente: su posibilidad de utilización en fraudes a gran escala o de naturaleza compleja. Como se ha analizado previamente, el uso de grafos y el algoritmo PageRank permiten identificar redes ocultas y, en particular, las interconexiones entre las diversas personas físicas o jurídicas involucradas en la actividad investigada. Del mismo modo, el procesamiento del lenguaje natural permite identificar patrones sospechosos en documentos y comunicaciones, desentrañando indicios ocultos de actividades fraudulentas. Cuanto mayor sea la complejidad del asunto, mayores serán las ventajas en términos de investigación. Si el número de documentos a analizar es reducido, un ser humano puede realizar esta tarea con una eficiencia comparable a la de un modelo algorítmico. Sin embargo, en procesos más delicados, donde existen grandes volúmenes de documentos y/o audios a analizar, la «máquina» demostrará sus ventajas en el examen de los datos, mostrando una mayor eficiencia y eficacia. Cuanto mayor sea la complejidad, especialmente si se centra en el alto volumen de documentos a examinar, mayores serán las posibilidades derivadas de su uso, ya que podrá complementar de manera más efectiva el trabajo humano, realizando sus tareas de forma más ágil y reduciendo drásticamente la carga de trabajo y los tiempos de búsqueda de patrones e informaciones delictivas.

Aspecto de crucial importancia es la optimización de la coordinación entre todos los actores jurídicos implicados en la investigación. Estos modelos algorítmicos no han de estar restringidos o aislados más allá de la EPPO; más bien, es de imperioso interés que se integren con diversos sistemas, tanto a nivel nacional como internacional. La implementación de esta integración facilitaría un paradigma orientado al dato, en el cual los algoritmos podrían «minar» información y propiciar la interoperabilidad entre los diferentes órganos investigadores, especialmente en el contexto de los Fiscales Europeos Delegados en los distintos Estados miembros. Esta interoperabilidad se ve reforzada por la capacidad de la máquina, al estar coordinada a nivel de la UE y con diversas agencias de investigación de los EEMM, de manejar los distintos idiomas utilizados en el territorio europeo, potenciando así la investigación conjunta ante dispersiones geográficas y mejorando la comunicación interna dentro del organismo.

Esta interoperabilidad a su vez genera desafíos. Tanto el hardware como el software adquirido por la UE y los EEMM deben de ser compatibles entre sí. La existencia de estándares y protocolos distintos, así como la posible tendencia a privilegiar modelos operativos nacionales, puede generar problemas técnicos de incompatibilidad. Estas discrepancias sistémicas pueden obstaculizar la cooperación ante la dificultad de compartir información, especialmente en una UE parcialmente fragmentada por cuestiones ideológicas, políticas y jurídicas, lo cual puede exacerbar las dificultades en la interoperabilidad entre las autoridades investigadoras.

Estos desafíos han de ser debidamente superados, dado que la viabilidad de una investigación llevada a cabo por la EPPO puede depender de la interconexión eficaz entre autoridades y agencias, así como del intercambio eficiente de información. La coordinación se erige como eje vertebrador sobre el cual se sustenta la delincuencia transfronteriza, siendo igualmente crucial para su investigación. Sin interoperabilidad, la cooperación internacional puede verse obstaculizada por las distintas barreras expuestas, lo que permitirá que las actividades fraudulentas y delictivas queden impunes. Una solución viable sería la creación de plataformas de integración de datos, así como el uso de APIs (interfaces de programación de aplicaciones), que faciliten la comunicación e intercambio de datos a través de protocolos con las debidas medidas de seguridad. Todo ello bajo una previa estandarización de los datos para que, aunque provengan de diversas autoridades y países, mantengan un formato uniforme, evitando así su conversión o la imposibilidad de lectura.

En consonancia, la implementación de este modelo tanto a nivel de cada EEMM así como a nivel central en la UE, rigiendo bajo el principio de interoperabilidad, suscita numerosas incertidumbres. La dotación económica necesaria para entrenar a un algoritmo en tales materias, abarcando las diversas lenguas habladas en el territorio europeo, con conocimientos legales, financieros y de la posible jerga utilizada en el ámbito de la corrupción, representa un gasto extremadamente elevado. Si bien a largo plazo es evidente que podría producir efectos muy positivos, el desembolso económico inicial es considerable. Las infraestructuras requeridas para la tecnología disruptiva aquí evaluada demandan una inversión significativa, tanto en términos económicos como de recursos personales. Existe un escepticismo fundado respecto a la capacidad de la UE para asumir tal desembolso, siendo una implementación parcial y progresiva la única vía viable para la materialización del proyecto. Todo esto sin considerar el costo de mantenimiento asociado, así como la constante adquisición de actualizaciones del software y hardware necesarios.

Es necesario reseñar la dificultad de su implementación. La utilización de modelos algorítmicos, aun cuando ya parece una realidad en el ámbito de la justicia[14] e incluso de la normativa[15], genera amplias dudas. La IA no resulta totalmente fiable, ofreciendo a día de hoy todavía bastantes errores, aun cuando los últimos modelos parecen estar encaminados a subsanar tales deficiencias. Su utilización se hace depender de la calidad de los datos disponibles, tanto para su entrenamiento como para el ejercicio de las diligencias instructoras. Si estos fuesen inexactos o sesgados, as actuaciones resultantes podrían ser incorrectas, requiriendo una recolección de información previa que sea precisa y exhaustiva. Considerando que estamos valorando su aplicación en un entorno multi-jurisdiccional como es la UE, esta tarea puede resultar especialmente laboriosa y complicada.

La implementación del modelo algorítmico aquí expuesto puede generar considerables dificultades dentro del ámbito de la EPPO, aunque subyacen de la misma ventaja aplicables a los modelos de investigación. Se trata de una cuestión de difícil resolución, en la cual se deben ponderar los pros y contras de esta tecnología, comprendiendo que la instalación de nuevos modelos disruptivos que generan un cambio en los hábitos existentes enfrentará inevitablemente reticencias. Asimismo, no debe obviarse la necesidad de establecer estrictos protocolos de seguridad para prevenir posibles filtraciones de información, hackeos de la máquina que alteren su ámbito de actuación o permitan la obtención de datos protegidos, así como actuaciones sesgadas del sistema.

14. Véase en este supuesto cómo la IA viene ya siendo incorporada a los modelos judiciales. Países como Estonia, Francia o China han venido implantando, en mayor o menor medida, sistemas de asistencia o sustitución a jueces. Igualmente, los modelos «Prometea», «Pretoria» o «COMPAS» han servido como instrumentos para facilitar la labor de los órganos judiciales permitiendo una documentación mucho más ágil, resolver cuestiones, facilitar la búsqueda de documentos o palabras en los mismos, o inclusive en este último, predecir el riesgo de reincidencia de los procesados.

15. Véase los arts. 56-57 Real Decreto-ley 6/2023, de 19 de diciembre, por el que se aprueban medidas urgentes para la ejecución del Plan de Recuperación, Transformación y Resiliencia en materia de servicio público de justicia, función pública, régimen local y mecenazgo.

5. A MODO DE REFLEXIÓN FINAL

La Fiscalía Europea se ha consolidado como un órgano de trascendental importancia en el ámbito europeo, al que Pérez Marín (2019.ª, p. 264) se refiere como la «columna vertebral del proceso» contra los delitos PIF. Su función de salvaguardar los intereses financieros de la UE le posicionan en un escenario activo y dinámico, integrándose en los EEMM como una autoridad de suma relevancia. Sin ser objeto del presente estudio, y a través de un breve acercamiento, ya se han podido analizar sus actuaciones y su implementación, correspondiéndole así un papel investigador en los delitos que entran dentro de su ámbito competencial. Empero, resulta imperativo considerar las posibilidades tecnológicas aplicables al ámbito instructor de la EPPO. El análisis de datos emerge como una pieza clave para optimizar la eficiencia y la eficacia en la lucha contra el fraude y la corrupción. Los delitos contra los intereses financieros de la UE se caracterizan por la existencia de volúmenes sustanciales de datos dispersos en diversos documentos, tanto escritos como sonoros.

La utilización de modelos algorítmicos como herramientas asistentes del fiscal supone un conjunto de ventajas significativas. Al igual que en cualquier contexto donde se aplique la IA, de estos modelos radican en su capacidad para incrementar la eficiencia del sistema y su celeridad, propiciando un ahorro considerable de tiempo en el análisis de la información y una redistribución más efectiva de los recursos. Estos modelos tienen la capacidad de identificar patrones y estructuras ocultas en los documentos objeto de investigación que, integrados con algoritmos como PageRank o con grafos, pueden proporcionar al investigador una comprensión precisa de las redes de actuación de los sujetos investigados y de las entidades, físicas o jurídicas, implicadas en la trama. Si esta tecnología se fundamenta en el principio de coordinación e interoperabilidad entre las agencias y autoridades de la UE, la investigación podrá abordar cuestiones transnacionales con una eficacia notablemente superior en comparación con la ausencia de tales modelos. Sin embargo, es crucial no subestimar las dificultades inherentes a su aplicación, como las reticencias y desconfianzas iniciales, posibles errores, la necesidad de estandarizar protocolos a nivel comunitario y una inversión considerable en recursos económicos y humanos para su implementación inicial, formación del personal y mantenimiento continuo.

La adopción de tecnologías disruptivas en el ámbito de la EPPO representa un paso esencial hacia su modernización en la lucha contra el fraude en la UE. Las ventajas superan los inconvenientes, especialmente si la UE aborda su integración mediante un plan estratégico bien estructurado y adecuadamente financiado. Todo ello con el objetivo de consolidar una EPPO más robusta, con procedimientos más ágiles y eficientes, maximizando su impacto y contribuyendo de manera significativa a la administración de justicia en la UE.

6. BIBLIOGRAFÍA

ARMENTA DEU, Teresa. (2021). «Fiscalía Europea: su incidencia en el ordenamiento procesal español». En Víctor MANUEL MORENO CATENA, María Isabel ROMERO PRADAS (dir.) y María Elena LARO GONZÁLEZ, *Nuevos postulados de la cooperación judicial en la Unión Europea: libro homenaje a la Prof.ª Isabel González Cano* (pp. 145-171). Valencia: Tirant lo Blanch.

BACHMAIER WINTER, Lorena. (2018). «Introducción. La Fiscalía Europea: retos pendientes». En Lorena BACHMAIER WINTER (coord.), *La Fiscalía Europea* (pp. 13-21). Madrid: Marcial Pons.

CALDERÓN CUADRADO, M.ª. Pía. (2020). «La fiscalía europea. Alguna clave para su entendimiento». *Revista Boliviana de Derecho*, (29), 230-265.

DE HOYOS SANCHO, Montserrat. (2020). «El libro blanco sobre inteligencia artificial de la Comisión Europea. Reflexiones desde las garantías esenciales del proceso penal como "sector de riesgo"», *Revista española de derecho europeo*, (76), 9-46.

DELGADO CALVO-FLORES, Miguel. (1996). *La inteligencia artificial. Realidad de un mito moderno*. Granada: Servicio de Publicaciones de la Universidad de Granada.

DOMÍNGUEZ RUIZ, Lidia. (2023). *El control judicial en el procedimiento de la Fiscalía Europea en España*. Valencia: Tirant lo Blanch.

GÓMEZ COLOMER, Juan Luis. (2021). «La inserción de la Fiscalía Europea en el sistema procesal penal español». En Víctor Manuel MORENO CATENA (dir.), María Isabel ROMERO PRADAS (dir.) y María Elena LARO GONZÁLEZ (ed.), *Nuevos postulados de la cooperación judicial en la Unión Europea: libro homenaje a la Prof.ª Isabel González Cano* (pp. 217-240). Valencia: Tirant lo Blanch,

JIMENO BULNES, Mar. (2021). «La Administración de Justicia en la cooperación judicial europea». En Pilar MARTÍN RÍOS (dir.) y M.ª Ángeles PÉREZ MARÍN (dir.), *La Administración de Justicia en España y en América: José Martín Ostos (Liber amicorum)* (pp. 1019-1058). Sevilla: Astigi.

JIMENO BULNES, Mar. (2023). «La Fiscalía Europea: un breve recorrido por la "institución"». En José María ASENCIO MELLADO (dir.) y Olga FUENTES SORIANO (dir.), *El proceso como garantía* (pp. 59-103). Barcelona: Atelier.

LLORENTE SÁNCHEZ-ARJONA, Mercedes. (2015). «La Fiscalía Europea y la investigación de la criminalidad organizada y económica». En María Isabel GONZÁLEZ CANO (dir.), *Cooperación judicial penal en la Unión Europea: Reflexiones sobre algunos aspectos de la investigación y el enjuiciamiento en el espacio europeo de justicia penal* (pp. 317-366). Valencia: Tirant lo Blanch.

MORENO CATENA, Víctor. (2014). *Fiscalía Europea y Derechos fundamentales. Valencia*: Tirant lo Blanch.

NIEVA FENOLL, Jordi. (2018). *Inteligencia artificial y proceso judicial*. Madrid: Marcial Pons.

PÉREZ MARÍN, M.ª Ángeles. (2019a). «La competencia de la Fiscalía Europea: criterios materiales y territoriales para su determinación». *Revista internacional CONSINTER de direito*, 5 (8), 255-284.

PÉREZ MARÍN, M.ª Ángeles. (2019b). «Reflexiones sobre la incardinación de la Fiscalía Europea en el ordenamiento español». En Manuel Jesús CACHÓN CADENAS (coord.) y Vicente PÉREZ DAUDÍ (coord.), *El enjuiciamiento civil y penal hoy* (pp. 681-692) Barcelona: Atelier.

ROTARU, Victor, **HUGAN**, Yi, **LI**, Timmy, **EVANS**, James y **CHATTOPADHYAY**, **Ishanu**. (2022). «Event-level prediction of urban crime reveals a signature of enforcement bias in US cities». *Nature Human Behaviour*, 6, 1056–1068.

SATZGER, Helmut. (2018). «La Fiscalía europea y su coordinación con las fiscalías nacionales: en pro de un modelo o de complementariedad». En Lorena BACHMAIER WINTER (coord.), *La Fiscalía Europea* (pp. 77-94). Madrid: Marcial Pons.

SEGURA RODRIGO, Myriam. (2020). «El proceso español en el que interviene la Fiscalía Europea». *Revista del Ministerio Fiscal*, (9), 6-29.

SURDEN, Harry. (2014). «Machine Learning and Law». *Washington Law Review*, 89 (1), 2014, 87-115.

VIDAL FERNÁNDEZ, Begoña (2023). «Control jurisdiccional de los actos de la Fiscalía Europea. Artículo 42 Reglamento de la Fiscalía Europea». *Revista de Estudios Europeos*, (1), 28-67.

TECNOLOGÍA, COOPERACIÓN JUDICIAL PENAL Y LUCHA CONTRA LA DELINCUENCIA MEDIOAMBIENTAL

Celia Carrasco Pérez
Personal Investigador en Formación
Universidad de Burgos[1]

1. BREVE INTRODUCCIÓN. LA PROTECCIÓN MEDIOAMBIENTAL DESDE LA COOPERACIÓN JUDICIAL EUROPEA

En el ámbito de la Unión Europea, se ha desarrollado un sistema protección del medio ambiente a través de diversos instrumentos legislativos. Este sistema de tutela inició su andadura a partir de la Cumbre de jefes de Estado y de Gobierno de la Comunidad Europea, celebrada en París en 1972[2] al asumir la protección del medio ambiente por medio del derecho administrativo. La protección medioambiental como política comunitaria se incorpora al Tratado de la Unión Europea a partir del Tratado de Maastricht de 1992 ocupando el título XVI[3], y el Programa de Tampere en 1999 introduce la lesión del medio ambiente como una de las formas de criminalidad necesitadas de tratamiento específico por la Unión. A partir de este momento y haciendo uso de las facultades legislativas de la Unión Europea en materia penal que proporcionaron el Tratado de Ámsterdam[4] y el Programa de Tampere se ini-

---

1. El presente trabajo se realiza en calidad de contratada predoctoral (FPI) en el marco del Proyecto I+D del Ministerio de Ciencia e Innovación financiado por la AEI: «El derecho procesal civil y penal desde la perspectiva de la Unión Europea: la consolidación del Espacio de Libertad, Seguridad y Justicia» PID2021-124027NB-100.
2. Declaración del Consejo de las Comunidades Europeas y de los representantes de los gobiernos de los Estados miembros reunidos en el seno del Consejo, de 22 de noviembre de 1973, relativa a un Programa de acción de las Comunidades Europeas en materia de medio ambiente. *Diario Oficial* n.º C 112 de 20 de diciembre de 1973, p. 1-53.
3. Tratado la Unión Europea, de 29 de julio de 1992, DO C 191 de 29.7.1992, pp.1-112.
4. Con el Tratado de Ámsterdam se abre la puerta al recurso al Derecho Penal en la protección de los objetivos comunitarios. Tratado de Ámsterdam, firmado el 2 de octubre de 1999. DO C 340 de 10.11.1997, pp. 001-0144.

cia un camino, que aún hoy persiste, de armonización de las legislaciones internas de los Estados miembros en materia penal ambiental.

Sin embargo, la protección medioambiental en la Unión Europea no está encaminada de forma específica a la protección de los derechos humanos en relación con el medio ambiente[5]. Lo cual se explica por la finalidad económica de la Unión Europea. En efecto la protección del medio ambiente es una de las prioridades de la Unión Europea cuya importancia viene materializada en el derecho originario de la Unión. Sin embargo, las medidas adoptadas por la Unión Europea en materia de protección de medio ambiente se articulan en tanto en cuanto afecten a los objetivos de la política de la Unión. La cual se articula, por un lado, en todo un repertorio de normas específicas de carácter administrativo que buscan regular aspectos concretos como las emisiones tóxicas, el tratamiento de residuos o la calidad de las aguas. Y, por otro lado, con normas de carácter general que inciden en el tratamiento de la delincuencia medioambiental[6].

Esto ha supuesto que la tutela medioambiental en los sistemas nacionales se haya adoptado de una manera asimétrica, sobre todo si tenemos en cuenta que el ámbito medioambiental está estrechamente relacionado con el desarrollo económico que actúa como límite para una adecuada implementación[7]. La tutela del medio ambiente a través del derecho penal europeo ha tenido peor cabida en tanto que no se prevé una codificación unitaria de conductas punibles para proteger al medio ambiente, lo cual por una parte es coherente a los principios que rigen el sistema de cooperación judicial penal de aproximación legislativa[8].

En este sentido, la protección medioambiental desde la cooperación judicial parece estar en conflicto permanente entre el desarrollo económico, tecnológico y la preservación del medio ambiente[9]. A pesar de ello, la comunidad internacional ha reafirmado la importancia de un medio ambiente limpio para el desarrollo de los derechos humanos. En España, por ejemplo, el medio ambiente aparece incorporado al marco constitucional en el artículo

5. A diferencia de otros tipos de criminalidad como sucede con la criminalidad en materia de trata de seres humanos, cuya tutela viene avalada por constituir una grave violación de los derechos fundamentales.

6. En particular, destaca la Directiva (UE) 2024/1203 del Parlamento Europeo y del Consejo, de 11 de abril de 2024, relativa a la protección del medio ambiente mediante el Derecho penal y por la que se sustituyen las Directivas 2008/99/CE y 2009/123/CE. DO L 1203 de 30.4.2024, p. 1-28.

7. Spada Jiménez, A., *Justicia climática y eficiencia procesal*, Thomson Reuters Aranzadi, Cizur Menor, 2021, p.118

8. Jimeno Bulnes, M., *Un proceso europeo para el siglo XXI,* Thomson Reuters, Cizur Menor, 2011, pp. 11-186.

9. Matellanes Rodríguez, N., *Derecho penal del medio ambiente*, Iustel, Madrid, 2008, pp. 17-20.

45, consagrando en ese sentido, por un lado, el medio ambiente como un derecho constitucional, y, por otro lado, incorporando un mandato de criminalización contenido en el apartado tercero[10].

En el ámbito de la Unión Europea contamos con la Directiva (UE) 2024/1203 del Parlamento Europeo y del Consejo, de 11 de abril de 2024, relativa a la protección del medio ambiente mediante el Derecho penal y por la que se sustituyen las Directivas 2008/99/CE y 2009/123/CE[11]. Dicha directiva de reciente entrada en vigor, bajo el artículo 83.1 del Tratado de Funcionamiento de la Unión Europea[12] pretende adoptar un marco jurídico armonizado de protección del medio ambiente mediante el derecho penal a fin de facilitar la cooperación transfronteriza respecto de aquellos ilícitos que causan un daño medioambiental, así como la necesidad de responsabilizar a las personas físicas y jurídicas de tales hechos delictivos[13].

---

10. Artículo 45 de la Constitución Española. *1. Todos tienen el derecho a disfrutar de un medio ambiente adecuado para el desarrollo de la persona, así como el deber de conservarlo. 2. Los poderes públicos velarán por la utilización racional de todos los recursos naturales, con el fin de proteger y mejorar la calidad de la vida y defender y restaurar el medio ambiente, apoyándose en la indispensable solidaridad colectiva. 3. Para quienes violen lo dispuesto en el apartado anterior, en los términos que la ley fije se establecerán sanciones penales o, en su caso, administrativas, así como la obligación de reparar el daño causado.* Constitución Española. BOE núm. 311, de 29 de diciembre de 1978, pp. 29313 a 29424.

11. Directiva (UE) 2024/1203 del Parlamento Europeo y del Consejo, de 11 de abril de 2024, relativa a la protección del medio ambiente mediante el Derecho penal y por la que se sustituyen las Directivas 2008/99/CE y 2009/123/CE. DO L 1203 de 30.4.2024, p. 1-28.

12. La competencia de la Unión Europea para adoptar instrumentos penales, esto es, de definición de delitos y fijación de penas se localiza en el artículo 83.1 del Tratado de Funcionamiento de la Unión Europea que establece que *el Parlamento Europeo y el Consejo, podrán establecer, mediante directivas adoptadas con arreglo al procedimiento legislativo ordinario, normas mínimas relativas a la definición de las infracciones penales y de las sanciones en ámbitos delictivos que sean de especial gravedad y tengan una dimensión transfronteriza derivada del carácter o de las repercusiones de dichas infracciones o de una necesidad particular de combatirlas según criterios comunes, y bajo la previsión del artículo 67.1 del Tratado de Funcionamiento de la Unión Europea por el que se deben respetar los distintos sistemas y tradiciones jurídicas de los Estados miembros.* Las directivas, como instrumentos legales europeos, deben transponerse en los ordenamientos jurídicos nacionales en base al artículo 288 del Tratado de Funcionamiento de la Unión Europea en la medida en la que la directiva solo obligará al Estado miembro destinatario en cuanto al resultado queda conseguirse, dejando, sin embargo, a las autoridades nacionales la elección de la forma y de los medios a partir de aquellas normas mínimas que la Unión Europea ha fijado, es decir, los Estados siempre van a poder ir más lejos de lo que establece la legislación comunitaria.

13. Vercher Noguera, A., «La nueva directiva penal ambiental de la Unión Europea en ciernes», *Diario La Ley*, núm.° 10486, 2024. Disponible en: https://diariolaley.laleynext.es/Content/DocumentoRelacionado.aspx?params=H4sIAAAAAAAEAC1NTWvDMAz9NfNIMOK1ZSddshxLKV3oXbGFY3Ct1paz5t9PXSt4SA-9j1ujso50F3DsY-D3K2VMpq6Z83qBsTQygIOF7u3LWcWnQScN08AOtvZB4kIjTtAZLp5Kv-oILJhOVMHa3c7UmX8PuMSAEjn3WJ6x0XsYxk5nu7EbzVqoVBXAOQbKQmaOYd4r5KmvhMXNRwwEWt4uquEPrNf769M3EXVPkn_-uXFJ94BC35go-1fvH_JoYcDyAAAAWKE

El carácter transnacional de los problemas ambientales requiere que la protección medioambiental no se limite al ámbito nacional. La labor desarrollada por la Unión Europea para lograr una política medioambiental común se ha fundamentado en una labor legislativa bajo las directrices del Consejo de Europa con el objetivo de adecuar el ordenamiento comunitario a las exigencias de la protección medioambiental, recurriendo al derecho penal para responder ante los atentados medioambientales más graves. Sin embargo, teniendo en cuenta que el derecho penal ha sido siempre una de las áreas reservadas a la soberanía estatal y los Estados no han estado siempre conformes a ceder competencias en esta materia, junto con la falta de consenso y voluntad política para atajar problemas medioambientales y las tantas normas especiales generalmente administrativas que, de un modo indirecto, inciden en el medio ambiente se vislumbra un panorama que dificulta el tratamiento coherente y efectivo de los problemas ambientales[14].

Dentro de la amplia categoría de delitos contra el medio ambiente, se incluyen las conductas ilegales tales como la caza, la pesca, la tala, la minería, el tráfico de especies, o el tráfico de residuos. Toda una serie de conductas que actúan sobre un concreto mercado que tiene por objeto la oferta o la demanda de bienes ilícitos: flora y fauna, recursos naturales o materiales contaminantes. Actividades todas ellas que no solo afectan al medio ambiente, sino que también atentan contra la paz, la seguridad internacional y los intereses financieros de la Unión Europea dado que se utilizan como fuente de financiación de otros tipos delictivos cuyo actuar se asienta en el aspecto transnacional, organizado y económico. Lo cual constituye la base para que la protección del medio ambiente desde el ámbito de la Unión Europea deba hacerse desde la cooperación en tanto que el tratamiento de la delincuencia medioambiental se va a hacer desde su consideración y encaje como una delincuencia organizada y económica.

En efecto, la comisión de estos hechos delictivos está en constante aumento, lo que ha propiciado que las ganancias económicas sean cada vez más altas, posicionándose el crimen contra el medio ambiente como el cuarto crimen a nivel mundial donde más ganancias se obtienen[15]. Al tratarse de conductas que como analizaremos en próximos apartados, se comenten a través de la delincuencia organizada, su tutela puede encuadrarse en la Convención de Palermo y sus Protocolos que, pese a no incluir la delincuencia medioambiental, las conductas delictivas medioambientales guardan

14. Hecho que motivó la revisión de la anterior norma de referencia en materia medioambiental y que dio pie a la redacción y adopción de la actual Directiva (UE) 2024/1203 del Parlamento Europeo y del Consejo, de 11 de abril de 2024, relativa a la protección del medio ambiente mediante el Derecho penal y por la que se sustituyen las Directivas 2008/99/CE y 2009/123/CE.

15. EUROJUST, *Criminal Justice Across Borders 2002-2022,* Informe annual de Eurojust 2021. Disponible en: https://www.eurojust.europa.eu/sites/default/files/assets/eurojust-annual-report-2021-es.pdf

estrecha relación con las conductas criminales que si tienen previsión[16]. Sin embargo, uno de los problemas que hasta la fecha parecía dificultar la inclusión de la criminalidad medioambiental en la Convención, se ubicaba en el hecho de que esta Convención solo es aplicable en aquellos delitos considerados graves. Gravedad que se mide según la penalidad del hecho delictivo, la cual deberá ser una pena de prisión mínima de cuatro años de privación de libertad[17]. La anterior Directiva 2008/99/CE no consideraba a la delincuencia medioambiental como una delincuencia grave, lo que dificultaba la puesta en marcha de los instrumentos de cooperación judicial. La entrada en vigor de la Directiva (UE) 2024/1203 soluciona esta problemática en tanto en cuanto eleva la pena de los ilícitos medioambientales hasta los cuatro años.

En definitiva, la mayor parte de las normas referentes a la protección del medio ambiente tienen un claro carácter preventivo y administrativo[18]. Ahora bien, pese a que existe consenso por parte de los Estados en torno a la regulación de las actividades que menoscaban el medio ambiente, no existe una armonía respecto del sistema codificador, y más aún del sistema codificador punitivo, cuya consecuencia se asienta en un nivel de protección del medio ambiente desigual en cada Estado, lo que termina repercutiendo negativamente en la investigación y enjuiciamiento de las conductas ilícitas medioambientales[19] que como hemos expuesto se caracterizan por el elemento transnacional que tiene asociado el daño ambiental[20] lo que justifica

16. Convención de las Naciones Unidas contra la delincuencia transnacional organizada de 15 de noviembre de 2000. Resolución 55/25 de la Asamblea General, de 15 de noviembre de 2000. Y sus Protocolos: Protocolo para prevenir, reprimir y sancionar la trata de personas, especialmente mujeres y niños, que complementa la Convención de las Naciones Unidas contra la Delincuencia Organizada Transnacional. Protocolo contra el tráfico ilícito de migrantes por tierra, mar y aire, que complementa la Convención de las Naciones Unidas contra la Delincuencia Organizada Transnacional. Protocolo contra la fabricación y el tráfico ilícito de armas de fuego, sus piezas y componentes y municiones, que complementa la Convención de las Naciones Unidas contra la Delincuencia Organizada Transnacional. Resolución 55/255 de la Asamblea General, de 31 de mayo de 2001. Instrumento de Ratificación de la Convención de las Naciones Unidas contra la Delincuencia Organizada Transnacional, hecho en Nueva York el 15 de noviembre de 2000. BOE núm. 233, de 29 de septiembre de 2003.

17. Nieto Martín, A., «El Derecho Internacional Penal del cambio climático»., Ed. Muñoz de Morales Romero, M. *Hacia un Derecho Penal Internacional del Medio Ambiente. Propuesta de convención de derecho internacional sobre el ecocidio y ecocrímenes,* pp. 18 a 22. Disponible en: https://fchb.es/wp-content/uploads/2021/09/2019_ECOCIDIO_final_PUBLICACION.pdf

18. De la Cuesta Arzamendi, J., «El derecho al ambiente: su protección por el derecho penal», *Reveu Internacionale de Droit Penale*, 2017, pp. 16-18.

19. Para más, véase Bachmaier, L.,«Obstacles to prosecution of environmental crime and the role of expert evidence. A comparative approach», *Revista Internacional de Derecho penal*, 2016.

20. Yuegueros Prieto, N., «La relevante figura del ministerio fiscal europeo en materia de justicia ambiental: análisis de la reciente opinión n.°17 del Consejo Consultivo de Fiscales

que nos encontremos ante un tejido jurídico europeo de aproximación penal que facilite la cooperación judicial y policial.

A lo largo del presente capítulo la delincuencia medioambiental se va a estudiar desde su encaje como una criminalidad transnacional, organizada, empresarial y eminentemente económica. Para lo que desde la Unión Europea debemos adoptar instrumentos eficaces que faciliten la investigación y permitan el enjuiciamiento de estos delitos, los cuales cada vez exponen nuevas condutas delictivas vinculadas a la presencia cada vez más fuerte de nuevos mercados criminales. En este sentido, los esfuerzos realizados para acelerar digitalización del sistema de cooperación judicial europeo deben aprovecharse de cara a dotar a las autoridades judiciales y policiales de mecanismos tecnológicos coherentes a nivel de la Unión Europea. Nuestro estudio analiza las ventajas que, en materia de tutela del medio ambiente, permitiría la adopción armonizada del marco tecnológico en la cooperación judicial.

2. CRIMINALIDAD MEDIOAMBIENTAL: NUEVOS MERCADOS CRIMINALES

El carácter transnacional del crimen organizado se ha venido vinculando a los patrones del comercio e industria, por lo que la actividad de estas redes es altamente perjudicial para el mercado financiero europeo[21]. La criminalidad, desde un punto de vista criminológico es un fenómeno vivo, cambiante y flexible, que en cada momento se ha valido de utilizar los beneficios dados por la aceleración del proceso de globalización para expandirse de forma rápida. En la actualidad, el cambio climático funciona como un factor de atracción para el crimen organizado. La creciente escasez de recursos naturales desencadena intereses del crimen organizado en términos de ganancias sobre su asignación futura tal y como lo ha desarrollado Europol en su último informe publicado sobre la evaluación de amenazas contra los delitos medioambientales en la era del cambio climático[22].

Los delitos medioambientales cubren una gran variedad de mercados, la mayor parte de la criminalidad se sustenta sobre mercados legales que

Europeos», en SUÁREZ XAVIER, R. y VICARIO PÉREZ, A.M. (Dir.) *Cooperación judicial civil y penal en la Unión Europea. Retos pendientes y nuevos desafíos ante la transformación digital del proceso*, Bosch Editor, 2023, pp. 201.

21. BASILICO, R.A y RENAUD, M.A., *Crímenes ambientales y económicos. Corrupción, crimen organizado y fraude: El fin del lucro detrás de la afección al desarrollo sostenible, la diversidad biológica, los recursos naturales y los derechos humanos*, Montevideo: B de F, Buenos Aires, 2022, pp.103.

22 EUROPOL, *Environmental crime in the age of climate change*, 2022, pp. 4-42. Disponible en: chrome-extension://efaidnbmnnnibpcajpcglclefindmkaj/https://www.europol.europa.eu/cms/sites/default/files/documents/Environmental%20Crime%20in%20the%20Age%20of%20Climate%20Change%20-%20Public%20report_5.pdf

aprovechan las vulnerabilidades relacionadas con un concreto ámbito industrial, ya sea la gestión de residuos, el comercio de flora y fauna o la venta de combustible. Actividades comerciales que funcionan como el principal facilitador de delitos ambientales bajo una perfecta fachada de legalidad que oculta todo un entramado de actividades ilícitas[23]. Está claro que los fenómenos climáticos extremos, están provocando numerosos desplazamientos[24], lo que tiene una clara incidencia respecto de aquellas actividades criminales que tienen una vinculación directa con los derechos humanos al crear, por ejemplo, oportunidades para el aumento del delito de trata de personas. Sin embargo, el sector industrial relativo a las energías renovables que se encuentra en aumento significativo atraerá cada vez una mayor necesidad de inversiones tanto públicas como privadas, convirtiéndose en un mercado específico muy atractivo para la criminalidad organizada en relación con las *sustainable funds* o, inversiones verdes[25]. Por otro lado, la creación del mercado de derechos de emisión a partir del Protocolo de Kioto de 1997[26] ha supuesto, entre otras, la explotación de los sistemas de certificados energéticos sobre el comercio de emisiones en la Unión Europea que afectan directamente a la integridad del mercado europeo[27]. O el mercado relativo a los gases fluorados prohibidos con una especial incidencia en el mercado electrónico[28].

---

23. Lo cual tiene especial relevancia de cara a la investigación de los delitos medioambientales y su posterior enjuiciamiento. Gran parte de las actividades se comenten a partir de industrial legal, lo que hace que se catalogue a efectos de investigación como delitos económicos o delitos de cuello blanco invisibilizando el delito medioambiental. EUROPOL, *Environmental crime in the age of climate change*, 2022, pp. 4-42

24. Zamora Cabot, F.J; Pallarés Sales, L; Chiara Marullo, M., *Lucha en clave judicial frente al cambio climático*, Thomson Reuters Aranzadi, Cizur Menor, 2022, pp. 1 – 400.

25. Se trata de ofrecer inversiones atractivas en proyectos relacionados con la preservación del medio ambiente, persuadiendo a las víctimas a invertir en *sustainable funds* o inversiones verdes.

26. Protocolo de Kyoto al Convenio Marco de las Naciones Unidas sobre el Cambio Climático, hecho en Kyoto el 11 de diciembre de 1997 a través de la Decisión 1/ CP.3 en la COP3, celebrada del 1 al 11 de diciembre de 1997, en Kioto. Instrumento de Ratificación de España de 8 de febrero de 2005, BOE núm. 33, de 8 de febrero de 2005, pp. 4131 a 4143.

27. El mercado de derechos de emisión de carbono se sustenta a partir de los créditos de carbono, que son certificados que determinan el límite de emisiones permitidas de dióxido de carbono (CO2) de una organización. El sistema de créditos permite a las empresas intercambiar créditos no utilizados. De esta manera, las organizaciones que producen un exceso de CO2 pueden cubrir sus emisiones comprando créditos a los operadores que infrautilizan su asignación. El comercio de créditos de carbono no es ilegal en sí mismo. Sin embargo, dado que la transferencia de dichos créditos está sujeta a impuestos, el sistema brinda oportunidades para el fraude. Los delincuentes compran permisos de carbono libres de IVA en un Estado miembro y los venden en otro Estado miembro con el IVA añadido, en lugar de repercutir el IVA a la autoridad fiscal correspondiente.

28. Vercher Noguera, «Gases fluorados, capa de ozono y derecho penal», *Diario La Ley*, N.°. 10455, 2024, pp.6.

En particular, la gestión de residuos se ha convertido en una industria criminal[29]. Los marcos regulatorios establecidos a nivel nacional y europeo hacen que el procesamiento de residuos sea complejo y costoso, lo que desencadena un mercado criminal de servicios a precios más bajos. Los delitos relacionados con los residuos suponen una grave afección al medio ambiente y a la salud de las personas, pero también suponen grandes pérdidas económicas, poniendo en peligro la economía nacional y europea. Según el informe de Europol, en el año 2020, los ingresos anuales por el tráfico ilegal de residuos dentro del marco europeo se estimaron entre 1.500 millones de euros y 1.800 millones de euros.

La proliferación de estos fenómenos delictivos medioambientales se debe a la introducción de una amplia variedad de normativas cuya finalidad es la protección ambiental mediante la prohibición o restricción de multitud de actividades y productos, lo cual ha supuesto el surgimiento de multitud de mercados negros. En este sentido, es obvia la vinculación de la delincuencia medioambiental con la delincuencia organizada. Prueba de ello es que fuera incluida como prioridad por el Consejo de la Unión Europea en la lucha contra la delincuencia internacional organizada y grave entre 2018 y 2021[30].

En definitiva, la delincuencia medioambiental y sus nuevos mercados criminales plantea nuevas cuestiones que debe resolver el Derecho, sustantivo y procesal. Es en este sentido donde vemos necesario la utilidad que para la investigación de los delitos ambientales puede traer la digitalización de la cooperación judicial penal en el tráfico jurídico medioambiental. Especialmente el papel que pueden tener las tecnologías de la información y comunicaciones en las investigaciones financieras. Pues teniendo en cuenta los esfuerzos de la Unión Europea por edificar una economía más sostenible a partir de numerosos instrumentos en torno a la protección del medio ambiente, sobre todo en el ámbito de las emisiones de gases de efecto invernadero[31], la biodi-

29. EUROPOL, *Environmental crime in the age of climate change*, 2022, pp. 4-42. Disponible en: chrome-extension://efaidnbmnnnibpcajpcglclefindmkaj/https://www.europol.europa.eu/cms/sites/default/files/documents/Environmental%20Crime%20in%20the%20Age%20of%20Climate%20Change%20-%20Public%20report_5.pdf

30. Conclusiones del Consejo sobre la determinación de las prioridades de la Unión Europea para la lucha contra la delincuencia internacional organizada y grave entre 2018 y 2021, de 19 de mayo de 2017

31. La Unión Europea ha articulado toda una estrategia normativa para reducir la emisión de gases de efecto invernadero, cuyo emplazamiento se consolidaría a partir de un nuevo modelo de producción. Tomando como base el Protocolo de Kioto, se ha elaborado un marco estratégico sobre el clima y la energía para el 2030 que promueve incentivar la inversión en nuevas energías para lo que dispone: la limitación del régimen de comercio de derechos de emisión de gases, el aumento en el uso de energías renovables, la comercialización y subvención en tecnología sobre captura y almacenamiento de carbono, la limitación de la emisión de carbono de vehículos así como en el transporte marítimo, y el control en el uso de gases fluorados. SPADA JIMÉNEZ, A., *Justicia climática y eficiencia procesal*, Thomson Reuters Aranzadi, Cizur Menor, 2021, pp. 99 - 105

versidad[32], la gestión de las aguas[33], y entre otras, la gestión de los recursos y el fomento de la economía circular[34], una variedad de fraudes está a punto de florecer en el variado mercado de la *green economy*[35].

2.1. El tráfico ilícito de residuos como fenómeno criminal

El impulso de la Unión Europea en desarrollar políticas legislativas de fomento de gestión de recursos por medio de la mejora en la gestión de los residuos incluyendo sus vertidos, traslados, clasificación, utilización y reci-

32. A partir de la creación de la Red Natura 2000, la Unión Europea ha otorgado una mayor protección a determinadas zonas naturales, lo que ha dado lugar a varios instrumentos normativos a partir de dos estrategias en la protección de la flora, fauna y ecosistemas. Por un lado, la Estrategia para respaldar los servicios de los ecosistemas para el bienestar humano, y por otro lado la Estrategia de la UE sobre la biodiversidad hasta 2020: nuestro seguro de vida y capital natural, tendentes a controlar las especies exóticas invasoras, la utilización de recursos genéticos de forma sostenible, el control del comercio de especies, la prohibición de comercializar con productos derivados de algunos animales, o el control sobre la madera y los productos derivados de los bosques.

33. La Unión Europea lleva a cabo una política fundamentada en la distribución del uso de las aguas en cada Estado Miembro, al mismo tiempo que ha fomenta el uso sostenible de las aguas a través de la Directiva 2000/60/CE del Parlamento Europeo y del Consejo, de 23 de octubre de 2000, por la que se establece un marco comunitario de actuación en el ámbito de la política de aguas. DO L 327 de 22.12.2000. Y, por otro lado, la Directiva 2008/56/CE del Parlamento Europeo y del Consejo, de 17 de junio de 2008 por la que se establece un marco de acción comunitaria para la política del medio marino, en torno a la protección de las aguas marinas y la sostenibilidad en el comercio marítimo. DO L 164 de 25.6.2008

34. La Unión Europea viene planteando mejor la gestión de los residuos cuyo objetivo consiste en obtener de estos, los mismos productos que se obtendrían de la naturaleza, pero en este caso, reutilizando y reciclando por medio de una economía sostenible circular teniendo como base la Directiva 2008/98/CE del Parlamento Europeo y del Consejo, de 19 noviembre de 2008, sobre los residuos. DO L 312/3 de 22.11.2008. En esencia, lo que se pretende es la reducción de los recursos naturales fomentando la adecuada gestión de residuos. Para ello la Unión Europea creó la etiqueta ecológica por medio del Reglamento n.º66/2010, relativo a la etiqueta ecológica de la UE (DO L 27 de 30.1.2010), la etiqueta energética por el Reglamento 2017/1369, por el que se establece un marco para el etiquetado energético (DO L 198 de 28.7.2017). También se ha implementado la Directiva 2009/125/CE, por la que se instaura un marco para el establecimiento de requisitos de diseño ecológico aplicables a los productos relacionados con el consumo de la energía (DO L 285 de 31.10.2009). También en materia de producción y reciclado de plástico se han implementado numerosos instrumentos a partir de la Estrategia para el pastico en la economía circular de 2017, entre otras materias a reseñar. Todo ello en el marco de la Acción Europea para la Sostenibilidad mediante la cual la UE se compromete a adoptar todas las medidas necesarias al fina de alcanzar los ODS de la Agenda 2030. En materia de sostenibilidad, véase San Martín Calvo, M., «Consumo sostenible y transición ecológica. La acción normativa de la Unión Europea contra el greenwhasing», *Revista de Estudios Europeos*, núm.84, 2024, pp.364-390

35. Se prevé que en el marco del fondo *Next Generation*, el 30 % de los fondos se invierta en el marco de una política verde para luchar contra el cambio climático.

claje, ha tenido un importante reflejo en las políticas legislativas destinadas a regular el comercio transfronterizo de residuos. El comercio transfronterizo de residuos facilita la gestión eficiente de estos a través de su recuperación y eliminación de una manera adecuada a partir de diferentes instalaciones situadas por la diferente geografía europea. Entre estos residuos podemos encontrar los desechos domésticos, vehículos que contienen materiales importantes como metales y plásticos, o productos electrónicos.

En algunos casos, en función del tipo de residuos, el transporte transfronterizo de aquellos residuos catalogados como especiales o peligrosos, es necesario para una adecuada y segura gestión y eliminación, como es el caso de los residuos provenientes desechos radiactivos[36]. Como es lógico, estos traslados deben cumplir con la normativa de envío nacional e internacional en cuestión. Sin embargo, las crecientes cantidades de desechos enviados internacionalmente han aumentado los envíos ilegales de residuos en los últimos años. Se ha evaluado que el 25 % de los envíos totales no cumplen con la normativa correspondiente[37]. El tráfico ilegal de residuos, partiendo de las numerosas implicaciones que para el medioambiente y la salud humana tiene[38], genera importantes efectos negativos sobre el comercio legal, las transacciones económicas, y en esencia, el sistema financiero comunitario[39].

En respuesta a la concienciación social medioambiental que tuvo lugar en los años setenta, en Europa se comenzó a producir una política destinada a garantizar un mayor nivel de protección medioambiental. En el ámbito de la gestión de los residuos, los estándares europeos tenían por finalidad minimizar al máximo el efecto de los desechos sobre el medioambiente. En consecuencia, las industrias experimentaron subidas económicas asociadas a los costes en la gestión de sus residuos[40]. Es decir, los residuos que antes podían ser vertidos al mar, ahora debían someterse a rigurosos tratamientos que garantizaran un elevado nivel de protección ambiental. Así, con objeto de reducir los costes, determinadas empresas comenzaron a enviar los residuos

36. Parajuly, K; Fitzpatrick, C., «Understanding the Impacts of Transboundary Waste Shipment Policies: The Case of Plastic and Electronic Waste», *Sustainability*, vol. 12, núm. 2412, 2020, pp. 1 -15

37. European Comission. Waste Shipments, 2020. Disponible en: https://ec.europa.eu/environment/waste/shipments/index.htm

38. El destino de los flujos ilegales son generalmente países sin regulaciones óptimas que permitan una adecuada gestión de los residuos, por lo que los materiales provocan la contaminación del aire, el agua y el suelo, las vías fluviales o los océanos. Del mismo modo que la manipulación inadecuada de estos residuos provoca efectos adversos sobre la salud humana.

39. La manipulación ilegal de residuos se asociada al fraude fiscal y al blanqueo de capitales. La *European Environmental Bureau* o, EBB cifra los ingresos anuales totales procedentes del tráfico ilegal en la Unión Europea entre 2,9 y 12,1 billones euros.

40. Santed Liébana, H., «La amenaza química derivada del tráfico ilegal de residuos», *Cuadernos de estrategia*, núm. 223, 2024, pp. 105 – 125.

a terceros países, donde debido a los limitados niveles de protección ambiental en materia de gestión de residuos, los precios eran muy inferiores a los ofertados en sus propios países. Frente a tal situación, vio la luz el Convenio de Basilea[41], cuyo objetivo principal fue y sigue siendo, la prohibición del envío de residuos peligrosos a los países en vías de desarrollo. Sin embargo, ante tal situación y derivado de las numerosas políticas en materia de gestión de residuos que tienen por objeto la prohibición o restricción de diversas actividades y productos, ha cobrado impacto un fenómeno delictivo vinculado al crimen organizado: el tráfico ilegal de residuos.

En la actualidad, el tráfico ilegal de residuos se ha convertido en una floreciente actividad criminal, debido a que los marcos regulatorios establecidos tanto a nivel europeo como nacional provocan que el tratamiento de residuos sea más caro y complejo, lo que ha generado un mercado negro que ofrece precios más bajos. Al mismo tiempo, el tratamiento del tráfico ilegal de residuos como delito medioambiental[42], se incardina en el proceso de armonización europeo derivado de la entrada en vigor de la Directiva (UE) 2024/1203 relativa a la protección del medio ambiente mediante el Derecho penal[43]. En la que, pese a que los 27 Estados miembros tomando como punto de partida la derogada Directiva 2008/99/CE en materia de protección penal medioambiental, han legislado penalmente en materia medioambiental en la misma dirección y con los mismos objetivos, desde un punto de vista práctico, sus resultados deben hacer frente a numerosos obstáculos partiendo del elemento de ilicitud de la conducta en el contexto de las normas penales en blanco[44].

El tráfico ilegal de residuos se ha definido como el transporte y la gestión ilegal de los residuos. Una definición en línea con el concepto de tráfico adoptada en otros contextos, como por ejemplo la definición de tráfico de personas adoptada por Naciones Unidas, y así puedan quedar incluidas todas las acciones relacionadas más allá del simple traslado ilegal entre países o

41. Convenio de Basilea sobre el control de los movimientos transfronterizos de los desechos peligrosos y su eliminación DO L 39 de 16.2.1993, pp. 3-22. Adoptado mediante Decisión 93/98/CEE del Consejo, de 1 de febrero de 1993, relativa a la celebración en nombre de la Comunidad, del Convenio para el control de la eliminación y el transporte transfronterizo de residuos peligrosos (Convenio de Basilea), DO L 39 de 16.2.1993, pp. 1-2.

42. El tráfico ilegal de residuos constituye uno de los crímenes medioambientales vinculados al crimen organizado. Europol, en su informe anual sobre crimen organizado en la Unión Europea del año 2005 ya había establecido la relación existente entre el tráfico ilegal de residuos y la delincuencia organizada al incluir como subcategoría de tráfico ilícito, el tráfico ilegal de residuos.

43. Directiva (UE) 2024/1203 del Parlamento Europeo y del Consejo, de 11 de abril de 2024, relativa a la protección del medio ambiente mediante el Derecho penal y por la que se sustituyen las Directivas 2008/99/CE y 2009/123/CE. DO L 123 de 30.4.2024.

44. Es necesario infringir la norma administrativa ambiental que complementa la penal. Vercher Noguera, A., «La nueva directiva penal ambiental de la Unión Europea en ciernes», *Diario La Ley*, núm.º 10486, 2024.

territorios[45]. En este sentido, pese a que no contamos con una definición de delincuencia medioambiental, en el ámbito europeo, tomando como ejemplo la definición que ofrece Europol[46] y la Directiva (UE) 2024/1203, la estructura penal de los delitos contra el medioambiente consiste en:

a) la realización de una serie de comportamientos,

b) comportamientos que han de ser contrarios a las normas administrativas, y

c) idóneos para ocasionar daños substanciales en la calidad del aire, de las aguas, del suelo o afecten a la vida de los animales y plantas.

Conforme a estos elementos típicos, la aplicación de los delitos contra el medio ambiente al traslado de residuos exigirá demostrar, primero, que constituyen una conduta contraria a la normativa administrativa y, segundo, que efectivamente es idónea para afectar a los elementos que componen el medio ambiente o la salud de las personas[47]. Esto nos lleva a que, mientras que determinadas conductas son reconocidas en la Unión Europea como delitos medioambientales, como es el caso del animal, otros reciben una aproximación diferente en función del país, como es el caso del tráfico de residuos[48].

A mayores, la problemática que rodea al tráfico ilegal de residuos desde la perspectiva comunitaria trasciende a los intereses financieros de la Unión Europea en forma de fraude fiscal. Uno de los grandes pilares que sustenta este tipo de ilícitos se fundamenta en la incoherencia legislativa en materia de impuestos entre los diferentes Estados miembros. Bajo la denominada operación *Poubelle*[49], se ha constatado que, en el país galo, la gestión -esto

---

45. Conforme establece el Protocolo para prevenir, reprimir y sancionar la trata de personas, especialmente mujeres y niños, que complementa la Convención de las Naciones Unidas contra la delincuencia organizada transnacional, por tráfico de personas se entenderá la captación, el transporte, el traslado, la acogida o la recepción de personas.

46. Actividades que, en primer lugar, vulneren la legislación ambiental y, en segundo lugar, causen daño o riesgo significativo al medioambiente o a la salud de las personas. EUROPOL, *Environmental crime in the age of climate change*, 2022, pp. 4-42. Disponible en: www.europol.europa.eu/cms/sites/default/files/documents/Environmental%20Crime%20in%20the%20Age%20of%20Climate%20Change%20-%20Public%20report_5.pdf

47. Nieto Martín, A, «No mires arriba: las respuestas del derecho penal a la crisis climática», Anuario de la Facultad de Derecho de la Universidad Autónoma de Madrid, núm. 26, 2022, pp. 269-302. Disponible en: https://www.boe.es/biblioteca_juridica/anuarios_derecho/abrir_pdf.php?id=ANU-A-2022-10026900302

48. Santed Liébana, H., «La amenaza química derivada del tráfico ilegal de residuos», *Cuadernos de estrategia*, núm. 223, 2024, pp. 112.

49. ministerio del interior, «La Guardia Civil desarticula una organización criminal internacional dedicada al tráfico ilícito de residuos peligrosos de origen urbano». Publicada en fecha de 20 de diciembre de 2023. Disponible en: https://www.interior.gob.es/opencms/es/detalle/articulo/La-Guardia-Civil-desarticula-una-organizacion-criminal-internacional-dedicada-al-trafico-ilicito-de-residuos-peligrosos-de-origen-urbano/

es su tratamiento y eliminación- de una tonelada de residuos cuesta 250 euros incluidos impuestos. En España, la misma gestión, tiene un importe de 40 euros, impuestos incluidos. En teoría, el principio de responsabilidad en materia medioambiental[50] fundamentado en el hecho de quien contamina paga, implica que cada Estado miembro debe hacerse cargo de la gestión de sus residuos. Sin embargo, hechas las cuentas saldría económicamente más rentable trasladar y enterrar los residuos en España, lo que supone un problema medioambiental de primer orden. Pero para Francia, el problema es fiscal debido a la gran cantidad de dinero que se deja de ingresar al eludir sus empresas el pago de los impuestos.

El Reglamento (CE) n. 1013/2006 del Parlamento Europeo y del Consejo, de 14 de junio de 2006, relativo a los traslados de residuos[51] —hoy sustituido por el Reglamento (UE) 2024/1157 del Parlamento europeo y del Consejo de 11 de abril de 2024 relativo a los traslados de residuos— ha aportado importantes mejoras para proteger el medio ambiente y la salud humana de los efectos adversos que pueden derivarse de los traslados de residuos. Y a su vez, han establecido el marco regulatorio de la exportación e importación de residuos de la Unión Europea a países no pertenecientes a la Unión Europea como también aquellos traslados de residuos entre Estados miembros. Estas normas permiten que dentro de la Unión Europea se permite y regula el traslado de residuos peligrosos como de los no peligrosos. Mientras que, en el caso de los traslados a terceros países, queda prohibido el traslado de residuos peligrosos a países no pertenecientes ni a la Unión Europea ni a la OCDE[52].

50. A mayores, en base al Reglamento (CE) N.°. 1013/2006 que prohibía la exportación de residuos a terceros países y sus sucesivas modificaciones y en aplicación del actual Reglamento que sustituye al primero, los principios que rigen el traslado de residuos en la Unión Europea son: a) La Unión Europea tiene que ser autosuficiente en la disposición de residuos, teniendo que establecer cada Estado miembro los lugares de disposición; b) la disposición de los residuos se ha de efectuar en el lugar de disposición adecuado más cercano; c) las cargas de residuos para reciclar están sujetas a una regulación menos estricta y pueden ser transportadas dentro de la Unión Europea; y d) exportar residuos de países de la OCDE a países no pertenecientes a la OCDE para reciclaje está prohibido ya que estos no tienen infraestructura suficiente y necesaria para realizar la gestión de estos productos. EUROPEAN ENVIRONMENT AGENCY, «Movement of waste across the EU´s internal and external borders», 1.° ed., *Office for Official Publications of the European Union*, Luxemburg, 2012, pp.10.

51. Reglamento (CEE) 259/1993 del Consejo, de 1 de febrero de 1993, sobre la vigilancia y el control de los traslados de residuos en el interior, a la entrada y a la salida de la Comunidad Europea. Este Reglamento incorpora al Derecho de la Unión Europea el Convenio de Basilea. Este primer reglamento fue sustituido por el Reglamento (CE) n.°1013/2006 del Parlamento Europeo y del Consejo, de 14 de junio de 2006, relativo a los traslados de residuos. DO L 190 de 12.7.2006, pp. 1-98. Reemplazado nuevamente por el reciente Reglamento 2024/1157 del Parlamento europeo y del Consejo de 11 de abril de 2024 relativo a los traslados de residuos.

52. Decisión de la OCDE de 2001 sobre el control de los movimientos transfronterizos de residuos.

La mayor parte de los residuos que se generan en la Unión Europea se transportan entre Estados miembros. Según los cálculos de EUROSTAT sobre envío de residuos, el valor de los traslados ascendería en el año 2023 a 18.500 millones de euros[53]. De estos traslados, se calcula que entre el 15 % y el 30 % de los traslados de residuos, dentro de los Estados miembros no son objeto de seguimiento, por lo que escapan de los controles y aumenta la probabilidad de acabar en el tráfico ilícito. Esto se debe a que los Estados miembros carecen de recursos eficientes de recogida de datos a escala comunitaria, a las discrepancias en la clasificación de residuos entre los Estados miembros[54], así como a la falta de cooperación entre Estados. Las inspecciones por las que conocer notificar un tráfico ilegal de residuos parece ser ineficaz para una adecuada investigación del delito en la medida en la que el comercio de residuos se basa en documentos en papel.

Sin duda uno de los desafíos a los que el reto de la digitalización debe enfrentarse en tanto que en la actualidad no contamos con una única base de datos electrónica de residuos para Europa. El Reino Unido utiliza un sistema llamado *IWS Online*, en España contamos con *MITECO*, y en cambio en Portugal, su sistema digital se encuentra vinculado al sistema aduanero. La falta de trazabilidad europea en materia de datos sobre residuos limita excesivamente las investigaciones sobre delitos relacionados con los residuos y en particular, las investigaciones por supuesto tráfico ilícito de residuos[55].

Ante tal situación el pasado 20 de mayo de 2024 entró en vigor el Reglamento (UE) 2024/1157 del Parlamento Europeo y del Consejo de 11 de abril de 2014 relativo a los traslados de residuos, por el que se modifican los Reglamentos (UE) n.º 1257/2013, y Reglamento (UE) 2020/1056, y se deroga el Reglamento (CE) n.º. 1013/2006[56]. Este nuevo marco pretende suplir las carencias en la gestión y traslado de residuos que facilitan la actuación de la criminalidad organizada. Pese a ser una normativa centrada principalmente en los mercados de reciclaje en la Unión Europea[57], se prevé una mayor cooperación en la lucha

53. European Union, «Waste shipments. EU rules on the shipment of waste within and beyond EU borders, to protect the environment and public health». Disponible en: https://environment.ec.europa.eu/topics/waste-and-recycling/waste-shipments_en

54. Ruiz Arias, M., «¿Dónde acaban las nuevas tecnologías obsoletas?» en Pérez Álvarez, F (Dir.), *Propuestas penales: nuevos retos y modernas tecnologías*, Ediciones Universidad de Salamanca, 2016, pp. 519-533.

55. INTERPOL, «Emerging criminal trends in the global plastic waste market since January 2018», Strategic Analysis Report, 2020. Disponible en: file:///Users/usuario/Downloads/INTERPOL%20Report%20_criminal%20trends-plastic%20waste.pdf

56. Reglamento (UE) 2024/1157 del Parlamento Europeo y del Consejo de 11 de abril de 2014 relativo a los traslados de residuos, por el que se modifican los Reglamentos (UE) n.º 1257/2013, y Reglamento (UE) 2020/1056, y se deroga el Reglamento (CE) n.º. 1013/2006. DO L 30.4.2024. Aplicable de forma general a los Estados Miembros desde el 21 de mayo de 2026.

57. Olaeta, I., «Nuevo Reglamento de traslados de residuos, la normativa que pone en jaque

contra el tráfico de residuos complementando a la Directiva (UE) 2024/1203 relativa a la protección del medio ambiente mediante el Derecho penal[58].

En esencia, para hacer frente a los traslados ilícitos pretende adoptar normas que faciliten el traslado dentro de la Unión Europea a partir de un seguimiento eficaz de los envíos de residuos mediante procedimientos digitalizados. Junto a ello, el Reglamento dispone una obligación hacia la Comisión Europea para elaborar un sistema central de intercambio electrónico de información que sea interoperable con los sistemas nacionales[59]. Bajo nuestra opinión, en este sentido y aprovechándose de la experiencia que ya tiene en el ámbito del comercio internacional, la Comisión podría incorporar la gestión de los residuos al sistema *TRACES, Trade Control and Expert System*. Se trata de un sistema electrónico comunitario, en línea con la prioridad de la Comisión Europea de Una Europa adaptada a la era digital que permite registrar los movimientos dentro de la Unión Europea, así como las exportaciones desde la Unión Europea de animales y mercancías. Y de esta forma, sin necesidad de elaborar un instrumento específico, quedaría integrado en el sistema de información comunitaria electrónica *IMSOC*, del que ya forman parte el *RASFF, ADIS, EUROPHTY* y, *AAC*[60].

3. LA NECESARIA IMPLEMENTACIÓN DE LOS AVANCES TECNOLÓGICOS EN LA LUCHA CONTRA EL TRÁFICO ILEGAL DE RESIDUOS

3.1. Hacia un sistema de Cooperación Judicial penal digitalizado

El camino en materia de modernización de los sistemas judiciales que integran la política de la Unión Europea fundamentados en las líneas relativas a «Un futuro digital para Europa», la «Estrategia digital de la Unión Europea», y

a la industria europea del reciclaje», *RETEMA: Envases circulares y sostenibles. Desafíos y oportunidades ante la nueva regulación europea*, nº 254, 2024. Disponible en: https://www.retema.es/revista-digital/especial-reciclaje-10

58. Directiva (UE) 2024/1203 del Parlamento Europeo y del Consejo, de 11 de abril de 2024, relativa a la protección del medio ambiente mediante el Derecho penal y por la que se sustituyen las Directivas 2008/99/CE y 2009/123/CE. DO L 1203 de 30.4.2024, pp. 1 a 28.

59. Considerando número 28 del Reglamento (UE) 2024/1157 del Parlamento Europeo y del Consejo de 11 de abril de 2014 relativo a los traslados de residuos, por el que se modifican los Reglamentos (UE) n.º 1257/2013, y Reglamento (UE) 2020/1056, y se deroga el Reglamento (CE) n.º. 1013/2006.

60 Commission Implementing Regulation (EU) 2019/1715 of 30 September 2019 laying down rules for the functioning of the information management system for official controls and its system components (the IMSOC Regulation), C/2019/7005 de 14.10.2019. Disponible en: https://eur-lex.europa.eu/eli/reg_impl/2019/1715/oj

la «Década digital de Europa 2030», del Programa Europa digital 2021-2027, y la reciente «Estrategia de Justicia Electrónica 2024-2028», ha fomentado el impulso de la digitalización de la cooperación judicial penal a la que se han visto abocados los Estados[61]. En esencia, las Tecnologías de la Información y la Comunicación, facilitan la comunicación entre los órganos jurisdiccionales, pero además se convierten en una herramienta fundamental en la comunicación entre las autoridades de los Estados, tan necesaria para mercados concretos como es el caso del traslado de residuos. En esta línea se encuentra el *The 7th Enviorment Action Programme* (EAP) que ha mantenido activo la Comisión Europea hasta el año 2020 en materia de protección del medio ambiente.

En el panorama del Espacio de Libertad, Seguridad y Justicia, se está trabajando en conformar un ecosistema digitalizado para la transmisión de datos, de pruebas y la realización de actos procesales, a través de la cooperación y de mecanismos de asistencia judicial[62]. Ya existen importantes avances en materia de digitalización en el Espacio de Libertad Seguridad y Justicia[63] cuyo propósito, en esencia, es dotar a la cooperación judicial penal de herramientas y mecanismos para la investigación y enjuiciamiento de los delitos transfronterizos tal y como refuerza el reciente Reglamento (UE) 2023/2844 sobre la digitalización de la cooperación judicial y del acceso a la justicia en asuntos transfronterizos civiles, mercantiles y penales, y por el que se modifican determinados actos jurídicos en el ámbito de la cooperación judicial[64]. Sin embargo, debe decirse que hasta la creación del sistema de comunicación para la justicia digital mediante el intercambio electrónico de datos -sis-

61. BARONA VILAR, S., «Cuarta revolución industrial (4.0.) o ciberindustria en el proceso penal: revolución digital, inteligencia artificial y el camino hacia la robotización de la justicia», en *Revista Jurídica Digital*, vol. 3, núm. 1, 2019, pp. 1-21.

62. TINOCO PASTRANA, A., «La modernización de la cooperación judicial transfronteriza en la Unión Europea: la implementación de la digitalización», *Revista de la Asociación de profesores de Derecho Procesal de las Universidades Españolas*, n.° 8, 2023, pp. 114.

63. Este marco de digitalización de la cooperación judicial viene encabezado por el, Reglamento (UE) 2022/850, relativo a un sistema informatizado para el intercambio electrónico transfronterizo de datos en el ámbito de la cooperación judicial en materia civil y penal, «Reglamento e-CODEX», como un mecanismo fundamental para la arquitectura digital de la cooperación judicial. Este instrumento se integra a través del Reglamento sobre digitalización de la cooperación judicial y del acceso a la justicia en los asuntos transfronterizos civiles, mercantiles y penales, y el Reglamento (UE) 2023/1543, del Parlamento Europeo y del Consejo de 12 de julio de 2023, sobre las órdenes europeas de producción y las órdenes europeas de conservación, a efectos de prueba electrónica en procesos penales y de ejecución de penas privativas de libertad, a lo que se le suma la Directiva (UE) 2023/1544, del Parlamento Europeo y del Consejo de 12 de julio de 2023 por la que se establecen normas armonizadas para la designación de establecimientos designados y de representantes legales a efectos de recabar pruebas electrónicas en procesos penales.

64. Reglamento (UE) 2023/2844 sobre la digitalización de la cooperación judicial y del acceso a la justicia en asuntos transfronterizos civiles, mercantiles y penales, y por el que se modifican determinados actos jurídicos en el ámbito de la cooperación judicial. DO L Núm. 2844, de 27.12.2023, pp. 1-29.

tema e-CODEX[65], no se habían llevado a cabo modificaciones en los sistemas existentes en los Estados miembros para el intercambio electrónico transfronterizo de datos procesales[66]. El actual contexto frente a la lucha contra la delincuencia transfronteriza requiere que las autoridades de investigación y los órganos jurisdiccionales de los distintos Estados miembros cooperen, para lo que es necesario que puedan intercambiar información y pruebas de forma segura, rápida y eficaz. Como bien ha apuntado la Comisión Europea, se trata de dotar a las autoridades de métodos del siglo XXI para hacer frente a una delincuencia cada vez más tecnológica y especializada[67].

3.2. El papel de las tecnologías en la investigación de los delitos de tráfico ilícito de residuos

La infraestructura digital que poco a poco se va asentando en el marco de la cooperación judicial penal se configura como un escenario óptimo en el que poder llevar a cabo investigaciones transfronterizas en el marco de las nuevas formas de criminalidad que tienen lugar en el Espacio de Libertad, Seguridad y Justicia en el que los avances técnicos permiten a través del uso de las tecnologías, obtener determinada información[68], que posteriormente pueda ser utilizada como prueba, a efectos judiciales[69].

En este sentido, debemos tener como referencia la normativa europea relativa a la obtención de pruebas transfronteriza. Por un lado, la entrada en vigor de la Directiva 2014/41/CE del Parlamento Europeo y del Consejo, de 3 de abril de 2014, relativa a la Orden Europea de Investigación en materia penal ha supuesto un punto de inflexión en cuanto a obtención de prue-

---

65. Su objetivo radica en permitir la transmisión segura de grandes paquetes de prueba electrónica bajo el paraguas de transmisión de las OEIs entre los Estados miembros. Laro González, E., «Prueba penal transfronteriza: de la orden europea de investigación a las órdenes europeas de entrega y conservación de pruebas electrónicas», *Revista de Estudios Europeos*, vol. 79, 2022, pp. 285-303.

66. Fontestad Portalés, L., «La cooperación judicial internacional en red», en Fontestad Portalés, L (Dir.), *El uso de las TICs en la Cooperación jurídica penal internacional: construyendo la sociedad digital del futuro,* Colex, A Coruña, 2022, pp. 73-93. Disponible en: https://d2eb79appvasri.cloudfront.net/erp-colex/openaccess/libros/3610.pdf

67. Comunicado de prensa de la Comisión Europea de 17 de abril de 2018, disponible en: https://ec.europa.eu/commission/presscorner/detail/es/IP_18_3343

68. Por medio de las medidas de investigación tecnológicas, las cuales aparecen comprendidas en la Directiva 2014/41/CE del Parlamento Europeo y del Consejo, de 3 de abril de 2014, relativa a la orden europea de investigación en materia penal.

69. Jiménez López, M., «Las medidas tecnológicas de investigación con régimen especial, practicadas al amparo de una orden europea de investigación», en Fontestad Portalés, L (Dir.), *El uso de las TICs en la Cooperación jurídica penal internacional: construyendo la sociedad digital del futuro,* Colex, A Coruña, 2022, pp.120.

bas y cooperación judicial penal[70]. En ella se regulan todas las medidas de investigación, muchas de las cuales con un claro componente tecnológico[71]. Sin embargo, la poca eficacia de este instrumento a la hora de recabar las pruebas en un ámbito en el que está generalizado el uso de dispositivos electrónicos, la naturaleza volátil de los datos electrónicos y la ausencia de armonización en materia de datos electrónicos de ámbito transfronterizo[72], ha hecho necesario la puesta en marcha de instrumentos que complementen la Orden Europea de Investigación: el Reglamento 2023/1543, de 12 de julio sobre las órdenes europeas de producción y de conservación a efectos de prueba electrónica en procesos penal y de ejecución de penas privativas de libertad a raíz de los procesos penales[73].

En particular, la Orden Europea de Investigación permite llevar a cabo una o varias medidas de investigación de un Estado miembro en otro Estado miembro con vistas a obtener pruebas en un proceso penal con fundamento en el principio de reconocimiento mutuo. Para el caso que nos ocupa, en las siguientes líneas se abordaran dos instrumentos tecnológicos como posibles medidas de investigación tecnológica a efectos de considerarse por la Directiva 2014/41/CE relativa a la Orden Europea de Investigación como *medidas de obtención de pruebas en tiempo real, de manera continuada y durante un determinado periodo de tiempo*[74] contenidas en el artículo 28, por conformarse como posibles diligencias de investigación[75] propicias a la investigación transfronteriza de delitos de tráfico ilícito de residuos.

70. *Ibidem,* p.121.

71. Como sucede con la: la intervención de telecomunicaciones, la obtención de información contenida en bases de datos que obren en poder de las autoridades policiales o judiciales y que sean directamente accesibles a la autoridad de ejecución en el marco de un procedimiento penal, investigaciones encubiertas, y a la comparecencia por conferencia telefónica e identificación de personas que sean titulares de un número de teléfono o una dirección IP determinados, las medidas de obtención de pruebas en tiempo real, de manera continuada y durante un determinado periodo de tiempo.

72. Cuadrado Salinas, C., «La Directiva Europea y las órdenes de Producción y Conservación de pruebas electrónicas en los procesos penales. ¿Nuevas perspectivas?», *Ius Et Scientia*, vol. 9, núm. 2, 2023, pp. 117-135. Disponible en: https://institucional.us.es/revistas/Ius_Et_Scientia/vol9_2/IUS_et_Scientia_vol_9_2_06_cuadrado-salinas.pdf

73. Reglamento (UE) 2023/1543 del Parlamento Europeo y del Consejo, de 12 de julio de 2023, sobre las órdenes europeas de producción y las órdenes europeas de conservación a efectos de prueba electrónica en procesos penales y de ejecución de penas privativas de libertad a raíz de procesos penales. DO L 191 de 28.7.2023.

74. La Directiva no establece un *numerus clausus*, por lo que entre este tipo de medidas pueden tener cabida las medidas tecnológicas reguladas en los artículos 588 quater a) a 588 quater e), 588 quinquies a) a 588 quinquies c), y 588 septies a), a 588 septies c) de nuestra Ley de Enjuiciamiento Criminal.

75. González Monje, A., «Investigación y enjuiciamiento de los delitos de incendio forestal: cuestiones procesales», en Bujosa Vadell, L; Bueno de Mata, F., *Daños ambientales y*

Una diligencia de investigación debe ser entendida como aquella diligencia que se abre para investigar si un hecho tiene relevancia penal[76], y favorecer en el campo que nos ocupa, las evidencias para exigir responsabilidad penal por tráfico ilícito de residuos ante las dificultades inherentes de estos delitos. De manera sucinta, nuestro objeto es plantear si estas dificultades pueden paliarse con el uso de ciertas innovaciones tecnológicas como medidas de investigación tecnológica al servicio de la cooperación judicial penal. Pues tal y como advierte Ortiz Pradillo, el uso de la tecnología en la investigación de los delitos, puede llegar a constituir una necesidad en la averiguación de determinados delitos[77].

3.2.1. Los drones en la investigación del delito transfronterizo

Entre los medios a emplear en la investigación de los delitos medioambientales, se encuentran los drones o *UAVs* que adquieren la connotación procesal de medida de videovigilancia como diligencia de investigación. La utilidad de los drones tiene múltiples y polivalentes funcionalidades, tanto en la práctica medioambiental, como fuera de ella, en relación por ejemplo con la búsqueda de personas[78]. En el ámbito medioambiental como bien señala Huertas Martín[79], pueden efectuar tanto, toma de imágenes termográficas, emplear técnicas de reconocimiento biométrico para la identificación de personas, o la captación y grabación de las comunicaciones orales.

En el proceso penal español, el artículo 588 quinquies a), regula la captación de imágenes en lugares o espacios públicos, facultando a la policía judicial para obtener y grabar por cualquier medio técnico imágenes de la persona investigada cuando se encuentre en un lugar o espacio público o privado, si ello fuera necesario para facilitar su identificación, para localizar los instrumentos o efectos delito u obtener datos relevantes para el esclarecimiento de los hechos[80]. En este supuesto, no parece que se requiera auto-

---

tecnologías digitales. Los drones en la investigación y enjuiciamiento de delitos de incendio, Tirant lo Blanch, 2021, pp.94.

76. Artículo 773.2 de la Ley de Enjuiciamiento Criminal.

77 Ortiz Pradillo, J.C., «La investigación del delito en la era digital. Los derechos fundamentales frente a las nuevas medidas tecnológicas de investigación», *Estudios de Progreso*, 2013, pp.11. Disponible en: https://docta.ucm.es/rest/api/core/bitstreams/c08a0730-c9aa-494b-ac99-aa1feb5dced7/content

78. Bujosa Vadell, L., «Tecnologías digitales y delitos ambientales», *Revista Electrónica de Direito Processual – REDP*, vol. 20, núm, 3, 2019, pp. 273-275.

79. Huertas Martín, I., «Investigación y prueba de los delitos medioambientales», en Bujosa Vadell L; Bueno de Mata, F., *Daños ambientales y tecnologías digitales. Los drones en la investigación y enjuiciamiento de delitos de incendio*, Tirant lo Blanch, 2021, pp. 115-156.

80. La circular 1/2019, de 6 de marzo, de la Fiscal General del Estado, sobre disposiciones comunes y medidas de aseguramiento de las diligencias de investigación tecnológicas

rización judicial, y de tal manera la actuación sería viable únicamente en la obtención y grabación de imágenes. En el caso de ampliar sus utilidades al seguimiento y localización[81], será precisa autorización judicial. Como bien apunta BUENO DE MATA[82], pese a que los drones tienen múltiples funcionalidades, la habilitación legal para el uso de estos instrumentos como medidas de investigación no está tan claro que su implementación pueda caer bajo el amparo de la Ley de Enjuiciamiento Criminal, y tampoco, como señala BUJOSA VADELL[83], no se ha efectuado la correspondiente actualización en cuanto a la vía de entrada de tales fuentes de prueba el proceso.

Respecto del uso de drones frente a los delitos de tráfico ilícito de residuos, ayudarían en la clasificación de los residuos para saber con exactitud la dimensión del problema. Las imágenes obtenidas por ellos permiten una caracterización de los residuos para determinar el tipo de desechos y el lugar donde se ubiquen. Sin embargo, pese al potencial uso de los drones en la investigación de los delitos de tráfico ilícito de residuos, no debemos obviar que su uso comporta importantes riesgos puesto que conlleva el tratamiento de datos personales, lo que interfiere con los derechos fundamentales, especialmente con el derecho a la protección de datos, la inviolabilidad del domicilio, la inviolabilidad de las comunicaciones y a la intimidad, lo que requiere de unas normas muy rigurosas. En cualquier caso, nos encontramos ante drones no tripulados de control remoto que siempre tendrán a un humano detrás. En la actualidad, la aplicabilidad de los drones inteligentes queda relegado al ámbito de la vigilancia no judicial, ejemplo de ello lo encontramos en la prevención de incendios forestales a partir del proyecto Drones Antiincendios que bajo una tecnología vinculada a la automatización y la Inteligencia Artificial, detectan incendios y acuden a sofocar los mismos[84].

---

en la Ley de Enjuiciamiento criminal establece que, *pese a no ser necesaria la autorización judicial para su ejecución, debe entenderse que su cese está sujeto a los mismos motivos que el resto de las medidas. No deja de ser un medio de investigación que invade reductos de intimidad y, en consecuencia, desaparecida su justificación, la intromisión en el derecho fundamental del afectado quedaría huérfana de motivación. Debiendo en todo momento apreciar los principios de especialidad, idoneidad, excepcionalidad, necesidad y proporcionalidad.*

81. Autorizado por el artículo 588 quiquies b) de la Ley de Enjuiciamiento Criminal.

82. BUENO DE MATA, F., «El uso de drones para la investigación de delitos medio ambientales», en BUJOSA VADELL L; BUENO DE MATA, F., *Daños ambientales y tecnologías digitales. Los drones en la investigación y enjuiciamiento de delitos de incendio*, Tirant lo Blanch, 2021, pp. 199-214.

83. BUJOSA VADELL, L., «Tecnologías digitales y delitos ambientales», *Revista Electrónica de Direito Processual – REDP*, vol. 20, núm, 3, 2019, pp. 273-275.

84. BUENO DE MATA, F., «El uso de drones para la investigación de delitos medio ambientales», en BUJOSA VADELL L; BUENO DE MATA, F., *Daños ambientales y tecnologías digitales. Los drones en la investigación y enjuiciamiento de delitos de incendio*, Tirant lo Blanch, 2021, pp.202.

3.2.2. El uso del sistema GPS como diligencia de investigación

Dentro del corpus legislativo fundamentado en la utilización de dispositivos técnicos de seguimiento y de localización de la Ley de Enjuiciamiento Criminal[85] como diligencias de investigación, encontramos la geolocalización del investigado por medio de GPS.

Al igual que en el caso anterior, estamos ante mecanismos tecnológicos destinados a localizar y seguir a un objetivo de la investigación[86], ya sea al investigado o al objeto del presunto delito. Como bien señala Delgado Martín[87], se trata de balizas que, colocados en una persona o en objetos, como pueden ser contenedores de mercancías, permiten su localización en el espacio y seguimiento a distancia. Si se coloca un dispositivo en un contenedor de residuos, el dispositivo informará de la ruta que siga y de su localización precisa, pero en ningún caso aportará información alguna que pueda vincularse con ninguna persona concreta a diferencia de lo que sucedería en el supuesto de implementar tecnología por medio de drones. Este hecho hace más factible el uso de este tipo de instrumentos en tanto no se ven afectados derechos fundamentales, como podría suceder con el derecho a la intimidad. Ahora bien, pese a que parecería no ser necesario la previa habilitación judicial[88], lo cierto es que esta posibilidad queda blindada al marco regulatorio contenido en el artículo 588 quinquies b), debiendo someterse a los principios de especialidad, idoneidad, excepcionalidad, necesidad y proporcionalidad.

De manera que, la utilización de sistemas de GPS, cuando se utilicen en el seguimiento y localización de objetos, como es el caso de los residuos, no constituyen aparentemente una injerencia grave en los derechos fundamentales, por cuanto la propia naturaleza del dispositivo debe distinguirse de otros métodos cuyo procesamiento de datos son más susceptibles de interferir en el derecho de la persona salvo que de cara al procedimiento fuera necesaria la identificación de los sujetos[89].

85. Artículos 588 quinquies b) y c) de la Ley de Enjuiciamiento Criminal.

86. En este caso, la localización y seguimiento por GPS, a diferencia del caso anterior, no interfiere en el proceso de comunicación entre personas, sino que solo permite conocer en el marco de una investigación penal, la ubicación espacio temporal, vulnerando así el derecho a la intimidad de la persona.

87. Delgado Martín, J., «Dispositivos de localización y seguimiento en la investigación penal», *Revista Logos Guardia Civil,* 2023, pp. 85-105.

88. Se trata de diligencias de investigación legitimas desde la función constitucional que tiene la policía judicial, sin que su colocación interfiera en su derecho fundamental que requeriría la intervención judicial. Delgado Martín, J., «Dispositivos de localización y seguimiento en la investigación penal», *Revista Logos Guardia Civil,* 2023, pp. 85-105.

89. Circular Fiscalía General del Estado 4/2019, sobre utilización de dispositivos técnicos de captación de la imagen, de seguimiento y de localización.

En materia de cooperación judicial, el anterior Reglamento Europeo n.º 1013/2006 sobre traslados de residuos, como de forma más exhaustiva el actual Reglamento 2024/1157 contiene varias medidas para prevenir el envío ilegal de residuos. Entre ellas se incluyen obligaciones para los Estados miembros de llevar a cabo inspecciones de los envíos de residuos. En este marco, el proyecto *LIFE SWEAP*, en el que colaboran tanto las fuerzas policiales nacionales, las aduanas y Europol, tiene como uno de sus objetivos detectar y prevenir el tráfico ilegal de residuos, para lo que desarrolla herramientas tecnologías que mejoren el flujo de inteligencia sobre los envíos ilegales y actores involucrados. Para tal fin está llevando a cabo una novedosa herramienta que mapea los envíos ilegales, la escala y las rutas de los envíos de residuos basada en GPS. Sin duda, la información recaba supondrá una buena pieza de convicción si se trasladará al proceso a través de los medios de prueba con los que contamos en nuestra Ley de Enjuiciamiento Criminal.

4. CONCLUSIONES

La delincuencia medioambiental y sus nuevos mercados criminales plantea nuevas cuestiones que debe resolver el Derecho, sustantivo y procesal. La utilidad que para la investigación de los delitos ambientales puede traer la digitalización de la cooperación judicial penal, redunda en una mayor eficiencia de nuestro principio de reconocimiento mutuo, erigiéndose en un aspecto clave para luchar de forma eficaz contra el tráfico ilícito de residuos. Sin embargo, pese al gran avance a nivel de digitalización del Espacio Judicial Europeo por el que se pretende dotar de herramientas tecnológicas y digitales al servicio de la cooperación judicial penal, las medidas de investigación tecnológicas se enfrentan a los riesgos asociados del respeto de garantías en relación con la seguridad y la confidencialidad de los datos[90].

Las medidas de investigación tecnológicas previstas en nuestra Ley de Enjuiciamiento Criminal pueden considerarse incluidas en el amplio alcance del artículo 28 de la Directiva 2014/41/CE relativa a la Orden Europea de Investigación, dando cobertura a la implementación de dispositivos GPS y de drones como medidas de obtención de pruebas en tiempo real, de manera continuada y durante un determinado periodo de tiempo al servicio de la cooperación judicial penal en el ámbito de la criminalidad medioambiental. En este sentido, como la Ley de Enjuiciamiento Criminal no limita el ámbito delictual en que cabría plantearse la instalación de este tipo de dispositivos, ni en cuanto a la gravedad de la pena o al medio de comisión, como si ocurre

90. Martín Diz, F., «Derechos y garantías procesales penales fundamentales: una lectura en clave tecnológica», *Ius et Scientia,* 2024 pp. 52-81. Disponible en: https://revistascientificas.us.es/index.php/ies/article/view/25853/22845

con otras diligencias de investigación[91], para el caso del tráfico de residuos debemos considerarlo un buen medio de investigación, aunque por las limitaciones asociadas a su adecuada cobertura legal, en pocas ocasiones podría constituir fuente de prueba de los elementos del delito y de la participación de sus responsables. Por lo que, creemos que los esfuerzos en la regulación legal de las herramientas tecnológicas que permitan la cooperación judicial transfronteriza deben ser capaces de generar la confianza necesaria para su utilización en términos de derechos y garantías procesales previstas en el artículo 47 de la Carta de Derechos Fundamentales de la Unión Europea.

5. BIBLIOGRAFÍA

Bachmaier, L., «Obstacles to prosecution of environmental crime and the role of expert evidence. A comparative approach», *Revista Internacional de Derecho penal*, 2016.

Barona Vilar, S., «Cuarta revolución industrial (4.0.) o ciberindustria en el proceso penal: revolución digital, inteligencia artificial y el camino hacia la robotización de la justicia», en *Revista Jurídica Digital*, vol. 3, núm. 1, 2019.

Basilico, R.A y **Renaud, M.A.**, «Corrupción, crimen organizado y fraude: El fin del lucro detrás de la afección al desarrollo sostenible, la diversidad biológica, los recursos naturales y los derechos humanos», *Crímenes ambientales y económicos*, Montevideo: B de F, Buenos Aires, 2022.

Bueno de Mata, F., «El uso de drones para la investigación de delitos medio ambientales», en Bujosa Vadell, L; Bueno de Mata, F., *Daños ambientales y tecnologías digitales. Los drones en la investigación y enjuiciamiento de delitos de incendio*, Tirant lo Blanch, 2021.

Bujosa Vadell, L., «Tecnologías digitales y delitos ambientales», *Revista Electrónica de Direito Processual*, REDP, vol. 20, núm, 3, 2019.

Cuadrado Salinas, C., «La Directiva Europea y las órdenes de Producción y Conservación de pruebas electrónicas en los procesos penales. ¿Nuevas perspectivas?», *Ius Et Scientia*, vol. 9, núm. 2, 2023.

De la Cuesta Arzamendi, J., «El derecho al ambiente: su protección por el derecho penal», *Reveu Internacionale de Droit Penale*, 2017.

91. Oubiña Barbolla S., «Claves y desafíos de la investigación penal mediante GPS en el sur de Europa», en Arangüena Fanego, C; De Hoyos Sancho, M; Pillado González, E., *El proceso penal ante una nueva realidad tecnológica europea*, Aranzadi, Cizur Menor, 2023, pp. 84

Delgado Martín, J., «Dispositivos de localización y seguimiento en la investigación penal», *Revista Logos Guardia Civil*, 2023.

Fontestad Portalés, L., «La cooperación judicial internacional en red», en Fontestad Portalés, L (Dir.), *El uso de las TICs en la Cooperación jurídica penal internacional: construyendo la sociedad digital del futuro*, Colex, A Coruña, 2022.

González Monje, A., «Investigación y enjuiciamiento de los delitos de incendio forestal: cuestiones procesales», en Bujosa Vadell L; Bueno de Mata, F., *Daños ambientales y tecnologías digitales. Los drones en la investigación y enjuiciamiento de delitos de incendio*, Tirant lo Blanch, 2021.

Huertas Martín, I., «Investigación y prueba de los delitos medioambientales», en Bujosa Vadell L; Bueno de Mata, F., *Daños ambientales y tecnologías digitales. Los drones en la investigación y enjuiciamiento de delitos de incendio*, Tirant lo Blanch, 2021.

Jiménez López, M., «Las medidas tecnológicas de investigación con régimen especial, practicadas al amparo de una orden europea de investigación», en Fontestad Portalés, L (Dir.), *El uso de las TICs en la Cooperación jurídica penal internacional: construyendo la sociedad digital del futuro*, Colex, A Coruña, 2022.

Jimeno Bulnes, M., *Un proceso europeo para el siglo XXI*, Thomson Reuters, Cizur Menor, 2011.

Laro González, E., «Prueba penal transfronteriza: de la orden europea de investigación a las órdenes europeas de entrega y conservación de pruebas electrónicas», *Revista de Estudios Europeos*, vol. 79, 2022.

Martín Diz, F., «Derechos y garantías procesales penales fundamentales: una lectura en clave tecnológica», *Ius et Scientia*, 2024.

Matellanes Rodríguez, N., «Derecho penal del medio ambiente», *Iustel*, Madrid, 2008.

Nieto Martín, A., «El Derecho Internacional Penal del cambio climático», Ed. Muñoz de Morales Romero, M. *Hacia un Derecho Penal Internacional del Medio Ambiente. Propuesta de convención de derecho internacional sobre el ecocidio y ecocrímenes*, 2020.

Nieto Martín, A., «No mires arriba: las respuestas del derecho penal a la crisis climática», *Anuario de la Facultad de Derecho de la Universidad Autónoma de Madrid*, núm. 26, 2022.

Olaeta, I., «Nuevo Reglamento de traslados de residuos, la normativa que pone en jaque a la industria europea del reciclaje», *RETEMA: Envases circulares y sostenibles. Desafíos y oportunidades ante la nueva regulación europea*, n.º 254, 2024.

Ortiz Pradillo, J.C., «La investigación del delito en la era digital. Los derechos fundamentales frente a las nuevas medidas tecnológicas de investigación», *Estudios de Progreso*, 2013.

Oubiña Barbolla S., «Claves y desafíos de la investigación penal mediante GPS en el sur de Europa», en Arangüena Fanego, C.; De Hoyos Sancho, M.; Pillado González, E., *El proceso penal ante una nueva realidad tecnológica europea*, Aranzadi, Cizur Menor, 2023.

Parajuly, K; Fitzpatrick, C., «Understanding the Impacts of Transboundary Waste Shipment Policies: The Case of Plastic and Electronic Waste», *Sustainability*, vol. 12, núm. 2412, 2020.

Ruiz Arias, M., «¿Dónde acaban las nuevas tecnologías obsoletas?» en Pérez Álvarez, F (Dir.), *Propuestas penales: nuevos retos y modernas tecnologías*, Ediciones Universidad de Salamanca, 2016.

Santed Liébana, H., «La amenaza química derivada del tráfico ilegal de residuos», *Cuadernos de estrategia*, núm. 223, 2024.

Spada Jiménez, A., *Justicia climática y eficiencia procesal*, Thomson Reuters Aranzadi, Cizur Menor, 2021.

San Martín Calvo, M., «Consumo sostenible y transición ecológica. La acción normativa de la Unión Europea contra el greenwhasing», *Revista de Estudios Europeos*, núm.84, 2024.

Tinoco Pastrana, A., «La modernización de la cooperación judicial transfronteriza en la Unión Europea: la implementación de la digitalización», *Revista de la Asociación de profesores de Derecho Procesal de las Universidades Españolas*, n.º 8, 2023.

Vercher Noguera, A., «Gases fluorados, capa de ozono y derecho penal», *Diario La Ley*, N.º. 10455, 2024

Vercher Noguera, A., «La nueva directiva penal ambiental de la Unión Europea en ciernes», *Diario La Ley*, n.º 10486, 2024.

Yuegueros Prieto, N., «La relevante figura del ministerio fiscal europeo en materia de justicia ambiental: análisis de la reciente opinión n.º17 del Consejo Consultivo de Fiscales Europeos», en Suárez Xavier, R. y Vicario Pérez, A.M. (Dir.) *Cooperación judicial civil y penal en la Unión Europea. Retos pendientes y nuevos desafíos ante la transformación digital del proceso*, Bosch Editor, 2023.

Zamora Cabot, F.J; Pallarés Sales, L.; Chiara Marullo, M., *Lucha en clave judicial frente al cambio climático*, Thomson Reuters Aranzadi, Cizur Menor, 2022.

PARTE II

DIGITALIZACIÓN Y NUEVAS TECNOLOGÍAS Y TÉCNICAS EN LA COOPERACIÓN JUDICIAL

HACIA UN INTERCAMBIO EFECTIVO DE INFORMACIÓN DIGITAL ENTRE AUTORIDADES JUDICIALES EUROPEAS EN MATERIA DE TERRORISMO

Lucana M. Estévez Mendoza
Profesora Ayudante Doctora de Derecho Procesal
Universidad de Las Palmas de Gran Canaria

1. INTRODUCCIÓN

En la sociedad actual adquiere especial relevancia la célebre frase, atribuida a Hobbes, «la información es poder»[1], en tanto que quien tiene información, entendida como un conjunto organizado de datos para uno o más sujetos que extraen de él un conocimiento, gozará de una posición privilegiada respecto al resto y cuanto mayor sea esa información en cantidad y calidad, mayor conocimiento otorgará. Si bien es cierto que compartir lo que da poder puede suponer una vulnerabilidad, en ocasiones también es posible que compartiendo lo que se sabe se obtenga más información y, con ello, un incremento de conocimiento y de poder.

Ésta parece ser una idea que en determinados ámbitos del sector privado se ha asumido hace años, hasta el punto de que existen *data brokers*[2] pero que, sin embargo, por las implicaciones legales que conlleva y los requisitos que deberían cumplirse para el intercambio de esa información, ha costado más que sea asumido por autoridades policiales y judiciales.

---

1. ETECÉ, «El conocimiento es poder», *Concepto.de Argentina*, 8 de abril de 2022, https://concepto.de/el-conocimiento-es-poder/

2. BEJERANO, P.G., «Los *"data brokers":* qué son y cómo funciona el mercadeo de datos personales en la sombra», *El País*, 13 de noviembre de 2023, https://elpais.com/tecnologia/2023-11-13/los-data-brokers-que-son-y-como-funciona-el-mercadeo-de-datos-personales-en-la-sombra.html

Sin embargo, la progresiva aparición, en el contexto europeo, de mecanismos de colaboración, de reglamentación sobre cómo y cuándo prestar ayuda y de agencias específicas de cooperación policial y judicial (Europol y Eurojust), al amparo del Espacio de Libertad, Seguridad y Justicia (ELSJ), ha supuesto un antes y un después en el modelo cooperativo de la Unión, pasando del sistema bilateral, característico de los años noventa, a uno multilateral pero centralizado a través de las agencias, basado en el principio de reconocimiento mutuo, de confianza recíproca y en mecanismos de armonización de procedimientos[3].

Las tecnologías de la información y la comunicación más modernas han venido también a desempeñar un papel esencial facilitando la comunicación transfronteriza y dando mayor acceso a información; no en vano Internet acapara la mayor parte de los flujos de información de la sociedad globalizada actual.

Si hay un ámbito en el que la cooperación transfronteriza y el intercambio de información en la era digital resulta esencial, es en la lucha contra la delincuencia, en general, y organizada, en particular, de la que es ejemplo el terrorismo. De hecho, la necesidad de disponer de información actualizada y completa para hacer frente al terrorismo quedó patente a principios del nuevo milenio, al comprobar la relación transnacional de los terroristas implicados en los atentados del 11-S, 11-M y 7-J. Desde entonces, la Unión Europea ha ido trabajando, en la configuración de herramientas que facilitaran el intercambio de información en procesos penales, primero, y luego en su carácter digital, buscando un intercambio seguro, constante, ágil y actualizado.

En este contexto, para conseguir una Justicia Penal Digital se desarrollan diversas iniciativas legislativas entre las que se encuentra una destinada a hacer efectivo el intercambio de información digital entre autoridades judiciales europeas en materia de terrorismo, que de manera conjunta con las demás, quizás de «mayor potencial transformador»[4], resulta especialmente interesante de estudiar. Precisamente, el objetivo de este trabajo es analizar el Reglamento 2023/2131, de 4 de octubre, sobre intercambio de información digital en casos de terrorismo, para poder valorar si en este tema se avanza, en consonancia con la era digital, hacia un intercambio efectivo de información.

---

3. Chekroun, D., Ravignon, B., Ramspacher, M. y Sibony, A.L., *La coopération judiciaire en Europe: Séance Justice,* 15 février 2003, http://www.gbf.net/docs/seancejustice.htm.

4. Hernández López, A., «La digitalización de la cooperación judicial en materia penal en la Unión Europea: propuestas y perspectivas legislativas», en Arangüena Fanego, C., De Hoyos Sancho, M. y Pillado González, E. (Dir) *El proceso penal ante una nueva realidad tecnológica europea,* Thomson Reuters Aranzadi, 2023, p. 285.

2. LA COOPERACIÓN JUDICIAL EUROPEA EN CASOS DE TERRORISMO

2.1. Una aproximación histórica

El terrorismo es uno de los fenómenos de interés para Europa desde los orígenes de la Cooperación Política Europea. Desde que en el Consejo Europeo de Roma de 1975 se decide que los Ministros de Interior se reunirían para tratar temas de su competencia[5], se considera que el terrorismo es uno de ellos. De hecho, este fenómeno es una de las materias sobre la que los Grupos TREVI[6], en sus reuniones periódicas, intercambiaban información, experiencia y técnicas acerca de cómo hacerle frente, llegando a ser el tema de estudio del posteriormente creado Grupo TREVI I, de los cuatro que existieron.

Posteriormente, como parte de los Asuntos de Justicia e Interior, se permitía tener en cuenta el terrorismo a la hora de establecer excepciones a la regla general de supresión de controles en las fronteras interiores de la Unión, que establecía el Acuerdo de Schengen y su Convenio de Aplicación (artículo 17), para propiciar la libre circulación.

Con la firma del Acta Única Europea, en 1986, se menciona el terrorismo como ámbito de cooperación entre los Estados y, desde entonces, está presente en los demás Tratados.

Antes del Tratado de Lisboa, el terrorismo se integraba en el denominado Tercer Pilar, primero como parte de la Cooperación en Asuntos de Justicia e Interior -el artículo K1.7° del Tratado de Maastricht menciona por primera vez la cooperación judicial en materia penal-[7], después con mayor entidad en la Cooperación Policial y Judicial en materia Penal, en el artículo 29 del Tratado de Ámsterdam, que al definir el objetivo de un ELSJ, señala que sería necesario actuar en aras de la prevención y lucha contra la delincuencia y, en especial, contra fenómenos como el terrorismo y, por último, en el Tratado de Niza, en el artículo 31 que, indirectamente, se refiere al terrorismo al hacer referencia a la cooperación judicial con relación a causas penales y, direc-

---

5. Carrera Hernández, F. J., *La cooperación policial en la Unión Europea: Acervo Schengen y Europol,* Colex, 2003, p.18.

6. Se considera que Trevi responde a las siglas de «Terrorismo, Revolución y Violencia» a las de *«Terrorisme, Radicalisme, Extrémisme et Violence International»*. Tamames, R. y López, M., *La Unión Europea*, Alianza Editorial, 1999, p. 173 y Bonnefoi, S., *Europe et Securité Intérieure.* Encyclopédie Delmas pour la vie des affaires, 1995, p. 21-28.

7. Jimeno Bulnes, M.: «Origen y evolución de la cooperación judicial europea», en Jimeno Bulnes, (Coord), *La cooperación judicial civil y penal en el ámbito de la Unión Europea: instrumentos procesales,* Bosch, 2007, p.30.

tamente, al considerarlo un delito sobre el que se deben establecer normas mínimas sobre los elementos del tipo.

Conviene recordar en este momento que «cooperar» es la acción o efecto de obrar conjuntamente con otro u otros con el objetivo de alcanzar un mismo fin. Por tanto, si se habla de cooperación judicial, se hace referencia a un trabajo conjunto que ha de llevar a cabo el personal del sistema judicial[8], para cumplir con la función jurisdiccional directa o indirectamente, ayudando a sus homólogos de otros Estados a cumplirla.

Los atentados terroristas del 11 de septiembre de 2001 situaron al terrorismo en el eje central de actuación de la Unión Europea, que declaró formalmente que trabajaría por implementar mecanismos que podrían ayudar a la adecuada persecución y castigo de los actos terroristas[9], si bien algunos de esos mecanismos se encuadran también en el ámbito de la cooperación policial y de las funciones de Europol. De esta época data la Decisión marco 2002/475/JAI[10], primera norma europea que armonizó el concepto de terrorismo, convirtiéndose en piedra angular de la respuesta de los Estados Miembros en la lucha contra este fenómeno.

Después del Tratado de Lisboa, el artículo 83.1.º párrafo 2 TFUE incluye el terrorismo entre los ámbitos delictivos que determinan la cooperación judicial entre Estados miembros, tanto en lo relativo al reconocimiento mutuo de resoluciones penales y la armonización de legislaciones a tal efecto, como al establecimiento de normas mínimas sobre elementos de las infracciones penales y sus sanciones y, en tanto que tipo de delincuencia grave, susceptible de ser materia sobre la que verse la cooperación que debe dispensarse desde Eurojust a las autoridades nacionales encargadas de investigarla y perseguirla (artículo 83.2.º TFUE).

Otros atentados terroristas, los acontecidos en París en 2015, impulsaron la puesta en marcha de otro paquete de medidas para prevenir y luchar contra el terrorismo, tanto físico como virtual, dentro y fuera de las fronteras de la Unión, haciendo uso, entre otros mecanismos, de las nuevas tecnologías y sus ventajas. Se trata de medidas de carácter supraestatal y basadas en la cooperación, pero tanto policial como judicial, entre las que destacan[11]:

---

8. Se hace referencia no solo al personal jurisdiccional, sino también al resto de sujetos al servicio de la Administración de Justicia que intervienen en el buen desarrollo de la función jurisdiccional. GUTIÉRREZ DE CABIEDES, P.: *Derecho Procesal. Parte General,* Tirant lo Blanch, 2018, p. 103.

9. CONSEJO EUROPEO: *Conclusiones del Consejo Europeo extraordinario de Bruselas de 21 de septiembre de 2001*, Bruselas, 21 de septiembre de 2001.

10. DOUE L 164, de 22 de junio de 2002.

11. Ver al respecto ESTÉVEZ MENDOZA, L.: «Análisis de efectividad de los mecanismos de lucha contra el terrorismo en la sociedad europea», en FAGGIANI, V. y GARRIDO CARRILO, F.: *Lucha contra la criminalidad organizada y cooperación judicial en la UE: instrumentos, límites y perspectivas en la era digital*, Thomson Reuters Aranzadi, 2022, p. 237-246.

- La Directiva 2016/681, de 27 de abril, relativa a la utilización de datos del registro de nombres de pasajeros de compañías aéreas para la prevención, detección, investigación y enjuiciamiento de los delitos de terrorismo y de la delincuencia grave[12].
- El Reglamento 2019/818, de 20 de mayo, relativo al establecimiento de un marco para la interoperabilidad entre los sistemas de información de la UE en el ámbito de la cooperación policial y judicial, el asilo y la migración, que se aprueba junto con otro, para fronteras y visados, el Reglamento 2019/817, de 20 de mayo[13].

Cinco años más tarde, en noviembre de 2020, a raíz de los atentados terroristas cometidos en Francia, Alemania y Austria, los ministros de Interior de la UE acordaron seguir intensificando su esfuerzo conjunto en el ámbito de la lucha contra el terrorismo, sin comprometer los valores comunes de la UE como la democracia, la justicia y la libertad de expresión, actuando como principal foro de cooperación y coordinación entre los Estados miembros[14].

2.2. El proceso de digitalización de esta cooperación judicial

La primera vez que se aborda la necesidad de intercambiar información en aras a mejorar la cooperación sobre delitos de terrorismo fue con la Decisión 2005/671/JAI, de 20 de septiembre[15], norma a la que se debe la puesta en marcha del Registro Antiterrorista de Eurojust. Sin embargo, es el proceso de digitalización de la justicia iniciado a nivel europeo en 2020[16] y el incremento exponencial de las TIC que se ha producido en los últimos años, lo que da un nuevo impulso a la necesidad de mejorar las vías de intercambio de información entre autoridades judiciales en un entorno cada vez más digital.

En 2020, encuentra sentido la idea de «Justicia Penal Digital», un concepto que Eurojust había propuesto en el Consejo de Justicia y Asuntos de Interior de diciembre de 2018[17], con el objetivo de crear una plataforma digital en

12. DOUE L 119, de 4 mayo 2016.
13. DOUE L 135, de 22 mayo 2019.
14. CONSEJO EUROPEO: «Declaración conjunta de los ministros de Interior de la UE sobre los recientes atentados terroristas en Europa», Comunicado de prensa, 13 de noviembre de 2020, https://www.consilium.europa.eu/es/press/press-releases/2020/11/13/joint-statement-by-the-eu-home-affairs-ministers-on-the-recent-terrorist-attacks-in-europe/
15. DOUE L 253, de 29 de septiembre de 2005.
16. Cuando el Consejo aprueba sus *Conclusiones sobre la configuración del futuro digital de Europa*. DOUE C 202, de 10 junio 2020.
17. COUNCIL OF THE EU, *Outcome of the Council Meeting. 3661st Council meeting Justice and Home Affairs*, Doc 15252/18, Brussels, 6 and 7 December 2018, p. 22,

toda la UE para permitir a Eurojust y a la comunidad judicial europea interactuar e intercambiar información y pruebas críticas de manera rápida y eficiente durante las investigaciones criminales. De hecho, Eurojust apoyó a la Comisión en un estudio para evaluar la viabilidad y posible implementación de dicha plataforma, que se completó en junio de 2020[18], identificando posibles soluciones para abordar las necesidades comerciales requeridas para implementar el concepto de Justicia Penal Digital.

Unos meses después, la Comisión se propuso modernizar los sistemas judiciales de la Unión Europea planteando dos objetivos claves: la digitalización, en tanto que la transformación digital es un aspecto clave de las reformas estructurales de los sistemas judiciales[19] y la formación, pues sin ella difícilmente sería aceptada por el personal de la Administración de Justicia, asumiendo el liderazgo para apoyar a los Estados en sus tareas de adaptación judicial a la era digital y, de paso, facilitar e incrementar la cooperación transfronteriza, allanado el camino para que la cooperación judicial digital en materia penal se pudiera desarrollar.

Un año más tarde, en 2021[20], se ponen en marcha varias iniciativas para modernizar la cooperación judicial transfronteriza a través de la digitalización, tras constatar que, hasta ese momento, la mayoría de los intercambios de información en este ámbito se llevaban a cabo en papel, con los inconvenientes que ello conlleva, vinculados fundamentalmente a la lentitud, trazabilidad, poca eficacia y costes (se valora que se gastan unos 25 millones de euro al año en papel y gastos de envío)[21]. Dos propuestas normativas interesan a los efectos de este trabajo:

Por un lado, la propuesta de Reglamento de digitalización de la cooperación judicial transfronteriza en materia civil, mercantil y penal[22], acompañada de una propuesta de Directiva para adaptar la normativa existente al nuevo marco de cooperación que se plantea[23], que resultan aprobadas de manera definitiva a finales de 2023 (Reglamento 2023/2844 y Directiva 2023/2843, ambos de 13 de diciembre)[24]. Con tales normas se persi-

18. European Commission, *Cross-border Digital Criminal Justice. Final Report,* Deloitte, June 2020.

19. COM (2020) 710 final, Comunicación de la Comisión sobre digitalización de la justicia en la Unión Europea: Un abanico de oportunidades, Bruselas, 2 de diciembre de 2020, p.2.

20. Redacción: «La Comisión allana el camino para una mayor digitalización de los sistemas judiciales de la UE (1 diciembre 2021)», Actualidad UE, *La Ley Unión Europea, n.º 99,* enero 2022.

21. European Commission, «Modernizing judicial cooperation: Commission paves the way for further digitalization of EU justice systems», *Press Release*, Bruselas, 1 December 2021, p.1.

22. COM (2021) 759 final, de 1 diciembre 2021.

23. COM (2021) 760 final, de 1diciembre 2021.

24. Reglamento 2023/2844, de 13 de diciembre de 2023, sobre la digitalización de la cooperación judicial y del acceso a la justicia en asuntos transfronterizos civiles, mercanti-

gue implantar el uso predeterminado de canales de comunicación digital y la transmisión electrónica como vía de intercambio de información por defecto en casos judiciales transfronterizos, superando las iniciativas estatales de carácter voluntario que han venido marcando la digitalización de los procedimientos de cooperación judicial transfronteriza. En otras palabras, se trata de establecer la digitalización como herramienta obligatoria en la cooperación judicial transfronteriza entre autoridades nacionales y europeas competentes, promover el uso de tecnologías de comunicación a distancia seguras y de alta calidad y facilitar la interconexión de las bases de datos y registros nacionales[25]. Por cuanto regulan actuaciones procesales telemáticas importantes, «constituirán una realidad que en gran medida supondrá un punto de inflexión en la materia, un destacable avance que tendrá un indudable reflejo e impacto en los sistemas nacionales de los Estados miembros»[26].

Por otro lado, la propuesta de Reglamento relativa al intercambio de información digital en casos de terrorismo[27], que va acompañada de otra propuesta de Directiva para alinear tal intercambio de información con las normas europeas sobre protección de datos personales[28], aprobadas también de manera definitiva un año más tarde (Reglamento 2023/2131 y Directiva 2023/2123)[29]. Con ellas se persigue hacer más eficiente el intercambio de información entre las autoridades nacionales competentes, Eurojust y el Registro Judicial Europeo de Terrorismo que se venía realizando por vías diversas y canales de comunicación poco seguros, tales como *emails*, CD, DVD o *pendrives*[30] y actualizar el sistema de información de Eurojust que se encuentra desfasado, resultando incapaz de verificar correctamente la información que maneja.

---

les y penales, DOUE L 2844, de 27 diciembre de 2023 y Directiva 2023/2843, de 13 de diciembre de 2023, por la que se modifican las Directivas 2011/99/UE y 2014/41/UE del Parlamento Europeo y del Consejo, la Directiva 2003/8/CE del Consejo y las Decisiones Marco 2002/584/JAI, 2003/577/JAI, 2005/214/JAI, 2006/783/JAI, 2008/909/JAI, 2008/947/JAI, 2009/829/JAI y 2009/948/JAI del Consejo, en lo que respecta a la digitalización de la cooperación judicial, DOUE L 2843, de 27 diciembre 2023.

25. Fernández, C.B., «El Parlamento Europeo aprueba las propuestas legislativas de la Comisión para la digitalización de la cooperación judicial en la Unión Europea», *Diario La Ley*, N.° 70, marzo de 2023.

26. Tinoco Pastrana, A., «La modernización de la cooperación judicial transfronteriza en la unión europea: la implementación de la digitalización», *Revista de la asociación de profesores de derecho procesal de las universidades españolas*, n.° 8, 2023, p. 119.

27. COM (2021) 757 final, de 1 diciembre 2021.

28. COM (2021) 767 final, de 1 diciembre 2021.

29. DOUE L 2131, de 11 de octubre de 2023.

30. Redacción, «La Comisión allana el camino para una mayor digitalización de los sistemas judiciales de la UE (1 diciembre 2021)», Actualidad UE, *La Ley Unión Europea*, n.° 99, enero de 2022.

Estas medidas se suman a otras anteriores que ahora se van concretando y sentando las bases de la digitalización en justicia, como puede ser el paso que supone el Reglamento 2022/850, de 30 de mayo, que establece el sistema e-CODEX para el intercambio electrónico transfronterizo de datos en el ámbito de la cooperación judicial, que opera tanto en materia civil como penal[31], un mecanismo fundamental para la arquitectura digital de la cooperación judicial[32] pero que, en tanto que se integra en otros instrumentos que se abordarán, no va a ser objeto de estudio directo de este trabajo.

Otra norma que ve la luz que incide en el intercambio de información en casos de terrorismo es el Reglamento e-Evidence 2023/1543, de 12 de julio, promulgado junto con la Directiva 2023/1544[33], que establece un modelo de cooperación directa con los proveedores de servicios de telecomunicaciones dando una nueva perspectiva al principio de reconocimiento mutuo.

El proceso de digitalización se completa con la aprobación del Reglamento 2023/969, de10 de mayo[34], por el que se establece una plataforma de colaboración en apoyo del funcionamiento de los equipos conjuntos de investigación que, en tanto que estos equipos pueden tener como objetivo el terrorismo, inciden en la cooperación judicial y el intercambio de información al respecto entre los Estados participantes.

3. El INTERCAMBIO DE INFORMACIÓN DIGITAL EN MATERIA DE TERRORISMO SEGÚN EL REGLAMENTO 2023/2131, DE 4 DE OCTUBRE

Este Reglamento, como se puede deducir de lo que se ha ido señalando en las páginas previas, persigue mejorar el intercambio de información entre los Estados de la UE y Eurojust, configurando un nuevo marco jurídico para el intercambio de información en casos de terrorismo. Para ello, ha de introducir modificaciones, por un lado, en la Decisión marco 2005/671/JAI, pues resulta desfasada, generadora de dudas y necesitada de actualización y, por otro, en el Reglamento UE 2018/1727 sobre Eurojust de 14 de noviembre[35], ya que su

---

31. Ver al respecto DOMÍNGUEZ RUIZ, L., «El sistema e-codex: un paso más en la digitalización de la cooperación judicial transfronteriza», en GONZÁLEZ PULIDO, I. y BUENO DE MATA, F. (Coord), *FODERTICS 12: innovación legal y eficiencia digital,* Comares, 2024, p. 89-100.

32. CARRERA, S., MITSILEGAS, V. Y STEFAN, M., «Criminal Justice, Fundamental Rights and the Rule of law in the Digital Age». *Report of a CEPS and QMUL Task Force,* Centre for European Policy Studies, 2021, 47-50. https://www.ceps.eu/download/publication/?id=33138&pdf=Criminal-Justice-Fundamental-%20Rights-and-the-Rule-of-law-in-the-Digital-Age.pdf%20

33. Ambos publicados en DOUE L 191, de 28 de julio de 2023.

34. DOUE L 132, de 17 mayo 2023.

35. DOUE L 138, de 21 de noviembre de 2018.

entorno de procesamiento de datos está obsoleto y el intercambio de información con las autoridades nacionales no está estructuralmente digitalizado, lo que dificulta el intercambio de información y arroja resultados subóptimos[36].

3.1. Una obligación para los Estados miembros: ámbito de aplicación

Hasta 2023, el artículo 2 de la Decisión 2005/671, ha sido uno de los pocos instrumentos que ha venido exigiendo a los Estados el hecho de compartir información sobre temas de terrorismo con Europol y con Eurojust[37], motivo por el cual ha sido la piedra angular de esta cooperación durante años.

Ahora, tal obligación se debe basar en el nuevo artículo 21 bis del Reglamento Eurojust, según el cual se extiende a todas las investigaciones penales relacionadas con delitos de terrorismo, con independencia de que exista un vínculo con otro Estado miembro o con un tercer país, salvo que la investigación afecte claramente a un único Estado por circunstancias específicas (párrafo 1).

Con respecto a esta disposición conviene aclarar dos cuestiones. En primer lugar, la referencia a «investigaciones penales», en tanto que debería ser interpretada de manera sistemática y sociológica, según el espíritu y finalidad de la norma[38], de manera amplia, como sinónimo de casos o causas penales (lo que quizás en la traducción española sería más adecuado), no de manera limitada, como identificadora de una fase concreta del proceso penal, como sería la de investigación. En segundo lugar, el cambio de tenor que supone respecto a la regulación anterior, generalizando la obligación de compartir información, que ya no se restringe a los casos que afecten o puedan afectar a dos o más Estados (párrafo 3 del artículo 2 Decisión de 2005).

En cuanto a cuáles son los Estados obligados a intercambiar información, son todos los de la Unión Europea, con la salvedad de aquellos que, teniendo la posibilidad de acogerse a cláusulas de *opt-out* en relación con las medidas del ELSJ[39], lo hacen en este caso. Esto es, que no participan y, por tanto, no están vinculados por tal obligación, ni Irlanda ni Dinamarca.

---

36. European Commission, «Analytical supporting document. Accompanying the document. Proposal for a Regulation of the European Parliament and of the Council amending Regulation (EU) 2018/1727 and Council Decision 2005/671/JHA, as regards the digital information exchange in terrorism cases», *Commission Staff Working Document,* SWD (2021) 391 final, Brussels, 1.12.2021, p.4.

37. COM (2020) 710 final p. 20.

38. Pérez Álvarez, M.A., «Artículo 3. Interpretación de las normas y equidad», en Cañizares Laso, A., De Pablo Contreras, P, Orduña Moreno, F.J. Y Valpuesta Fernández, R. (dir), *Código Civil Comentado,* vol 1, Tirant lo Blanch, 2023, p. 56-66.

39. Protocolos 21 y 22 sobre la posición respecto al ELSJ de Irlanda y Dinamarca respectivamente, que se hacen valer en los considerandos 35 y 36 del Reglamento 2022/2131.

Temporalmente, las disposiciones de este Reglamento entraron en vigor a los veinte días de su publicación, por tanto, la obligación de intercambiar información sobre la base jurídica del nuevo artículo 21 bis es exigible desde noviembre de 2023, aunque las condiciones técnicas que establece para llevar a cabo el intercambio quedan retrasadas hasta 2025[40].

3.2. Sobre la información a transmitir

3.2.1. ¿A qué casos se refiere?: tipos de investigación y tipos de delitos

La Decisión de 2005 establecía el ámbito de aplicación objetivo y subjetivo del intercambio de información, al disponer que debía extenderse «a todas las etapas del proceso penal, incluidas las condenas penales, y a todas las personas, grupos o entidades que sean objeto de una investigación, de un proceso o de una condena por un delito de terrorismo»[41]. Sin embargo, a lo largo de los años se han planteado problemas de interpretación, lo que ha propiciado que a veces la información no se compartiera en absoluto, se compartiera de manera sesgada, sin incluir todos los datos relevantes, o se compartiera, pero no en el momento adecuado.

Para salvar estos inconvenientes se establece ahora que los miembros nacionales de Eurojust serán informados por sus autoridades sobre:

- Cualquier investigación penal en curso o finalizada, supervisadas por autoridades judiciales, tan pronto como el caso se remita a las autoridades judiciales según el derecho procesal penal nacional.
- Cualquier instrucción en un proceso penal.
- Cualquier proceso judicial que esté en curso o haya finalizado.
- Cualquier resolución judicial sobre delitos de terrorismo.

¿Cómo deben interpretarse estos supuestos? Si bien el objetivo del Reglamento 2023/2131 era arrojar luz sobre los casos en que debe transmitirse la información y esta enumeración de fases procedimentales, *a priori*, puede parecer clarificadora, considero que no está exenta de potenciales problemas, dadas las diferencias de sistemas procesales existentes en la Unión Europea y en las que esta norma, por tratarse de un Reglamento de aplicación general, no puede entrar.

En perspectiva española, se me plantean dudas acerca del primer supuesto, en el que quizás quepa entender que se refiere a investigaciones de carácter

40. Así se establece en el artículo 22 ter 2, que establece el plazo para llevar a cabo los actos de ejecución necesarios para la implementación del sistema informático descentralizado que se diseña.

41. Considerando 4 de la Decisión 2005/671/JAI.

policial pre-procesales, o asumidas por el Ministerio Fiscal en los casos en que tiene potestad investigadora inicialmente independiente de la del juez instructor, pues lo que está claro es que no se trata de una investigación parte de la fase de instrucción de un proceso penal español, pues ese debe ser el supuesto al que se refiere el segundo caso. No ayuda a aclarar este extremo, que el considerando 4 del Reglamento haga mención a «investigaciones y actuaciones judiciales o del Ministerio Fiscal previas al juicio (en lo sucesivo "investigaciones e instrucción en el proceso penal")».

También genera dudas el supuesto tres, al hacer referencia a proceso judicial en general, aunque, casi por descarte, parece que englobaría los casos que, en España, llegan a fase de enjuiciamiento, aunque no emplea la normativa tal término. Quizás en Derecho comparado tenga sentido esta formulación para establecer algún tipo de separación entre procesos policiales o llevados a cabo por los Ministerios Fiscales, que pudiesen encuadrarse en otros países en el primer supuesto y entren en este tercero solo los judiciales.

El último supuesto, cuando indica «cualquier resolución sobre delitos de terrorismo» parece un intento de querer cubrir el mayor número de circunstancias procesales posibles, permitiendo informar sobre autos de sobreseimiento, de procesamiento, de sentencias sobre terrorismo, pero quizás también de citaciones, emplazamientos, notificaciones o requerimientos, ya que al no especificarse el tipo de resoluciones de que se trata, da cabida a un amplio abanico de actos procesales[42].

Desde el punto de vista material, se prevén dos excepciones a esta obligación de compartir información: la primera, cuando el intercambio de información pueda comprometer una investigación en curso o la seguridad de una persona y, la segunda, cuando sea contrario a los intereses de seguridad esenciales del Estado miembro de que se trate (artículo 21 bis 2.º). En estos casos no se señala si es posible alegar la excepción para no compartir información en cualquier momento del proceso, aunque el considerando 17 del Reglamento 2023/2131 se refiere a su uso de manera excepcional y «en la fase procesal más temprana». Si bien es este un concepto sujeto a diversas interpretaciones, no parece que pueda operar *sine die* durante todo el proceso, más si se tiene en cuenta que Eurojust está encorsetada en el tratamiento que dispense a la información que reciba por la normativa europea de protección de datos y la obligación de confidencialidad de los procedimientos judiciales.

En cuanto a los delitos para los que se impone este intercambio de información, se limita a los de terrorismo, tal y como se define en la Unión Europea, que es en base a dos rasgos[43]:

42. Moreno Catena, V. y Cortés Domínguez, V., *Introducción al Derecho Procesal,* Tirant lo Blanch, 2019, p. 261-268.

43. El terrorismo a nivel de la Unión se define en 2002, en la Decisión marco 2002/475/JAI, de 13 de junio (DOUE L 164, de 22 junio 2022) y se completa en 2017 en la Directiva 2017/541, de 15 de marzo (DOUE L 88, de 31 marzo 2017).

- El primero, de carácter subjetivo, es la motivación. El terrorismo busca intimidar gravemente a la población; obligar al Gobierno o a una organización internacional a hacer o abstenerse de hacer algo; y/o desestabilizar gravemente o destruir las estructuras políticas, constitucionales, económicas o sociales fundamentales de un país u organización internacional.
- El segundo, de carácter objetivo, se refiere a los actos considerados delitos de terrorismo, infracciones comunes que, si son cometidas con motivación terrorista, pasan a ser calificados como tales.

Bajo esta definición se incluyen tres categorías de delitos: i) delitos de terrorismo, conductas que con la motivación indicada encajen en el listado del artículo 3.1 de la Directiva 2017/541; ii) delitos relacionados con un grupo terrorista, como la dirección de un grupo terrorista y la participación en las actividades de un grupo terrorista, incluido el suministro de información, medios materiales o cualquier forma de financiación (artículo 4) y iii) delitos relacionados con actividades terroristas, que abarca un elenco amplio de conductas delictivas como la apología, la captación, el adiestramiento, la financiación, entre otras[44].

3.2.2. ¿A qué sujetos afecta y a qué información sobre ellos?

En primer lugar, es importante saber a quién se debe referir la información que se debe transmitir. Inicialmente, en la Decisión 2005/671/JAI no se recogía ninguna referencia directa a los sujetos sobre los que debía versar la información objeto de intercambio, pero tal laguna se palió, en parte, con respecto a la cooperación judicial, al hacer referencia indirecta a ello el artículo 27 del Reglamento Eurojust, al regular el tratamiento de datos y, con respecto a la cooperación policial, con la Directiva 2013/2131, de 4 de octubre. Ahora, el Reglamento 2023/2131 completa la referencia a los sujetos al incorporar los párrafos 4 y 5 en dicho artículo 27.

Interpretando tal información a la luz del artículo 6 de la Directiva 2016/680, de 27 de abril[45], me atrevo a afirmar que será información de personas respecto de las cuales existan motivos fundados para presumir que han cometido o van a cometer una infracción penal, en tanto que sospechosos o acusados y a condenados o absueltos (después de haber sido juzgados) por una infracción penal vinculada con el terrorismo[46].

44. Corral Maraver, N., «La legislación penal contra el terrorismo en la Unión Europea y en España. Algunas reflexiones a raíz de la Directiva 2017/541», *Cuadernos de Política Criminal, Issue* 126, 2018, p181-225.

45. Sobre «Distinción entre diferentes categorías de interesados», DOUE L 119, de 4 mayo 2016.

46. Estévez Mendoza, L, «Luces y sombras en la protección de datos personales en las investigaciones penales: perspectiva española», en Pereira Puigvert, S. y Ordóñez Pons, F.

Sin embargo, la afirmación no puede ser tan tajante cuando la información transmitida sea de víctimas y terceras partes involucradas en una infracción penal (letras c y d del artículo 6), pues transmitir información sobre ellos es una posibilidad, no una obligación, quedando en manos de los Estados que posean la información la decisión de compartirla o no, exigiendo su tratamiento el acuerdo conjunto de los miembros nacionales concernidos en el caso, lo que puede dar lugar a diferencias considerables según los Estados implicados en cada caso.

Si bien podría entender que no se hiciera uso de esta posibilidad cuando se trate de información sobre las víctimas, que en ocasiones en los casos de terrorismo lo son de manera aleatoria y, por ello, pueden ser menos relevantes para una investigación, me cuesta asumir que no se haya impuesto como obligatorio el intercambio de información respecto a terceros que podrían tener vínculos interesantes con los delitos de terrorismo sobre los que indagar.

En segundo lugar, es determinante el tipo de información a compartir. Se trata de datos personales operativos, en el sentido del artículo 27 del Reglamento Eurojust y datos no personales[47], que aporten[48]:

- Información identificativa y de contacto, tanto de personas físicas como jurídicas, tales como nombre, apellidos, sexo y alias o razón social, fecha y lugar de nacimiento y residencia o de la sede social, tipo y número de documentos de identificación, números de teléfono, correos electrónicos y datos bancarios o financieros. Sobre la persona sospechosa se podrán intercambiar fotografías e información dactiloscópica, lo que resulta crucial ante la práctica, bastante generalizada entre delincuentes, de utilizar identidades falsas o dobles. La letra d) del Anexo III indica que ha de ser información recogida «durante el proceso penal», pero no aclara si es en el proceso por delito de terrorismo en cuestión o si vale si constan de un proceso anterior o distinto, esté o no vinculado a un caso de terrorismo. La literalidad del artículo 21 bis 4 parece dejar abierta la puerta a que consten en registros nacionales con anterioridad al caso en cuestión.
- Información identificativa del delito de terrorismo: calificación jurídica según el Derecho nacional, tipología de terrorismo, pertenencia a grupo terrorista si la hubiera, información sobre personas jurídicas implicadas en la preparación o comisión del delito y breve exposición del caso.

(dir) *Investigación y proceso penal en el siglo XXI: nuevas tecnologías y protección de datos,* Thomson Reuters Aranzadi, 2021, p. 674-676.

47. La totalidad de datos a que se refiere el artículo 27 se contienen en el Anexo II del Reglamento Eurojust.

48. El anexo III del Reglamento 2023/2131, se hace eco de las previsiones que se contenían en el antiguo artículo 2.5 del Decisión de 2005, pero detallando ahora qué datos concretos sirven para cada propósito y deben ser compartidos.

- Información identificativa del procedimiento nacional: estado en que se encuentra, fiscalía competente, número de expediente, fecha de inicio del procedimiento judicial formal, vínculos con otros casos pertinentes.

Sin embargo, con respecto a la información que podría transmitirse sobre víctimas o testigos en casos de terrorismo no se hace mención expresa en el artículo 27.4, motivo por el cual debe entenderse que opera la información a la que se refiere el Anexo II, punto 2, que supone un intercambio de menos información.

3.3. Sobre la forma de llevar a cabo el intercambio de información

3.3.1. ¿A quién compete?

Según el artículo 8.1 b) del Reglamento Eurojust, intercambiar información es competencia de los miembros nacionales de Eurojust. Hay un miembro nacional por Estado, perteneciente a la carrera judicial o fiscal a nivel estatal, con experiencia en temas de justicia penal, que trabaja con apoyo de miembros adjuntos y asistentes, en número que puede ser variable[49] y serán estos miembros nacionales quienes canalicen los intercambios de información entre Eurojust y los Estados[50]. Pero canalizar no es sinónimo de poseer, esto es competencia de las autoridades judiciales nacionales en materia penal, que son las que, de acuerdo con el artículo 21 bis comunicarán a los miembros nacionales la información sobre casos de terrorismo.

A raíz del Reglamento 2023/2131, se establece que cada Estado designará a una autoridad nacional como corresponsal nacional de Eurojust en materia de terrorismo, que será una autoridad judicial u otra competente, siendo éste el que tiene acceso a la información pertinente con relación a casos de terrorismo y a quien corresponde recabarla y transmitirla a Eurojust (artículo 20.2 bis). Poniendo en relación esta disposición con el artículo 22 bis 1, podría interpretarse que la autoridad nacional que ha de llevar a cabo el intercambio de información será el corresponsal en materia de terrorismo, puesto que además ha de estar conectado al sistema de gestión de casos (según el nuevo párrafo 8 del artículo 20) y no tanto el miembro nacional. Lo que ocurre es que el resto de las disposiciones relativas a la gestión de la información se refiere a los miembros nacionales. Eurojust ha aclarado que tienen acceso al sistema de gestión de casos, a nivel nacional, los corresponsales nacionales de Eurojust, los corresponsales nacionales para asuntos relacionados

49. Artículo 7 párrafo 1 del Reglamento Eurojust.

50. Escalada López, M.L., «La Cooperación judicial en la UE. Especial referencia a Eurojust y a las novedades normativas que le afectan», *Revista de Estudios Europeos*, Universidad de Valladolid, n.° Extraordinario, monográfico 1, 2023, p. 491y 492.

con la competencia de la Fiscalía Europea y los corresponsales nacionales de Eurojust para asuntos relacionados con el terrorismo[51], pero no se especifica si acceder es solo poder consultar la información o también transmitirla. En mi opinión, nos encontramos bien ante un caso de delegación de funciones hacia el corresponsal, que aplica solo a la transmisión de la información, que no al tratamiento y gestión de la misma (que seguirá siendo responsabilidad de los miembros nacionales), o ante funciones compartidas por el miembro nacional y el corresponsal para facilitar y garantizar un intercambio de información efectivo y más directo, que aunque podría haberse aclarado de alguna manera en la normativa, no plantea problemas de legitimidad, en tanto que es compatible con las funciones que se asignan a los miembros del sistema de coordinación nacional de Eurojust (artículo 20.7.º).

3.3.2. ¿Por qué vía se transmite?: Sistema informático descentralizado

El intercambio de información por las autoridades nacionales competentes se hará de manera organizada, sistemática, estructurada y semiautomatizada a través de un sistema informático descentralizado (artículo 22 bis párrafo 1 y 3), que constituirá un canal seguro de comunicación para proteger los datos contra ciberataques y divulgaciones no autorizadas.

Que el intercambio se haga de manera semiautomatizada implica que el modo utilizado para transmitir información está, en parte, automatizado y, en parte, controlado por personas (considerando 10 de Reglamento). Que sea estructurada supone que, de alguna manera, disminuye la carga administrativa de trabajo y aumenta la calidad de los resultados respecto al cotejo de datos (considerando 22 de Reglamento). Que sea a través de un sistema descentralizado significa que permite el intercambio de datos entre autoridades nacionales y Eurojust sin el protagonismo exclusivo de ninguna institución ni organismo de la Unión en lo relativo a dichos intercambios (considerando 20 del Reglamento 2021/2131).

El sistema informático descentralizado, estará compuesto por los sistemas informáticos de los Estados y de las agencias y organismos de Justicia e Interior de la Unión, que estarán interconectados a través de un punto de acceso interoperable basado en el sistema e-CODEX[52], puntos de acceso cuya responsabilidad y gestión recaerá, de manera individual, en los Estados (aunque los podrán usar de manera gratuita) y Eurojust[53]. Cuando los Esta-

51. Ver «Eurojust's progress towards digitalising criminal justice» https://www.eurojust.europa.eu/judicial-cooperation/instruments/digital-criminal-justice

52. DOUE L 150, de 1 de junio de 2022.

53. Así se define en el artículo 2.3 del Reglamento 2023/2844 del Parlamento Europeo y del Consejo, de 13 de diciembre de 2023, sobre la digitalización de la cooperación judicial y

dos no tengan sistemas informáticos nacionales, podrán optar por utilizar, de forma gratuita y como sistema *back-end*, una solución de implementación de referencia que, según la norma, desarrollará la Comisión con cargo al presupuesto de la Unión. Será un programa informático, de configuración modular, lo que según el párrafo 4 del artículo 22 bis, significa que el sistema se empaqueta y se entrega por separado de los componentes e-CODEX necesarios para conectarlo al sistema informático descentralizado.

Solo se admitirá el uso de medios alternativos de comunicación en casos de indisponibilidad del sistema informático descentralizado: se entiende que, por problemas técnicos, o ante circunstancias excepcionales que justifiquen que el uso del sistema no es adecuado, quizás por problemas de seguridad o sospechas de ataques (artículo 22 bis 2).

Corresponde también a la Comisión determinar las modalidades de transmisión de los datos en un acto de ejecución que tendrá que estar listo para el 1 de noviembre de 2025 (artículo 22 ter) y en el que reseñará las especificaciones técnicas de los modos de comunicación electrónica, de los protocolos de comunicación y los objetivos de seguridad y disponibilidad de los servicios prestados por el sistema informático, siguiendo para ello un procedimiento de comité como modalidad de control (artículo 22 quarter).

Transmitida la información, para garantizar el tratamiento de los datos personales operativos que recibe, tanto en base a intercambios de información general (conforme a anexo II), como de información en casos de terrorismo (de acuerdo con el anexo III) y datos no personales, Eurojust ha de establecer un sistema de gestión de casos. Si bien éste ya existía, ahora se modifica con el fin de actualizarlo y conectarlo al sistema informático descentralizado, lo que hace que el intercambio se produzca por canales de comunicación seguros y de que cumpla con criterios de ciberseguridad. Conviene resaltar que para el tratamiento de datos operativos Eurojust no podrá crear archivos de datos automatizados distinto al sistema de gestión de casos y que el nivel de protección de los datos está asegurado dado que se vincula a e-CODEX, un sistema diseñado especialmente para ser empleado en justicia y que se basa en mecanismos de encriptación, lo que incrementa la seguridad de las comunicaciones[54].

Este sistema tendrá por objeto, además de dos de las funciones que ya se venían asumiendo, como eran apoyar la gestión y la coordinación de investigaciones e instrucciones en procesos penales en que Eurojust ayuda y facilitar la supervisión para garantizar que el tratamiento de datos es lícito y

del acceso a la justicia en asuntos transfronterizos civiles, mercantiles y penales, y por el que se modifican determinados actos jurídicos en el ámbito de la cooperación judicial. DOUE L 2023/2844, de 27 de diciembre de 2023

54. Redaccion, «Sistema informatizado para el intercambio electrónico transfronterizo de datos en el ámbito de la cooperación judicial en materia civil y penal (sistema e–CODEX) (1 junio 2022)», *Actualidad UE, Ley Unión Europea*, N.° 105, Julio de 2022.

acorde a la normativa de protección de datos, otras nuevas como garantizar el acceso seguro y el intercambio de información en procesos penales en curso, permitir el cotejo de la información y la detección de vínculos y permitir la extracción de datos con fines operativos y estadísticos (artículo 23.2).

3.3.3. ¿Qué implica?: nuevo sistema de gestión de casos

El Reglamento implica un nuevo sistema de gestión de casos de Eurojust que permitirá identificar automáticamente más vínculos entre casos, en lo que interesa a este trabajo, de terrorismo, por cuanto se vincula al Registro Antiterrorista[55], requiriendo mucha menos intervención manual en el proceso, lo que supone que la reacción de Eurojust también será mejor y más ágil.

El proceso consiste en que las autoridades de los Estados miembros suministran información sobre casos de terrorismo a Eurojust, donde recibida, se incluye en este Registro. Sobre la base de los vínculos entre casos de terrorismo transnacionales anteriores y en curso detectados se podrán coordinar mejor las investigaciones penales y las respuestas judiciales para hacer frente a este fenómeno. Adicionalmente, el Registro, que funciona de manera ininterrumpida (24/7), centraliza la información judicial clave[56] y podrá prevenir duplicidades en procesamientos y condenas por crímenes transnacionales, garantizando el derecho fundamental al *non bis in idem*, previsto en el artículo 50 de la Carta Europea de Derechos Fundamentales.

En principio, la gestión del sistema de gestión de casos será responsabilidad de los miembros nacionales, con relación a los datos que tratan, pues son quienes tienen acceso ilimitado a él, la obligación de conservación de la información transmitida, la potestad de modificar el régimen de acceso de los corresponsales de Eurojust, que lo tienen limitado e incluso, si les dan la posibilidad, de introducir en el sistema la información relativa a los datos controlados por su Estado miembro.

También compete al miembro nacional decidir si mantener la restricción o dar acceso y en qué medida, a otros miembros nacionales, a los fiscales de enlace destinados en Eurojust, a personal autorizado de Eurojust o a otras personas con autorización por trabajar por cuenta de esta Agencia, así como establecer restricciones al posterior manejo, acceso o transmisión de la información si se han detectado vínculos con otros casos.

---

55. Éste se puesto en marcha en 2019, sobre la base de la Decisión del Consejo 2005/671/JAI, siendo la única base de datos para procedimientos judiciales relacionados con delitos terroristas de la UE.

56. EUROJUST, «Introducción del Registro Antiterrorista de Eurojust: Aceleración y fortalecimiento de la respuesta judicial al terrorismo», *Press release,* La Haya/Bruselas, 5 de septiembre de 2019, https://www.eurojust.europa.eu/sites/default/files/2019-09/2019-09-05-CTR-Press-Release_ES.pdf

Un régimen especial de acceso al sistema de gestión de casos tienen los corresponsales nacional en materia de terrorismo, ya que si bien éste está limitado, en principio, a los datos controlados por el miembro nacional de su Estado y a los controlados por miembros nacionales de otros Estados para los que su miembro nacional haya obtenido acceso (salvo denegación por parte del miembro que los controle), serán los únicos que puedan acceder, en el ámbito nacional, a la información intercambiada en casos de terrorismo, excluyéndose del mismo a otros corresponsables nacionales (artículo 25.4).

La posibilidad de que los fiscales de enlace de terceros países destinados en Eurojust puedan acceder al sistema de gestión de casos para el intercambio seguro de datos (artículo 54 bis) resulta de gran utilidad para los fines de lucha contra el terrorismo y el resto de los crímenes competencia de Eurojust. En este sentido, Eurojust ha celebrado acuerdos de cooperación con 12 países, lo supone que la presencia de sus fiscales de enlace en Eurojust y permite la transferencia de datos personales operativos de ellos a Eurojust (considerando 29 del Reglamento).

3.3.4. ¿Cuándo entra en vigor?

Si bien el Reglamento 2023/2131 ya se encuentra en vigor, la Comisión dispone hasta noviembre de 2025 para desarrollar los actos necesarios para la puesta en funcionamiento del sistema informático descentralizado.

Por ello, el artículo 80 establece las normas que regirán el período transitorio comprendido entre la entrada en vigor del Reglamento (el 30 de octubre de 2023) y el 1 noviembre de 2025, según las cuales: i) se podrá seguir usando el sistema de gestión de casos anterior, basado en expedientes temporales y un sistema de índice, ii) se podrán usar canales de comunicación distintos a los previstos en la norma y iii) se podrá proporcionar información, por las autoridades nacionales competentes, de forma no semiautomática.

4. CONCLUSIONES

La lucha efectiva contra el terrorismo demanda un esfuerzo tecnológico para mejorar el intercambio de información para agilizar la investigación o instrucción de las causas penales por delitos de terrorismo.

Las medidas jurídicas operadas hasta el momento se ven sobrepasadas constantemente por el fenómeno globalizado y dinámico de la criminalidad organizada transnacional, potenciado por el avance de las tecnologías de la información.

En este sentido, resulta clave, con carácter general, el proceso de digitalización puesto en marcha por la Unión Europea y, de manera específica, las iniciativas para alcanzar una Justicia Penal Digital. El hecho de que se haya optado por una regulación vía reglamento resulta apropiado para asegurar que se cumplen todas sus previsiones, dejando solo las directivas para regular aspectos complementarios que cada Estado ha de asumir según encajen en sus sistemas nacionales.

En la lucha contra el terrorismo, el Reglamento 2023/2131 está destinado a ser un instrumento sobresaliente, pues normaliza los canales digitales de intercambio de información, armoniza los tratamientos de datos, facilita su automatización y mejora la interoperabilidad entre los Estados miembros y Eurojust. No obstante, para alcanzar este propósito todavía queda camino por recorrer, pues no sólo hace falta afinar las cuestiones más técnicas por parte de la Comisión, sino también superar los problemas que, a nivel nacional, se puedan plantear a la hora de integrar los sistemas informáticos ya existentes con la nueva solución proyectada por la Unión Europea.

La cooperación judicial transfronteriza en materia penal, sin duda, avanza hacia un Derecho Penal Europeo, aunque a paso lento. Habrá que ver si las circunstancias técnicas, jurídicas y sociales lo respalda y precipita o si, se volverá a ver paralizado por obstáculos vinculados a soberanías estatales, como en varias ocasiones ha ocurrido a lo largo de la historia de la integración europea.

LA COOPERACIÓN JUDICIAL PENAL EN LA UE: UNA APROXIMACIÓN PRÁCTICA DESDE LA PERSPECTIVA COMPARADA[1]

Serena Cacciatore
Assegnista di ricerca in Diritto processuale penale presso l' Università degli studi di Palermo
Investigadora postdoctoral en el Área de Derecho Procesal de la Universidad de Burgos sscacciatore@ubu.es

Resumen: Se pretende comparar la aplicación de los «principales» instrumentos de reconocimiento mutuo en materia penal en la Unión Europea esenciales para facilitar la cooperación judicial entre los Estados miembros. Los principales instrumentos de reconocimiento mutuo aquí estudiados y comparados son la Orden Europea de Detención y Entrega, la Orden Europea de Investigación y la Orden Europea de Vigilancia. Se trata de analizar las decisiones que conducen a la aplicación de un instrumento u otro en materia penal a partir de los elementos normativos (legislación nacional y europea). Se analizan tanto las autoridades judiciales competentes, así como la coherencia y la eficacia de la aplicación de estos instrumentos, los puntos débiles y los retos. Además, se presentan los posibles problemas detectados en la aplicación de estos instrumentos. Se teme que las autoridades competentes no apliquen los citados instrumentos de conformidad con los principios de eficiencia, eficacia, proporcionalidad y coherencia.

---

1 La presente contribución se enmarca dentro del Proyecto de investigación europeo titulado: «Mutual Recognition 2.0: Effective, Coherent, Integrative and Proportionate Application of Judicial Cooperation Instruments in Criminal Matters» financiado por EUROPA H2020. Más información en la página web: https://mutualrecognitionnextlevel.eu/ (fecha de consulta: 27 de febrero 2025).

1. RETOS DE LOS PRINCIPALES INSTRUMENTOS DE RECONOCIMIENTO MUTUO EN MATERIA PENAL

El Convenio n. 30 del Consejo de Europa también conocido como Convenio Europeo de Asistencia Judicial en Materia Penal, firmado en Estrasburgo el 20 de abril de 1959[2], completado por el Protocolo Adicional al Convenio de 17 de marzo de 1978[3], constituye uno de los pilares fundamentales de la cooperación judicial en materia penal en el marco europeo. Este convenio actúa como precursor de los actuales instrumentos de reconocimiento mutuo, reflejando el compromiso de los Estados miembros de facilitar la cooperación judicial transfronteriza. Entre los principales objetivos del citado Convenio se encuentra la obtención de pruebas, incluidos, por ejemplo, testimonios y documentos, necesarios para el desarollo del proceso penal. Además, permite a los Estados miembros solicitar la ejecución de registros, incautaciones y otras medidas judiciales en el territorio de otro Estado. Este mecanismo de cooperación es esencial para el funcionamiento de la justicia penal en un contexto transnacional. Asimismo, el Convenio proporciona un marco para la transmisión de documentos judiciales y procesales entre los Estados miembros y permite la realización de interrogatorios y la toma de declaraciones por parte de las autoridades judiciales de un Estado en el territorio de otro.

La cooperación judicial penal constituye la base del principio de reconocimiento mutuo, que caracteriza a su vez los instrumentos de reconocimiento mutuo. Estos últimos, se basan en la premisa de que las decisiones judiciales adoptadas por las autoridades de un Estado miembro deben ser reconocidas y ejecutadas en los demás Estados miembros con la mínima intervención posible. El Estado miembro emisor solicita a la autoridad competente de otro Estado en el que se encuentra la persona investigada que lleve a cabo las medidas específicas requeridas (ODE, OEI, OEV, etc.). De este modo, el tercer Estado en el que se encuentra la persona investigada se convierte en el Estado de ejecución de las medidas solicitadas por el Estado miembro emisor. En ocasiones, sin embargo, el Estado de ejecución puede denegar la orden o las medidas solicitadas por el Estado miembro emisor, en determinadas circunstancias[4]. A este propósito existen una serie de motivos tasa-

---

2. BOE del 15 octubre de 2003 n. 247, pp. 36894-36904. Por lo que respeta España el instrumento de ratificación de 14 de julio de 1982, BOE de 17 de septiembre de 1982, n. 223, pp. 25166 a 25174.

3. BOE del 2 de agosto de 1991 n. 184, pp. 25610 a 25611.

4. Para profundizar la materia, véase a modo de ejemplo el Caso Puigdemont, así Bachmaier Winter, «Orden Europea de Detención y Entrega, doble incriminación y reconocimiento mutuo a la luz del caso Puigdemont», en Arroyo, Nieto y Muñoz (ed), *Cooperar y Castigar: el caso de Puigdemont,* Ediciones de la Universidad de Castilla-La Mancha, Castilla-La Mancha, pp. 29-40, 2018, así como Hernández López, «El procedimiento de entrega de Carles Puigdemont: estado actual y perspectivas», *Revista de Estudios Europeos*, (Ejem-

dos que justifican la denegación de una orden o medida determinada. Por ejemplo, la Decisión Marco del Consejo, de 13 de junio de 2002, relativa a la orden de detención europea y a los procedimientos de entrega entre Estados miembros[5] (en adelante, DM. 2002/584/JAI), en su artículo 3 establece los motivos para la no ejecución obligatoria de la orden de detención europea[6]. En la actualidad preocupa que la denegación de una medida o resolución por parte de las autoridades de un Estado miembro influya negativamente en las autoridades de emisión, en el sentido de que, debido a una denegación, piensen que, si vuelven a dictar una orden, se les volverá a denegar la ejecución o el reconocimiento[7].

plar dedicado a: Consolidación del Espacio Europeo de Libertad, Seguridad y Justicia en materia penal), No. Extra-1, pp. 279-309, 2023.

5. DOCE de 18 de julio de 2002, n. L 190, pp. 1-18, disponible en https://www.boe.es/buscar/doc.php?id=DOUE-L-2002-81377 (fecha de consulta: 27 de febrero 2025). Entre la bibliografía más reciente, Jimeno Bulnes, *La orden europea de detención y entrega*, Tirant lo Blanch, Valencia, 2024.

6. De forma reasumida, se podrá denegar la orden de detención europea cuando el delito que motiva la orden está cubierto por una amnistía en dicho Estado y éste tiene competencia para perseguirlo conforme a su propio Derecho penal. Además, la ejecución de la orden será rechazada si, según la información disponible para la autoridad judicial de ejecución, la persona buscada ha sido previamente juzgada de manera definitiva por los mismos hechos en otro Estado miembro, siempre que la pena impuesta haya sido ejecutada se esté ejecutando en el momento o ya no pueda ejecutarse conforme al Derecho del Estado que emitió la condena. Por último, la orden será denegada si la persona afectada por la misma no puede ser considerada penalmente responsable de los hechos imputados debido a su edad, de acuerdo con el Derecho del Estado miembro de ejecución. Al respecto, Hernández López, «Sobre la precaria situación de la autoridad de emisión ante la denegación reiterada de la ejecución de una ODE, reflexiones al hilo del caso procés», en Moreno Catena y Romero Pradas (dres.), *Nuevos postulados de la cooperación judicial en la Unión Europea libro homenaje a la Prof.ª Isabel González Cano*, Tirant lo Blanch, Valencia, pp. 449-474, 2021.

7. En este sentido es necesario hacer referencia a la Sentencia *Aranyosi y Căldăraru* (C-404/15 y C-659/15 PPU) del Tribunal de Justicia de la Unión Europea (TJUE), dictada el 5 de abril de 2016. La sentencia se refiere a la interpretación de la ODE en relación con los derechos fundamentales de los detenidos. El asunto acumulado afectaba a dos ciudadanos, Pál Aranyosi y Robert Căldăraru, sobre los que las autoridades alemanas y rumanas, respectivamente, habían dictado una ODE. La cuestión central era el riesgo de violación de los derechos fundamentales debido a las condiciones de detención en los Estados miembros requirentes (Hungría y Rumanía). El Tribunal de Justicia debía determinar si la ejecución de una ODE podía denegarse o suspenderse en presencia de riesgos graves de tratos inhumanos o degradantes, contrarios al artículo 4 de la Carta de los Derechos Fundamentales de la Unión Europea (CDFUE). El Tribunal afirmó que, aunque el sistema de la ODE se basa en el principio de confianza mutua entre los Estados miembros de la UE, esta confianza no es absoluta. La autoridad judicial del Estado de ejecución debe evaluar la existencia de un riesgo real de trato inhumano o degradante basándose en pruebas objetivas, fiables, precisas y actualizadas sobre las condiciones de detención en el Estado miembro de emisión. En presencia de un riesgo real, la autoridad judicial debe suspender la decisión de entrega hasta que reciba información suficiente de las autoridades del Estado miembro emisor para excluir dicho riesgo. Esta sentencia introdujo un control del cumplimiento de las condiciones de detención y de los derechos fundamentales.

Los instrumentos de reconocimiento mutuo que en este capítulo se analizan son la Orden de Detención y Entrega Europea (ODE), la Orden Europea de Investigación (OEI) y la Orden Europea de Vigilancia (OEV). Este estudio aborda la aplicación de cada uno de estos instrumentos, basándose en los marcos normativos pertinentes, tanto nacionales como europeos, y en las competencias de las autoridades judiciales correspondientes.

1.1. Análisis desde el derecho europeo

El artículo 82.1(d) del Tratado de Funcionamiento de la UE (TFUE), por uno parte establece que la cooperación judicial en el ámbito penal dentro de la UE se fundamenta en el principio de reconocimiento mutuo de las sentencias y resoluciones judiciales, implicando la aproximación de las disposiciones legales y reglamentarias de los Estados miembros en los sectores mencionados en el apartado 2 y en el artículo 83, en particular en la letra d) se refiere a la necesidad de facilitar la cooperación entre las autoridades judiciales o equivalentes de los Estados miembros en el ámbito del procedimiento penal y en la ejecución de resoluciones. Por otra parte, no especifica qué se entiende por «autoridad judicial», los Estados miembros, entre ellos España, han tenido que especificar qué autoridades nacionales son competentes para emitir o ejecutar un instrumento de reconocimiento mutuo en materia penal. Esto significa que vendrá determinado por el Derecho interno de cada Estado Miembro.

Las autoridades judiciales consideradas competentes para conocer de los instrumentos de reconocimiento mutuo por la ley estarán investidas de una serie de facultades únicas y exclusivas. En España, la LRM establece, en función del instrumento concreto, quiénes son las autoridades competentes en España, que, como regla general, son los jueces.

Empezando por el análisis de los instrumentos de reconocimiento mutuo «principales» en materia penal, la ODE como adelantado en el párrafo anterior, está regulada por la DM. 2002/584/JAI. Es una orden dictada por un Estado miembro con vistas a la detención y entrega por otro Estado miembro de una persona buscada a efectos de un proceso penal o para la ejecución de una pena o medida de seguridad privativas de libertad (artículo 1.1. de la DM. 2002/584/JAI)[8]. La ejecución de la ODE se hará siempre en virtud del principio de reconocimiento mutuo (artículo 1.2. DM. 2002/584/JAI)[9]. Este principio

---

8. Al respecto, Nogueroles Llinares, «La Orden Europea de Detención y la Decisión Marco 909/2008 sobre aplicación del reconocimiento mutuo de sentencias penales que imponen penas o medidas privativas de libertad», en *Revista del Centro de Estudios Jurídicos y de Postgrado CEJUP*, n. 1, pp. 386-40, 2023.

9. Textualmente: *«(...) Los Estados miembros ejecutarán toda orden de detención europea, sobre la base del principio del reconocimiento mutuo y de acuerdo con las disposiciones de la presente Decisión marco».*

garantiza una cooperación judicial ágil y efectiva, respetando siempre los derechos fundamentales de las personas implicadas en los procesos penales.

Por otra parte, cabe señalar que no se puede dictar una ODE por cualquier tipo de delito, sino que deben cumplirse determinados requisitos para que se dicte. Por ejemplo, una orden de este tipo puede dictarse por hechos para los que la legislación del Estado miembro emisor prevea una pena privativa de libertad o una medida de seguridad privativa de libertad por un período máximo de al menos 12 meses o, cuando el objeto de la solicitud sea la ejecución de una pena privativa de libertad o una medida de seguridad privativa de libertad no inferior a cuatro meses (artículo 2.1 DM. 2002/584/JAI)[10]. A su vez, todas las infracciones sancionables en el Estado miembro de emisión con una pena privativa de libertad o una medida de seguridad privativa de libertad de un máximo de al menos tres años, tal como se definen en la legislación del Estado miembro de emisión, pueden ser objeto de la ODE y, en particular, destacamos las infracciones de pertenencia a una organización delictiva, terrorismo, trata de seres humanos, explotación sexual de menores y pornografía infantil, tráfico ilícito de estupefacientes y sustancias psicotrópicas, tráfico ilícito de armas, municiones y explosivos, corrupción, fraude, etc..[11]

El otro instrumento objeto de estudio, como adelantado es la OEI que encuentra su fundamento en la Directiva 2014/41/UE del Parlamento Europeo y del Consejo, de 3 de abril de 2014, relativa a la orden europea de investigación en materia penal (DOEI)[12]. La OEI se expedirá a efectos de obtener una o varias medidas de investigación específicas que se llevarán a cabo en el Estado de ejecución de la OEI («el Estado de ejecución») con vistas a la obtención de pruebas. Esto incluye la obtención de pruebas que ya obren en poder de la autoridad de ejecución (Considerando 7 DOEI).

La DOEI en su Considerando 25 contempla la posibilidad de realizar diligencias de investigación en cualquiera de las fases del proceso penal (aunque en España esto no es posible, ya que las diligencias de investigación están

---

10. Literalmente: *«Se podrá dictar una orden de detención europea por aquellos hechos para los que la ley del Estado miembro emisor señale una pena o una medida de seguridad privativas de libertad cuya duración máxima sea al menos de 12 meses o, cuando la reclamación tuviere por objeto el cumplimiento de condena a una pena o medida de seguridad no inferior a cuatro meses de privación de libertad».*

11. Sobre el tema, KLEIZEN, WYNEN, and JUNJAN, «Between Aims and Execution: Value Trade-Offs in the Practical Implementation of the European ArrestWarrant?», *European Journal of Risk Regulation*, pp. 1-20, 2024.

12. DOUE de 1 de mayo de 2014, n. 130, pp. 1-36. En términos generales, SAEZ ZAMBRANA, «Principio de reconocimiento mutuo y de cooperación en la Unión Europea, la orden europea de investigación como su exponente», *Spanish Journal of Legislative stidies*, pp. 1-17, 2023, así como CACCIATORE «La aplicación práctica de la orden europea de investigación como mecanismo de obtención transnacional de pruebas», en M. JIMENO BULNES (dra.), *La evolución del Espacio judicial europeo en materia civil y penal: su influencia en el proceso español*, Tirant lo Blanch, Valencia, 2022, pp. 299-313.

reservadas a la fase de instrucción del proceso penal). Las OEIs se dictarán con la finalidad de obtener pruebas que ayuden a dilucidar la veracidad de las acusaciones y la culpabilidad del imputado (artículo. 1 DOEI). Estas medidas de investigación incluyen el traslado temporal de personas detenidas al Estado de emisión y/o de ejecución para la práctica de diligencias previas, la celebración de audiencias por videoconferencia o conferencia telefónica para la declaración de testigos y peritos e incluso, en su caso, de la persona investigada y/o imputada, la obtención de información sobre cuentas bancarias u otro tipo de transacciones financieras; el seguimiento de transacciones bancarias y entregas vigiladas, las investigaciones encubiertas y la interceptación de comunicaciones. La OEI incluye medidas que podrían aplicarse durante la fase de juicio, como el traslado temporal del interesado para una comparecencia por videoconferencia. Es importante destacar que la competencia de la OEI se limita a las investigaciones y obtención de pruebas, sin tener autoridad directa sobre el proceso o enjuiciamiento del interesado. Por lo tanto, si un individuo es objeto de una OEI y se encuentra en otro Estado miembro, no puede ser trasladado para ser procesado o juzgado en el país que emitió la OEI.

Por último, la OEV se regula en la Decisión Marco 2009/829/JAI del Consejo, de 23 de octubre de 2009[13], relativa a la aplicación, entre Estados miembros de la UE, del principio de reconocimiento mutuo a las resoluciones sobre medidas de vigilancia como sustitución de la prisión provisional previa cita[14] (en adelante DM 2009/829/JAI). La OEV establece que estas medidas de vigilancia se aplican a una persona física y que, en caso de incumplimiento de dichas medidas, la persona interesada será entregada al Estado miembro emisor según el artículo 1 DM 2009/829/JAI. Esto conduce a la conclusión de que es esencial que la persona en cuestión se encuentre fuera del Estado miembro emisor. El objetivo principal de la OEV es garantizar el seguimiento efectivo de las personas condenadas o en libertad condicional para prevenir la comisión de nuevos delitos y facilitar la cooperación entre las autoridades judiciales y de vigilancia de diferentes países.

1.2. Análisis desde el derecho interno

A nivel nacional la Ley 23/2014, de 20 de noviembre, de reconocimiento mutuo de resoluciones judiciales en materia penal en la Unión Europea[15] (en

---

13. DOUE de 11 de noviembre de 2009, n. L. 294, pp. 20-40.

14. La Decisión Marco del Consejo se refiere a este instrumento como «medidas de vigilancia» y la LRM como «medidas alternativas a la prisión provisional» (en el Título V), sin embargo, no puede considerarse incorrecta la denominación elegida por el legislador español, ya que remite más claramente a la finalidad de la medida y a la terminología del derecho interno.

15. Ley 23/2014, de 20 de noviembre, de reconocimiento mutuo de resoluciones penales en la Unión Europea, BOE de 21 de noviembre de 2014, n. 282, pp. 95437 a 95593. Para una

adelante LRM), transpone las Directivas europeas que regulan los instrumentos de reconocimiento mutuo en los procesos penales[16]. En efecto, el artículo 2 de la citada Ley incluye los instrumentos de reconocimiento mutuo aplicables en España, entre los que se encuentran la ODE [artículo 2 a)], la OEI [artículo 2 i)] y la OEV [artículo 2 d)]. Se prevé que el reconocimiento y la ejecución de los instrumentos se llevará a cabo de conformidad con lo dispuesto en la LRM, en las normas de la Unión Europea (en adelante: UE) y en los convenios internacionales vigentes en los que España sea parte. Subsidiariamente, y a falta de disposiciones más específicas, se aplicará el régimen jurídico previsto en la Ley de Enjuiciamiento Criminal (LECrim) según el artículo 4.1 LRM[17]. Con la LRM, a través de un único texto normativo se evita la dispersión normativa, logrando así una mayor especificidad y agilidad para quienes tengan que acudir a la regulación del reconocimiento y ejecución de instrumentos de reconocimiento mutuo en materia penal. Explicaremos con más detalle qué autoridades judiciales son competentes en España en materia de cooperación judicial, así como cuando sea posible, el proceso de coordinación con las otras autoridades judiciales de los Estados miembros.

Es importante aclarar que en España la fase de juicio está claramente diferenciada de la fase de instrucción/investigación. Las medidas que pueden adoptarse en la fase de instrucción no pueden adoptarse en la fase de juicio; a pesar de que la normativa europea que regula estos instrumentos de reconocimiento mutuo permite la organización y ejecución de estas medidas en cualquier fase del procedimiento. En la fase de juicio se celebra el juicio oral y se incluyen actuaciones como el interrogatorio de la persona acusada, la práctica de pruebas, la declaración de testigos, etc. La fase finaliza con la sentencia, que puede ser condenatoria o absolutoria.

Entre los instrumentos de reconocimiento mutuo, algunos, como la OEI, que contemplan medidas de investigación, en España, sólo pueden ejecutarse en la fase de investigación. Sin embargo, otros, como la ODE, tendrán un mayor protagonismo en la fase de enjuiciamiento, ya que contempla medidas dirigidas a una *«(...) persona buscada para el ejercicio de acciones penales o para la ejecución de una pena o una medida de seguridad privativas de libertad»* (artículo 1.1 DM. 2002/584/JAI).

Retomando el análisis de la LRM, la Sección 2.ª del Capítulo II del Título I de la LRM regula la denegación del reconocimiento o ejecución de un instru-

visión crítica, MAPELLI CAFFARENA, *Análisis empírico y doctrinal de la ley 23/2014 de reconocimiento mutuo de resoluciones penales,* Aranzadi, Cizur Menor, 2022.

16. Arts. 34 a 62 ODE; arts. 186 a 223 OEI; arts.109 a 129 OEV.

17. Literalmente: *«1. El reconocimiento y la ejecución de los instrumentos de reconocimiento mutuo que se enumeran en el artículo 2, se regirán por lo dispuesto en esta Ley, en las normas de la Unión Europea y en los convenios internacionales vigentes en los que España sea parte. En defecto de disposiciones específicas, será de aplicación el régimen jurídico previsto por la Ley de Enjuiciamiento Criminal».*

mento de reconocimiento mutuo. En concreto, el artículo 32 establece unos supuestos muy concretos que serán causa de denegación por la autoridad judicial española de una medida propia de un auto o resolución en el marco de la cooperación judicial europea[18].

Asimismo, de conformidad con el artículo 33 LRM, las resoluciones dictadas en ausencia del imputado también podrán ser denegadas por las autoridades españolas. Salvo que se cumplan determinados requisitos, como, por ejemplo, que las autoridades hayan citado debidamente al imputado, o que éste designe un abogado para su defensa en juicio, etc. Afortunadamente, el artículo 30 de la LRM prevé la posibilidad de subsanar algunos defectos subsanables que puedan existir en la solicitud de ejecución de una medida o resolución. En efecto este artículo permite, en los casos en los que pueda existir un motivo de denegación, que la autoridad competente solicite información adicional a la autoridad del Estado miembro que la ha dictado, fijando un plazo en el que dicha información debe ser presentada.

La DM. 2002/584/JAI ha sido transpuesta a la LRM, concretamente en los artículos 34 a 62 contenidos en el Título II: «Orden europea de detención y entrega» (ODE)[19].

En el artículo 35 de la LRM, que sigue la estela de la derogada Ley 2/2003, de 14 de marzo, sólo los jueces y tribunales pueden ser considerados autoridad judicial tanto para el dictado como para la ejecución de una ODE, lo que excluye e imposibilita atribuir competencia al Ministerio Fiscal, al menos en lo que se refiere a España. Sin embargo, en determinadas ocasiones, el legislador español permite que el Ministerio Fiscal tenga competencia para actuar del mismo modo que la autoridad judicial, es decir, los jueces y tribunales. En estos casos, el legislador nacional así lo indica expresamente, como es el caso del embargo preventivo y la incautación de pruebas en el proceso penal regulados en los artículos 144.1 y 144.2 de la LRM[20].

---

18. De forma reasumida estos supuestos son: violación del principio *ne bis in idem* (resolución firme, condena en España o en otro Estado miembro contra el mismo sujeto y por los mismos hechos); cuando la autoridad judicial española sea competente para el enjuiciamiento y haya transcurrido el plazo de prescripción conforme al Derecho interno español; cuando el formulario o certificado que debe acompañar a la solicitud de una medida esté incompleto, sea incorrecto o no lo aporte, cuando exista inmunidad que impida la ejecución de la resolución.

19. Al respecto LOIBL, «Arrest and Pre-Trial Detention», en KLIP (dir.), *Comparative Perspectives of Criminal Procedure*, Cambridge, Intersentia, pp.79-103, 2024.

20. Así: «*1. Son autoridades de emisión de una resolución de embargo preventivo de bienes y de aseguramiento de pruebas los Jueces o Tribunales que conozcan del proceso en el que se deba adoptar la medida, así como los Fiscales que dirijan las diligencias de investigación en las que se deba adoptar una medida de aseguramiento de pruebas que no sea limitativa de derechos fundamentales. 2.Son autoridades competentes en España para ejecutar una resolución de embargo preventivo de bienes y de aseguramiento de pruebas los Jueces de Instrucción del lugar donde se encuentren los bienes o documentos objeto de asegura-*

Se destaca que a algunas autoridades judiciales se acusa de ordenar detenciones preventivas para conseguir fines que podrían alcanzarse con otras medidas menos invasivas del derecho a la libre circulación de la persona investigada. Hay que por un lado recordar que el derecho a la libre circulación es un derecho fundamental reconocido en la Declaración Universal de los Derechos humanos (artículo 13), en el Convenio Europeo de Derechos Humanos (CEDH) (artículo 2 protocolo n. 4) y en la Constitución española (artículo 19 CE); tal derecho permite a los ciudadanos de la UE residir libremente dentro del territorio de los Estados miembros y moverse. Por otro lado, la tutela judicial efectiva protegida por la Carta de los Derechos Fundamentales de la Unión Europea (en adelante CDFUE) y las constituciones nacionales garantiza que los ciudadanos puedan acceder a la justicia para proteger sus derechos. Lo que pretende la tutela judicial efectiva es que la justicia sea ágil, útil y accionable[21]. Así que, la libre circulación implica que los ciudadanos puedan trasladarse y establecerse en cualquier Estado miembro. Para que este derecho sea efectivo, es fundamental que los ciudadanos tengan acceso a mecanismos de tutela judicial efectiva en cualquier Estado miembro donde se encuentren.

A mayor abundamiento la cooperación judicial en materia de persecución penal se caracteriza por su agilidad y eficacia, ya que permite notificar a una autoridad extranjera sobre el hecho de que una persona investigada en España va a cruzar la frontera y entrar en su territorio. En esta manera no se vulnera la tutela judicial efectiva, ya que todas las actuaciones se llevarán a cabo respetando escrupulosamente los derechos del investigado.

Otro instrumento de reconocimiento mutuo que se analiza es la OEI. Para la transposición de la DOEI ha sido imprescindible la aprobación de la Ley 3/2018, de 11 de junio, por la que se modifica la Ley 23/2014, de 20 de noviembre, de reconocimiento mutuo de resoluciones penales en la Unión Europea, para regular la OEI[22]. Después de su implementación en el ordenamiento jurídico español, también se pueden adoptar medidas cautelares y/o

miento o las pruebas que deban ser aseguradas, así como los Fiscales para la ejecución de aquellas medidas de aseguramiento de pruebas que pueden realizar dentro de sus competencias sin adoptar medidas limitativas de derechos fundamentales».

21. Este principio está recogido en diversos instrumentos internacionales de derechos humanos, así como en las constituciones y leyes procesales de muchos países, incluido el ordenamiento jurídico español (está consagrada en la Constitución Española —artículo 24—). Garantiza a todas las personas el derecho a acceder a la justicia de manera plena y a obtener una resolución justa y equitativa de sus conflictos. En el ámbito del derecho procesal penal, la tutela judicial efectiva adquiere una relevancia particular debido a las graves consecuencias que pueden derivarse de un proceso penal.

22. BOE de 21 de noviembre de 2014, n. 282, pp. 95437-95593. Entre la bibliografía más reciente, BIASIOTTI e TURCHI, *European Investigation Order*, Springer, Berlino, 2023, así como DOMÍNGUEZ RUIZ, «Obtención de prueba penal transfronteriza en la Unión Europea, la orden europea de investigación», in Hernández López, Laro González (dres.), *Proceso penal europeo: últimas tendencias, análisis y perspectivas,* Aranzadi, Cizur Menor, pp. 177-196, 2023.

provisionales para proteger futuras fuentes de prueba (artículo 32 DOEI). En consecuencia, su uso es frecuente en la práctica, siendo uno de los instrumentos más empleados en la práctica judicial junto con la ODE.

Se caracteriza por ser el primer instrumento de reconocimiento mutuo que permite la emisión y ejecución por el Ministerio Fiscal. Todo ello es fruto de la voluntad del legislador español que ha preferido un modelo de competencias compartidas entre Jueces y Fiscales[23]. El hecho de que el Ministerio Fiscal, a pesar de ser la autoridad judicial competente en España, sólo pueda tener jurisdicción cuando la OEI no limite los derechos fundamentales, hace que la competencia del Ministerio Fiscal como autoridad de emisión esté limitada. Esto significa que sólo puede ordenar medidas que no limiten los derechos fundamentales.

Esta situación abre un debate muy controvertido en España sobre si el fiscal debe o no dirigir la fase de instrucción, para lo que sería necesaria una modificación de la LECrim. En la medida en que la OEI es «una resolución judicial dictada o convalidada por una autoridad judicial de un Estado miembro» (artículo 1 DOEI) en España dicha resolución judicial sólo podría ser adoptada y/o «convalidada» por un juez o tribunal según el modelo procesal penal español.

No obstante, se reconoce que el principal objetivo de este instrumento europeo es la práctica de medidas de investigación en el extranjero durante la fase de instrucción; por este motivo, la OEI será emitida normalmente por el Juez de Instrucción en España. Sin embargo, España ha optado por una interpretación extensiva de la autoridad judicial de acuerdo con el espíritu de anteriores convenios europeos como el Convenio Europeo de Asistencia Judicial en Materia Penal del Consejo de Europa, de 20 de abril de 1959[24] y Convenio relativo a la asistencia judicial en materia penal entre los Estados miembros de la Unión Europea (del 29 mayo de 2000)[25]. En este contexto, además el artículo 187.1 LRM dispondrá que las autoridades judiciales emisoras serán, junto con los Jueces y Tribunales con conocimiento del proceso penal en el que se adopte la OEI, también *«los fiscales en los procedimientos que dirijan, siempre que la medida que contenga la orden europea de investigación no suponga una limitación de derechos fundamentales»*. A mayor abundamiento, el artículo 187.2 LRM instituirá a la Fiscalía como *«la autoridad competente en España para recibir las órdenes europeas de investigación emitidas por las autoridades competentes de otros Estados miembros»* centralizando la recepción de OEI en España.

23. Las autoridades competentes para dictar o ejecutar un OEI en España se describen en el art. 187 LRM titulado «Autoridades competentes en España para emitir y ejecutar una orden europea de investigación».

24. BOE del 15 octubre de 2003 n. 247, pp. 36894-36904.

25. DOCE de 12 de julio de 2000 n. C 197

La fase de instrucción o investigación, de carácter inquisitivo, en la que se llevan a cabo todas las actuaciones está dirigida por el juez instructor (que es distinto al juez de la fase de enjuiciamiento). En esta fase tiene cabida la aplicación de la OEI, cuya finalidad principal es la obtención de pruebas (Considerando 8 DOEI). La OEI incluirá todas las medidas de investigación con la excepción de la creación de un equipo conjunto de investigación, como bien determina el ámbito de aplicación de la OEI en el artículo 3 de la DOEI[26].

El último instrumento que se analiza es la OEV. Su incorporación a la LRM es consecuencia de la aplicación de la DM 2009/829/JAI mencionada anteriormente[27]. En principio, y como el propio nombre indica, las medidas de vigilancia de la OEV se aplican «en sustitución de la prisión provisional». Esto significa que la ejecución de ambas medidas es totalmente incompatible, no pudiendo ordenarse ambas simultáneamente. La prisión provisional no es una condición previa para el posterior dictado de la OEV. Al contrario, las medidas de vigilancia existen porque pretenden evitar la orden de prisión provisional, siempre y cuando el caso concreto lo permita. Es importante destacar que las medidas de vigilancia de la OEV deben respetar las garantías procesales y los derechos fundamentales de las personas, como el derecho a un juicio justo, el principio de presunción de inocencia y el derecho de defensa. Además, dichas medidas de vigilancia de la ESO deben ser individualizadas y proporcionadas al caso concreto, teniendo en cuenta factores como la gravedad del delito, el riesgo de fuga, etc.

El artículo 111, Capítulo I, Título V de la LRM[28] señala las autoridades competentes en España para dictar y ejecutar una resolución sobre medidas alternativas a la prisión provisional[29]. A diferencia de la ODE y la OEI, la OEV no

26. Textualmente: *«La OEI comprenderá todas las medidas de investigación con excepción de la creación de un equipo conjunto de investigación y la obtención de pruebas en dicho equipo, como queda establecido en el artículo 13 del Convenio relativo a la asistencia judicial en materia penal entre los Estados miembros de la Unión Europea (1) («el Convenio») y en la Decisión Marco 2002/465/JAI del Consejo (2), salvo a efectos de la aplicación, respectivamente, del artículo 13, apartado 8, del Convenio y del artículo 1, apartado 8, de la Decisión Marco».*

27. Al respecto, NEIRA PENA, «Las razones del fracaso de la orden europea de vigilancia», *Foro galego: revista xurídica*, n.º 209 (enero-junio), 2021, pp.173-186, así como LARO GONZÁLEZ, «Régimen jurídico de la orden europea de vigilancia», in MAPELLI CAFFARENA (dir.), *Análisis empírico y doctrinal de la Ley 23/2014 de reconocimiento mutuo de resoluciones penales*, Aranzadi, Cizur Menor, pp. 295-312 (2022).

28. Literalmente: *«1. Son autoridades de emisión de una resolución sobre medidas alternativas a la prisión provisional los Jueces o Tribunales que hayan dictado la resolución de libertad provisional del imputado en el procedimiento penal. 2. Son autoridades competentes para reconocer y ejecutar una resolución sobre medidas alternativas a la prisión provisional los Jueces de Instrucción o los Jueces de Violencia sobre la Mujer del lugar donde el imputado tenga establecida su residencia, respecto a los delitos que sean de su competencia».*

29. Véase MORÁN MARTÍNEZ, «Evaluación de la aplicación práctica de la ley de reconocimiento mutuo: algunas propuestas de modificación», in MAPELLI CAFFARENA, POSADA PÉREZ (eds.), *Análisis empírico y doctrinal de la Ley 23/2014 de reconocimiento mutuo de resoluciones penales*, Aranzadi, Cizur Menor, pp. 71-98, 2022.

indica, en ningún caso, que el Ministerio Fiscal pueda tener competencias. La competencia se atribuye única y exclusivamente a los Jueces o Tribunales.

El artículo 21.1 DM 2009/829/JAI, permite la entrega de la persona si la autoridad competente del Estado de emisión, emite una ODE o cualquier otra orden que tenga el mismo efecto, la persona en cuestión será entonces entregada con arreglo a la DM. 2002/584/JAI. Además, según el artículo 21. 2 DM 2009/829/JAI, la autoridad competente del Estado de ejecución no podrá invocar el artículo 2, apartado 1, de la DM. 2002/584/JAI para denegar la entrega.

En términos generales, para emitir una OEV, la persona investigada no debe encontrarse detenida, aunque debe ser susceptible de serlo, ya que la OEV contempla la posibilidad de que la autoridad competente del Estado emisor pueda tomar decisiones adicionales relacionadas con medidas de vigilancia, incluida la emisión de una ODE[30]. Es lógico deducir que la OEV no se aplica si la persona investigada ya ha sido privada de libertad, dado que su ámbito de aplicación afecta la esfera de libertad personal de la persona investigada.

2. PERSPECTIVA COMPARADA

La coordinación entre las autoridades judiciales se realiza a través de algunas instituciones europeas, en particular Eurojust[31], que juega un papel fundamental y la AECID (Agencia Española de Cooperación Internacional para el Desarrollo)[32], así como a través de los magistrados de enlace. En España el Ministerio de Justicia, la Fiscalía General del Estado (FGE), o el Consejo General del Poder Judicial (CGPJ) tienen establecidas redes internas de cooperación judicial donde responden a las dudas, consultas o preguntas de las autoridades judiciales españolas. Un tribunal o una fiscalía pueden recurrir al CGPJ o a la FGE para que les asesoren sobre el reconocimiento mutuo. Por supuesto, estas consultas son voluntarias, no es obligatorio realizarlas. Por ejemplo, el CGPJ, dentro de la dirección del servicio de Relaciones Internacionales, tiene una sección de asistencia jurídica internacional en contacto permanente con Eurojust. El desconocimiento de los requisitos formales exigidos por la normativa comunitaria representa un riesgo significativo para muchos profesionales del ámbito jurídico, ya que puede conllevar la vulneración de derechos fundamentales, así como el incumplimiento de lo dispuesto en la Ley y de ciertos principios generales.

30. Literalmente: *«(...) emisión de una orden de detención o de cualquier otra resolución judicial ejecutiva que surta los mismos efectos»*.

31. BARROCU, *La cooperazione investigativa in ambito europeo. Da Eurojust all'ordine di indagine*, Cedam, Milano, 2017, así como MOREDA ALONSO, «Eurojust, a la vanguardia de la Cooperación judicial en materia penal en la Unión Europea», *Revista de Derecho Comunitario Europeo* 2012, n. 41, pp. 119-157.

32. Véase la página oficial https://www.aecid.es/en/inicio(fecha de consulta: 28 de febrero de 2025).

A este respecto, se señala que la detención preventiva representa uno de los temas más debatido en la actualidad. Puede ordenarse en el contexto de los instrumentos de reconocimiento mutuo en diversas situaciones, siempre bajo condiciones específicas y con el fin de garantizar el cumplimiento de los principios de cooperación judicial en la UE. Para todas aquellas situaciones en las que no sea posible ordenar la detención preventiva de la persona afectada en la fase de investigación y ésta se encuentre en otro Estado miembro distinto del Estado de emisión, es probable que las autoridades judiciales competentes a nivel nacional busquen medidas alternativas para investigar los hechos denunciados. El propósito es obtener pruebas que apoyen la acusación y demuestren la culpabilidad de la persona acusada. Para lograr estos objetivos, es probable que las autoridades judiciales competentes soliciten un traslado temporal, videoconferencia o llamada telefónica para la comparecencia y declaración de la persona investigada/acusada. Asimismo, en aquellos casos en los que pueda sospecharse que el imputado pueda fugarse, se impondrán medidas de vigilancia para asegurar la disponibilidad del investigado durante la fase de instrucción y para el posterior juicio oral, en su caso.

En esta etapa, es posible aplicar la OEI con el propósito de obtener pruebas. Con el fin de avanzar en la investigación, se puede emitir una OEI para solicitar el traslado temporal de la persona detenida, o bien para tomar su declaración mediante videoconferencia o llamada telefónica. No obstante, la DOEI insiste en que la emisión de una OEI con cualquiera de estas intenciones requiere una evaluación previa por parte del Estado de emisión sobre si la emisión de una OEI para la comparecencia de una persona investigada o acusada por videoconferencia puede constituir una alternativa efectiva (Considerando 26 DOEI). Así, el traslado temporal del detenido al Estado de emisión puede solicitarse con la intención de llevar a cabo una medida de investigación, para lo que se requerirá el consentimiento del detenido (artículo 22.2 a)) y que el traslado no provoque la prolongación de la detención del detenido (artículo 22.2 b)). Por supuesto, el tiempo de detención de la persona en el Estado de emisión se deducirá del período de privación de libertad al que esté o vaya a estar sometida en el Estado de ejecución (artículo 22(7)). También debemos destacar el Considerando 21 DOEI que hace referencia a la importancia de fijar plazos para que la cooperación judicial en materia penal sea rápida, eficaz y coherente. La celeridad y prioridad con la que deben abordarse estos aspectos debe ser exactamente la misma que cuando se trata de situaciones internas similares (artículo 12.1 DOEI). Esta cuestión debería ser objeto de una mayor atención por parte de las autoridades judiciales competentes, así como por parte del legislador nacional de cada uno de los Estado miembro.

Otra cuestión destacable se refiere al supuesto en el que la persona detenida vaya a ser entregada para su enjuiciamiento, es decir, cuando la OEI debe ser sustituida por una ODE. Esto implica que, además de la intención de enjuiciar, si lo que se pretende es, por ejemplo, la comparecencia mediante videoconferencia u otros medios audiovisuales, se puede emitir una OEI con tal propósito. Así se contempla en la legislación española, en el artículo 197.1 LRM[33]. Así, parece un requisito necesario emitir una OEI si se quiere obtener una videoconferencia con el interesado. Se entiende que, con su declaración por videoconferencia, la autoridad judicial que ha emitido la OEI pretende realizar un interrogatorio o más bien escuchar a la persona investigada u obtener más información. Sin embargo, también se subraya la opción que ofrece la ODE a través del artículo 43.2 LRM que permite solicitar la entrega temporal para la práctica de diligencias penales o la celebración de la vista oral. Es cierto que aquí no se habla de videoconferencia, pero al fin y al cabo la entrega temporal también permite la comparecencia del investigado y/o imputado, por eso la hemos mencionado en esta circustancia. Por otro lado, cabe señalar que en España la LRM no contempla la posibilidad de emitir una OEI para el traslado temporal de personas investigadas que no puedan ser detenidas o que no hayan sido detenidas con anterioridad. Los únicos supuestos de traslado temporal recogidos en la LRM son para el traslado temporal de detenidos (artículos 195 y 196)[34]. Es por ello que en los supuestos que el investigado puede ser detenido, pero, sin embargo, no se ha ordenado la detención, no sería posible el traslado temporal a través de una OEI con los requisitos que contempla la LRM en los artículos 195-196.

A este propósito se señala la sentencia C-108/16 PPU - *Openbaar Ministerie v. Paweł Dworzecki*, dictada por el Tribunal de Justicia de la Unión Europea (TJUE) el 24 de mayo de 2016[35]. Esta sentencia se refiere a la ODE y a los derechos fundamentales de las personas detenidas o sospechosas. En el caso objeto de estudio, Paweł Dworzecki, ciudadano polaco, había sido detenido en los Países Bajos en virtud de una ODE dictada por las autoridades polacas para ejecutar una pena de prisión. Sin embargo, las autoridades neerlandesas tenían dudas sobre la legalidad del traslado solicitado, ya que Dworzecki no había sido informado personalmente del proceso que condujo a su condena en Polonia, lo que planteaba cuestiones de respeto de los derechos fundamentales. El TJUE dictaminó que puede denegarse la ejecución de una ODE si no se respetan los derechos fundamentales del sospechoso o condenado. En particular, subrayó que: el derecho a ser informado personalmente sobre el juicio y la condena es fundamental para garantizar un juicio justo.

33. Así: «*1. Cuando la autoridad competente española que esté conociendo de un proceso penal en España considere necesario oír al investigado o encausado o a un testigo o perito que se encuentre en el territorio de otro Estado miembro, emitirá una orden europea de investigación para que dicha declaración se realice por videoconferencia u otros medios de transmisión audiovisual*».

34. Respectivamente titulados «Emisión de una orden europea de investigación para el traslado temporal a España de personas privadas de libertad en el Estado de ejecución» y «Emisión de una orden europea de investigación para el traslado temporal al Estado de ejecución de personas privadas de libertad en España».

35. Sentencia del Tribunal de Justicia (Sala Cuarta) de 24 de mayo de 2016, C-108/16 PPU, Paweł Dworzecki, ECLI:EU:C:2016:346

Además, aunque el sistema de la ODE se basa en el principio de confianza mutua entre los Estados miembros de la UE, esta confianza no es absoluta y debe equilibrarse con la protección de los derechos fundamentales.

La sentencia *Dworzecki* es relevante para el debate sobre las limitaciones previstas por la LRM española en relación con la emisión de un OEI para el traslado temporal de investigados. Subraya la importancia de garantizar que cualquier medida de cooperación judicial, incluidos los traslados temporales, se lleve a cabo respetando los derechos fundamentales y las garantías procesales.

En cuanto a la OEV y según la normativa española (LRM), se puede aplicar en los casos en los que nos encontremos con una persona investigada que no pueda ser detenida y que se encuentre fuera del Estado emisor. El requisito básico para poder emitir una OEV es que la persona se encuentre en libertad, ya que recordemos que este instrumento de reconocimiento mutuo se crea con la finalidad de ser una medida alternativa o más bien sustitutiva a la prisión preventiva (artículo 109.1 LRM). Además, estas medidas de vigilancia pueden ser transmitidas y ejecutadas en otro Estado Miembro como indica el artículo 110.1 LRM. Por otro lado, y respecto a lo que se ha dicho sobre los otros instrumentos será posible aplicar medidas de vigilancia específicas.

La DM 2009/829/JAI en su Considerando 3 prevé que *«una persona que resida en un Estado miembro, pero que esté sometida a actuaciones penales en un segundo Estado miembro, sea vigilada por las autoridades del Estado en que resida en espera de que se celebre el juicio»*, por este motivo, es posible ordenar una OEV cuando la persona investigada se encuentra en otro Estado miembro en el que tiene su residencia y no está detenida. Es importante subrayar que la persona investigada no debe ser detenida, ya que es uno de los fundamentos de la OEV, y uno de los objetivos para los que fue creada, *«promoción, cuando proceda, del recurso a medidas no privativas de la libertad como sustitución de la prisión provisional»* (Considerando 4).

La ODE es el instrumento de reconocimiento mutuo más utilizado en España, a continuación, el más utilizado es la OEI y, por último, la OEV, siendo este último el instrumento menos utilizado y meno conocido.

3. LA INFLUENCIA DE LAS NUEVAS TECNOLOGÍAS EN LOS INSTRUMENTOS DE RECONOCIMIENTO MUTUO EN MATERIA PENAL

Las Directivas recientemente adoptadas, como la Directiva (UE) 2023/2843 del Parlamento Europeo y del Consejo, de 13 de diciembre de 2023[36], por la que se modifican las Directivas 2011/99/UE y 2014/41/UE del Parlamento

36. DOUE de 27 de diciembre de 2023, n. L. 2849, pp. 1-13, disponible en ELI: http://data.europa.eu/eli/dir/2023/2843/oj (fecha de consulta: 28 de febrero de 2025).

Europeo y del Consejo, la Directiva 2003/8/CE del Consejo y las Decisiones Marco 2002/584/JAI, 2003/577/JAI, 2005/214/JAI, 2006/783/JAI, 2008/909/JAI, 2008/947/JAI, 2009/829/JAI y 2009/948/JAI del Consejo, en lo que respecta a la digitalización de la cooperación judicial tienen un gran impacto en la aplicación de los instrumentos de reconocimiento mutuo.

El desarrollo de las nuevas tecnologías y su influencia en su ejecución en términos de agilidad, eficacia y eficiencia han generado cambios evidentes en la situación actual de las garantías procesales y los derechos fundamentales de la persona investigada y/o acusada en el marco de la cooperación judicial europea[37]. A este propósito resulta necesario poner el acento en el resultado de la integración de las nuevas tecnologías y del desarrollo exponencial de la digitalización en el ámbito jurídico es decir en el instrumento más debatido: la videoconferencia. Hay quien critica la mala praxis en su uso y los consiguientes riesgos en los que se puede incurrir. Se ha producido un cambio de mentalidad como consecuencia de la pandemia que ha sido global y universal, no sólo en España.

Un ejemplo concreto no es tanto la introducción del uso de la videoconferencia en los tribunales, sino el hecho de que se permita su uso si el acusado y su defensa están de acuerdo, sin necesidad de una OEI. Esto se ha aprobado permitiendo la conexión vía Skype, lo cual parece ignorar la soberanía nacional, ya que no existe una petición formal ni una OEI. Además, existe el peligro potencial al que pueden estar expuestos los testigos o peritos. La OEI prevé que la videoconferencia se realice en presencia de la autoridad judicial de ejecución, ya sea fiscal o juez. Otra cuestión es si esta presencia debe ser física o puede ser a través de videoconferencia. En ocasiones, se ha permitido que el fiscal esté presente mediante otra videoconferencia con prisiones. Sin embargo, debe existir una persona encargada de controlar y valorar que se cumplan los requisitos legales establecidos en España para llevar a cabo la videoconferencia, así como verificar si las preguntas son apropiadas para un testigo o si corresponden a un investigado o imputado, entre otros aspectos[38].

En reasumen, en relación con las declaraciones y/o interrogatorios por videoconferencia a sospechosos y/o imputados o incluso testigos, aunque el instrumento en el 2024 se considera fundamental e imprescindible, es posible que se produzcan determinadas situaciones que pongan en riesgo la veracidad de las declaraciones; o por ejemplo, que se produzca una usur-

37. Al respecto, De Hoyos Sancho, *La nueva regulación en la Unión Europea sobre obtención transfronteriza de información electrónica en procesos penales*, Aranzadi, Cizur Menor, 2024, véase también Garrido Carrillo, Faggiani (dres.), *Lucha contra la criminalidad organizada y cooperación judicial en la UE: instrumentos, límites y perspectivas en la era digital*, Aranzadi, Cizur Menor, 2022.

38. Véase el resultado del Proyecto de investigación citado anteriormente: «Mutual Recognition 2.0: Effective, Coherent, Integrative and Proportionate Application of Judicial Cooperation Instruments in Criminal Matters». Más información en la página web: https://mutualrecognitionnextlevel.eu/ (fecha de consulta: 28 de febrero de 2025).

pación de la persona que está detrás de la pantalla, o que la persona en el momento en que se emite su declaración en directo se vea amenazada. Hay que garantizar que la persona, allí donde declare o testifique por vídeo, hable libremente y sin presiones externas de ningún tipo. Sin embargo, la declaración de imputados y testigos en juicio incluso a través de videoconferencia con la garantía de la oportuna presencia judicial, secretario judicial y, en su caso, defensa letrada, permite evitar situaciones como las descritas.

La digitalización, aunque muy positiva en muchos aspectos como se como se ha señalado, en otros aspectos del proceso conlleva «suplantación» y, lo que es más importante, incluso una serie de riesgos para los derechos y garantías procesales del investigado y/o imputado. Es necesario ser más cautelosos al conciliar la cooperación judicial en materia penal con la digitalización, ya que no necesariamente son equivalentes. Por estas razones, se propone un uso cuidadoso y mesurado de la digitalización, respetando las garantías procesales y la libertad del declarante. En esta línea, y de acuerdo con la propuesta anterior, se considera que la digitalización, a pesar de sus beneficios anunciados, no puede ser una práctica habitual en todo tipo de procedimientos de cooperación judicial, ni debe asumirse cualquier tipo de digitalización.

4. REFLEXIÓN FINAL

La cooperación judicial penal en la UE ha evolucionado significativamente, consolidándose como un pilar fundamental para la integración y la justicia en el espacio europeo. La efectividad del principio de reconocimiento mutuo se basa en la confianza entre los Estados miembros. Instrumentos como la ODE, la OEI y la OEV han demostrado ser esenciales para asegurar la eficacia en la lucha contra el crimen transfronterizo, al facilitar la cooperación y el reconocimiento mutuo de las decisiones judiciales entre los Estados miembros. Sin embargo, la implementación práctica de estos instrumentos no está exenta de desafíos. Las disparidades legislativas y procedimentales entre los diferentes Estados miembros pueden dificultar una aplicación uniforme y efectiva. La necesidad de armonizar las normas nacionales con las directrices europeas es un aspecto fundamental que aún requiere atención y esfuerzo continuado. La formación y capacitación de los operadores jurídicos también son fundamentales para garantizar una correcta aplicación de estas herramientas y evitar malentendidos o errores que puedan comprometer la justicia. Es necesario un sistema de supervisión y evaluación constante para asegurar que los Estados miembros cumplan con los estándares acordados.

El Derecho interno español integra en su ordenamiento jurídico los instrumentos de reconocimiento mutuo de la UE, atribuyendo competencias tanto a las autoridades judiciales como a las autoridades centrales para garantizar una cooperación eficaz y eficiente con los demás Estados miembros. Dependiendo del instrumento que nos ocupe, y en función de la actuación concreta a realizar (emisión, ejecución o transmisión), pueden ser competentes los

Jueces, los Tribunales y/o el Ministerio Fiscal. La autoridad competente es siempre de forma incondicional judicial en todos los instrumentos de reconocimiento mutuo, ya sea atribuyendo dicha competencia a Jueces o Tribunales en exclusiva o de forma compartida con el Ministerio Fiscal.

Otro aspecto relevante es la protección de los derechos fundamentales de las personas implicadas en estos procedimientos. La cooperación judicial debe equilibrarse cuidadosamente con el respeto de las garantías procesales y los derechos humanos, asegurando que la digitalización y la tecnología no socaven la equidad y la transparencia del proceso judicial. La videoconferencia, por ejemplo, debe ser utilizada con precaución, asegurando siempre la presencia de autoridades competentes que puedan garantizar el cumplimiento de los requisitos legales y la protección de los derechos de los testigos y acusados. La adopción de tecnologías avanzadas para la transmisión y ejecución de órdenes todavía enfrenta resistencias y desafíos técnicos. Garantizar la seguridad y confidencialidad de la información transmitida electrónicamente es un reto constante.

En conclusión, mientras que la cooperación judicial penal en la UE ha logrado avances notables, es fundamental seguir trabajando en la armonización legislativa, y la protección de los derechos fundamentales. Solo a través de un esfuerzo concertado y continuo podremos asegurar que la justicia penal en Europa sea realmente accesible, equitativa y eficaz, fortaleciendo así la confianza y la seguridad en el espacio común europeo.

5. BIBLIOGRAFÍA

Bachmaier Winter, «Orden Europea de Detención y Entrega, doble incriminación y reconocimiento mutuo a la luz del caso Puigdemont», en Arroyo, Nieto y Muñoz (dres.), *Cooperar y Castigar: el caso de Puigdemont*, Ediciones de la Universidad de Castilla-La Mancha, Castilla-La Mancha, pp. 29-40, 2018.

Barrocu, *La cooperazione investigativa in ambito europeo. Da Eurojust all'ordine di indagine*, Cedam, Milano, 2017.

Biasiotti e **Turchi**, *European Investigation Order*, Springer, Berlino, 2023.

Cacciatore «La aplicación práctica de la orden europea de investigación como mecanismo de obtención transnacional de pruebas», en M. Jimeno Bulnes (dra.), *La evolución del Espacio judicial europeo en materia civil y penal: su influencia en el proceso español*, Tirant lo Blanch, Valencia, 2022, pp. 299-313.

De Hoyos Sancho, *La nueva regulación en la Unión Europea sobre obtención transfronteriza de información electrónica en procesos penales*, Aranzadi, Cizur Menor, 2024.

Domínguez Ruiz, «Obtención de prueba penal transfronteriza en la Unión Europea, la orden europea de investigación», in Hernández López, Laro González (eds.), *Proceso penal europeo: últimas tendencias, análisis y perspectivas*, Aranzadi, Cizur Menor, pp. 177-196, 2023.

Garrido Carrillo, **Faggiani** (dres.), *Lucha contra la criminalidad organizada y cooperación judicial en la UE: instrumentos, límites y perspectivas en la era digital*, Aranzadi, Cizur Menor, 2022.

Hernández López, «Sobre la precaria situación de la autoridad de emisión ante la denegación reiterada de la ejecución de una ODE, reflexiones al hilo del caso procés», en Moreno Catena y Romero Pradas (dres.), *Nuevos postulados de la cooperación judicial en la Unión Europea libro homenaje a la Prof.ª Isabel González Cano*, Tirant lo Blanch, Valencia, pp. 449-474, 2021.

Hernández López, «El procedimiento de entrega de Carles Puigdemont: estado actual y perspectivas», *Revista de Estudios Europeos, (Ejemplar dedicado a: Consolidación del Espacio Europeo de Libertad, Seguridad y Justicia en materia penal)*, No. Extra-1, pp. 279-309, 2023.

Jimeno Bulnes, *La orden europea de detención y entrega*, Tirant lo Blanch, Valencia, 2024.

Kleizen, Wynen, and **Junjan**, «Between Aims and Execution: Value Trade-Offs in the Practical Implementation of the European ArrestWarrant?», *European Journal of Risk Regulation*, pp. 1-20, 2024.

Laro González, «Régimen jurídico de la orden europea de vigilancia», in Mapelli Caffarena (dir.), *Análisis empírico y doctrinal de la Ley 23/2014 de reconocimiento mutuo de resoluciones penales*, Aranzadi, Cizur Menor, pp. 295-312 (2022).

Loibl, «Arrest and Pre-Trial Detention», en Klip (dir.), *Comparative Perspectives of Criminal Procedure*, Intersentia, Cambridge, pp.79-103, 2024.

Mapelli Caffarena, *Análisis empírico y doctrinal de la ley 23/2014 de reconocimiento mutuo de resoluciones penales,* Aranzadi, Cizur Menor, 2022.

Morán Martínez, «Evaluación de la aplicación práctica de la ley de reconocimiento mutuo: algunas propuestas de modificación», in Mapelli Caffarena, Posada Pérez (eds.), *Análisis empírico y doctrinal de la Ley 23/2014 de reconocimiento mutuo de resoluciones penales*, Aranzadi, Cizur Menor, pp. 71-98, 2022.

Moreda Alonso, «Eurojust, a la vanguardia de la Cooperación judicial en materia penal en la Unión Europea», *Revista de Derecho Comunitario Europeo* 2012, n. 41, pp. 119-157.

NEIRA PENA, «Las razones del fracaso de la orden europea de vigilancia», *Foro galego: revista xurídica*, n. 209 (enero-junio), 2021, pp. 173-186.

NOGUEROLES LLINARES, «La Orden Europea de Detención y la Decisión Marco 909/2008 sobre aplicación del reconocimiento mutuo de sentencias penales que imponen penas o medidas privativas de libertad», en *Revista del Centro de Estudios Jurídicos y de Postgrado CEJUP*, n. 1, pp. 386-40, 2023.

SAEZ ZAMBRANA, «Principio de reconocimiento mutuo y de cooperación en la Unión Europea, la orden europea de investigación como su exponente», *Spanish Journal of Legislative stidies*, pp. 1-17, 2023.

LA REALIDAD VIRTUAL Y AUMENTADA COMO HERRAMIENTAS PARA DIGITALIZAR LA COOPERACIÓN POLICIAL Y JUDICIAL[1]

Irene González Pulido
Investigadora postdoctoral
Universidad de Salamanca

Resumen: La apuesta por la creación de un metaverso policial desde INTERPOL y el desarrollo de otros proyectos han demostrado la posibilidad de utilizar estas tecnologías para favorecer la capacitación y explorar nuevas oportunidades tecnológicas. La formación es necesaria a nivel internacional para garantizar la actuación ante la delincuencia organizada y compleja, así como para utilizar las diferentes herramientas de cooperación previstas en la normativa vigente. En atención a esta iniciativa se analizará la viabilidad para implementar la realidad virtual y aumentada en el marco de otras organizaciones y agencias, principalmente en el marco de los centros de coordinación y de las jornadas de acción conjunta de Eurojust. Un avance para la digitalización de la cooperación judicial en materia penal que no deberá dejar al margen la seguridad de las comunicaciones, intercambios de información y actuaciones conjuntas, con el objetivo de que sean más ágiles y efectivas, pero sin comprometer ninguna investigación y, por ende, ningún proceso penal.

---

1. This research stems from the Secure Certified Resources in IoT Networks (SCRIN) project (C068/23), the result of a collaboration agreement signed between the National Institute of Cybersecurity (INCIBE) and the University of Salamanca. This initiative is being carried out within the framework of the EU-funded Recovery, Transformation and Resilience Plan (Next Generation).

Palabras clave: Realidad aumentada, realidad virtual, cooperación policial, cooperación judicial, acción conjunta.

1. INTRODUCCIÓN: PRIMER METAVERSO POLICIAL

La creación y el desarrollo de universos digitales, metaversos, mundos o espacios virtuales ha estado muy enfocado a conseguir espacios interactivos de juego. Sin embargo, el Comité Económico y Social Europeo (en adelante, CESE) ya manifestó su convencimiento de que este tipo de tecnología iba a tener «un impacto drástico en la forma en que convivimos»[2], afectando a diferentes ámbitos de la vida cotidiana y laboral. Además, desde su aparición no ha cesado su evolución y, en los últimos años, de un modo exponencial, las grandes empresas han apostado por mejorar los dispositivos que permiten la inmersión en estos espacios virtuales.

Como dispositivos para conseguir este tipo de inmersión destacan las gafas de realidad virtual, no obstante, se han desarrollado e impulsado sistemas integrales que favorecen una experiencia mejor o casi plena; como pueden ser los guantes que permiten captar temperaturas y textura de los elementos que se manipulan en el espacio virtual[3] o incluso trajes de cuerpo entero[4].

Es necesario especificar que el metaverso se sirve de la interconexión de diferentes avances tecnológicos o tecnologías, entre los que destacan: «los programas de modelización tridimensional, la web 3.0, la realidad aumentada, la realidad virtual, la realidad extendida, la inteligencia artificial, el aprendizaje automático y la computación distribuida»[5].

De igual modo, es oportuno diferenciar la realidad virtual de la realidad aumentada[6], ya que mientras que los dispositivos de realidad virtual

2. COMITÉ ECONÓMICO Y SOCIAL EUROPEO. Dictamen de la Comisión consultiva de las transformaciones industriales: Iniciativa sobre mundos virtuales, como el metaverso. CCMI/206. 19 de abril de 2023.

3. Véase revisión completa que se realiza por parte de BERMUDEZ CABALLERO, M.P, *et al.* en BERMUDEZ CABALLERO, M.P., MEJÍA CORREDO, C., RINCÓN ROMERO, J.C. «Realidad aumentada vs. Realidad virtual: Una revisión conceptual». *Teknos Revista Científica,* 19 (2), 2019, pp. 10-19.

4. BARRIO ANDRÉS, M. «Metaverso: origen, concepto y aplicaciones». *Derecho Digital e Innovación,* n.º 12. Wolters Kluwer, segundo trimestre de 2022.

5. COMITÉ ECONÓMICO Y SOCIAL EUROPEO. Dictamen de la Comisión consultiva de las transformaciones industriales: Iniciativa sobre mundos virtuales, como el metaverso...*op. cit.* Véase, asimismo, como BARRIO ANDRÉS señala que «el metaverso es una fusión de múltiples tecnologías emergentes». BARRIO ANDRÉS, M. «Metaverso: origen, concepto y aplicaciones». *Derecho Digital e Innovación, op.cit.*

6. Como señala LASTIRI SANTIAGO: «La diferencia entre RV y RA es que esta última mezcla lo real y lo virtual». Véase análisis completo en: LASTIRI SANTIAGO, M. «El metaverso: origen, evolución y retos actuales». *La Ley Mercantil,* n.º 99. La Ley, febrero 2023.

impiden mantener la visión del entorno real *offline*, los equipos de realidad aumentada permiten ver la realidad e incorporan objetos, personas, instrucciones o elementos de cualquier tipo, pero siempre combinando elementos de ambas realidades, física y virtual, es decir, «superpone los datos informáticos al mundo real»[7].

Todos los avances tecnológicos, con carácter general, han supuesto una adaptación de los modus operandi utilizados para la comisión de diferentes delitos, de toda índole[8]. La aparición de los metaversos no ha quedado al margen de esta versatilidad de los delincuentes, sino que se ha detectado la utilización de estos espacios con fines ilícitos; robos de identidad, generación y distribución de *deepfakes* y, en general, delitos sexuales, fraudes de todo tipo, delitos financieros, delitos contra la propiedad, contra la propiedad intelectual, delitos contra menores, ciberdelitos, delitos de terrorismo, delitos contra la seguridad pública, etc.[9]. La inmersión sensorial y total que se ha conseguido con algunos de estos dispositivos ha provocado que se empiece a discutir la posibilidad de perpetrar hechos delictivos que comprometan bienes jurídicos como son la libertad sexual e incluso los derechos fundamentales a la vida y a la integridad física[10]. Sin perjuicio de

---

7. Véase revisión completa que se realiza por parte de BERMUDEZ CABALLERO, M.P, *et al.* en BERMUDEZ CABALLERO, M.P., MEJÍA CORREDO, C., RINCÓN ROMERO, J.C. «Realidad aumentada vs. Realidad virtual: Una revisión conceptual», *op.cit.*

8. Véase, por ejemplo: BUENO DE MATA, F. «Del metaverso a la metajurisdicción: desafíos legales y métodos para la resolución de conflictos generados en realidades virtuales inmersivas». *Revista de Privacidad y Derecho Digital,* n.° 27. Madrid, julio-septiembre 2022, pp. 19-59; MAGRO SERVET, V. «Proyección en el metaverso de la Administración de Justicia en la solución de conflictos». *Diario La Ley,* n.° 10071. Wolters Kluwer, 18 de mayo de 2022; DÍAZ MARTÍNEZ, M. «El factor criminógeno de las TIC». *El proceso penal en la sociedad de la información. Las nuevas tecnologías para investigar y probar el delito*, edición n.° 1. Madrid: Editorial La Ley, 2012; BLANDINO LÓPEZ, N. «El metaverso y los nuevos retos sobre protección de datos, derechos de autor y responsabilidad jurídica». *Derecho Digital e Innovación,* n.° 19. La Ley, primer trimestre de 2024; entre otros.

9. Véase análisis completo de los metacrímenes que realiza INTERPOL en: INTERPOL. Metaverse: a law enforcement perspective. Use Cases, Crime, Forensics, Investigation, and Governance. January, 2024.

10. Ya encontramos casos en los que se han experimentado tocamientos de avatares de hombres a avatares de mujeres, que las mujeres han identificado como agresiones sexuales. Las cuales iban acompañadas de insinuaciones sexuales, fotografías, acoso, etc. Véase, por ejemplo: O'BRIAN, S.A. «Atacan sexualmente a una mujer en la realidad virtual». *CNN.* 26 de octubre de 2016. Consultado en: https://cnnespanol.cnn.com/2016/10/26/atacan-sexualmente-a-una-mujer-en-la-realidad-virtual (Última consulta: 01/11/2024); WAKEFIELD, J. «Meta: cómo ha respondido la empresa de Mark Zuckerberg a las denuncias de "agresión sexual" en su mundo virtual». 7 de febrero de 2022. Consultado en: https://www.bbc.com/mundo/noticias-60282549 (Última consulta: 01/11/2024).
De igual modo, ya se recogía en la prensa española: «Detenido un joven de 18 años como presunto autor del primer delito en el mundo del metaverso», «detenido y acusado de varios delitos de corrupción de menores, tenencia y distribución de pornografía infantil y explotación sexual de menores a través de internet». EUROPA PRESS. «Detenido un

que, aunque la inmersión no sea completa, estos delitos pueden extenderse o continuarse en el medio *offline*[11] o, al menos, los efectos o daños derivados de ellos.

Por lo tanto, los delincuentes no solo se aprovechan del espacio cibernético que se creó con el desarrollo y la expansión de Internet, sino que también aprovechan la oportunidad delictiva que se brinda en este tipo de espacios virtuales. A las ventajas tradicionales que se obtienen a través de la comisión de ciberdelitos a través de Internet, debemos sumar el espacio de interacción y la inmersión que se puede conseguir en estos espacios virtuales o metaversos.

Es por ello que ha surgido la necesidad de garantizar que estos entornos sean seguros y existan mecanismos de control con el objeto de prevenir, detectar y eliminar cualquier tipo de conducta ilícita que se pueda perpetrar. De igual modo, se ha detectado como estos espacios virtuales también se configuran como un riesgo «para los niños y los grupos vulnerables»[12]. Y, además, también se ha estimado que el uso de esta tecnología se verá acrecentado en los próximos años y, principalmente, cuando se consolide como mecanismo laboral[13].

Por otro lado, todos estos avances tecnológicos no deben quedar al margen de la Administración de Justicia y de las autoridades judiciales en el

---

joven de 18 años como presunto autor del primer delito en el mundo del metaverso». 4 de febrero de 2023. Consultado en: https://www.elmundo.es/espana/2023/02/04/63de3ecf21efa06b2a8b457a.html (Última consulta: 01/11/2024).

Respecto a la comisión de delitos sexuales en el metaverso existe un intenso debate respecto a la cabida de las conductas en los tipos penales previstos en el ordenamiento jurídico español. Véase, asimismo, el análisis y el debate que desarrolla Vasco Gómez, A. en: Vasco Gómez, A. «El derecho penal español en los delitos sexuales cometidos en el metaverso. Aplicabilidad y soluciones frente a un problema presente y futuro». *Revista Internacional de Cultura Visual,* 2022, pp 2-15. ISSN 2695-9631.

11. Como se señala en el informe de INTERPOL: «Some of these Metacrimes can extend to the real world». INTERPOL. Metaverse: a law enforcement perspective. Use Cases, Crime, Forensics, Investigation and Governance...*op.cit.*

12. COMITÉ ECONÓMICO Y SOCIAL EUROPEO. Dictamen de la Comisión consultiva de las transformaciones industriales: Iniciativa sobre mundos virtuales, como el metaverso... *op.cit.*

13. Como señala Barrio Andrés, M.: «Microsoft ha comenzado a promover el desarrollo del metaverso empresarial, y pretende extender los diversos escenarios de aplicación de la empresa al espacio del metaverso». Barrio Andrés, M. «Metaverso: origen, concepto y aplicaciones». *Derecho Digital e Innovación...op.cit.*

Asimismo, se hace referencia al concepto de «metatrabajo». Véase, por ejemplo, el análisis realizado en: Blandino López, N. «El metaverso y los nuevos retos sobre protección de datos, derechos de autor y responsabilidad jurídica». *Derecho Digital e Innovación...op.cit.* Y a la «metalaboralidad», analizando las relaciones laborales en el metaverso. Véase: López Cumbre, L. «Relaciones laborales "por", "para" y "en" el metaverso». *Diario La Ley,* n.º 10033. La Ley, 21 de marzo de 2022.

ejercicio de sus funciones[14]. En este sentido, desde Interpol, con el objetivo de utilizar la tecnología para mejorar la actuación de policial, se detectó la viabilidad de desarrollar un metaverso específicamente diseñado para este tipo de autoridades de todo el mundo, siendo presentado y publicitado como «el primer metaverso policial». Se ha recreado la sede de INTERPOL de Lyon para permitir el acceso a ella a través de avatares y dispositivos de realidad virtual desde cualquier lugar del mundo, con el objetivo de interactuar con otros usuarios, pero también de recibir cursos que han denominado «inmersivos» en materia de investigación y en relación con otras funciones de los funcionarios de policía[15].

La actuación e investigación conjunta, de un modo coordinado, es clave para garantizar la efectividad de los instrumentos de cooperación que se activan cuando nos encontramos ante delincuencia grave, compleja u organizada, que requiere este tipo de respuesta transfronteriza.

En este sentido, se analizará la viabilidad de implementar la utilización de espacios virtuales con el objetivo de favorecer la actuación conjunta y la cooperación a través de la utilización de la tecnología. Además, no solo en INTERPOL sino también en el marco de la cooperación entre diferentes agencias y organismos de la UE e, incluso, a nivel internacional. No obstante, también habrá que analizar los riesgos que aparecerían, como puede ser el compromiso de la seguridad de estos espacios y de las actuaciones que se llevan a cabo a través de ellos.

La apuesta por esta tecnología también ha consolidado un grupo de trabajo relativo a «gobernanza del metaverso» ya que, en todo caso, va a ser necesario que contemos con una tecnología controlada y regulada, la cual deberá garantizar «la interoperabilidad, privacidad, seguridad y protección, e identidad»[16]. Cuestiones que deben ser contempladas en lo que respecta a su implementación en el ámbito de la cooperación policial y judicial.

Por su parte, la realidad aumentada también ha sido identificada como un avance tecnológico que no debe quedar al margen de la actuación operativa. En este caso, es destacable el proyecto DARLENE a través del que se apuesta por aprovechar la posibilidad de superponer información sobre el mundo real

14. Como señala Magro Servet: «En el terreno de la Administración de Justicia no es posible ver pasar de lado todas las novedades que se están produciendo en los diferentes campos, ante el riesgo de estar siempre esperando ver cómo pasa el tiempo sin recibir o recoger las ventajas de estas novedades aplicativas que tienen su proyección real». Magro Servet, V. «Proyección en el metaverso de la Administración de Justicia en la solución de conflictos». *Diario La Ley...op.cit.*

15. INTERPOL. «INTERPOL lanza el primer metaverso policial mundial». 20 de octubre de 2022.

16. World Economic Forum. Defining and building the Metaverse. Consultado en: https://initiatives.weforum.org/defining-and-building-the-metaverse/home (Última consulta: 01/11/2024).

para mejorar la capacidad de análisis del entorno de un modo ágil, rápido y exhaustivo. De este modo se persigue favorecer tanto el éxito de la operación como la seguridad de los agentes de policía, ya que ambas cuestiones pueden comprometerse al actuar contra organizaciones criminales o grupos terroristas, situaciones que han sido identificadas como de «alta presión»[17].

Por lo tanto, en el presente artículo, junto con el análisis de la utilización de espacios virtuales para fomentar la cooperación y coordinación de las operaciones más complejas, también se estudiará la posibilidad de combinar esta tecnología con la realidad aumentada. O bien, de forma aislada, la incorporación de esta última en las intervenciones más complejas que requieren un análisis de datos y de contextos de una forma rápida, el cual puede verse favorecido por la utilización de sistemas tecnológicos.

En base a los objetivos señalados, es necesario continuar este estudio atendiendo a las líneas estratégicas y a la normativa europea aprobada en los últimos años, ya que la utilización de los avances tecnológicos en ningún caso debe ser arbitrario, sino que nos encontramos ante procesos penales en los que se deben salvaguardar los principios y las garantías oportunas.

2. APROXIMACIÓN AL CONTEXTO ACTUAL: LÍNEAS ESTRATÉGICAS Y NORMATIVA EUROPEA

Identificar las necesidades existentes en un mundo globalizado y digitalizado como el nuestro es fundamental para poder realizar un análisis objetivo sobre la viabilidad de implementar este tipo de tecnologías en el marco de las actuaciones de cooperación.

Por un lado, las organizaciones criminales y otras redes delictivas siguen siendo las que diferentes Estados identifican como amenaza prioritaria. Esto se debe a su resiliencia, versatilidad al cambio, adecuación a las diferentes situaciones, etc.[18]. Ante una criminalidad compleja y cambiante, se torna en una urgente necesidad explotar los recursos digitales, pero también adaptar la actuación policial y judicial a dicha digitalización.

En relación con estas redes delictivas se destacan el tráfico ilícito, los delitos financieros y la corrupción, la ciberdelincuencia y el terrorismo yihadista[19]. En concreto, la ciberdelincuencia es una tendencia en auge que evoluciona constantemente, adaptándose a las tecnologías disruptivas y que, además, cada vez está al alcance de un mayor número de personas. El *crime*

17. Véase, sitio web del proyecto DARLENE: https://www.darleneproject.eu/about/ (Última consulta: 01/11/2024).

18. INTERPOL. Informe resumido sobre las tendencias de la delincuencia a escala mundial. Secretaria General de INTERPOL, 2022.

19. *Ibidem.*

as a service o el *cybercrime as a service* ha mejorado, habiendo detectado el *ransomware as a service* o el *financial crime as a service*[20]. Es decir, las herramientas para cometer este tipo de delitos ya están disponibles para aquellas personas que quieren delinquir, ya no tienen que adquirir conocimientos informáticos avanzados.

Desde el Grupo de Expertos en metaverso de INTERPOL ya se hace referencia a la metacriminalidad y a los metacrímenes, ya que como ha sido señalado previamente se ha detectado que se pueden perpetrar delitos variados, que afectan a diferentes bienes jurídicos, en este espacio virtual[21].

Ante este contexto variable y este panorama dinámico, es necesario evitar que las herramientas y los procedimientos que siguen autoridades policiales y judiciales queden obsoletos[22]. Además, se configura como esencial combatir estas modalidades delictivas contando con una normativa sólida que ampare las actuaciones transfronterizas con todas las garantías, sin bloquear la actuación policial ni la investigación que se practica en el contexto de un proceso penal.

En este marco de detección de necesidades hay que destacar como en el Reglamento (UE) 2023/2844 del Parlamento Europeo y del Consejo, de 13 de diciembre de 2023, sobre la digitalización de la cooperación judicial, se identificó la importancia del establecimiento de comunicaciones a través de medios digitales en el marco de la cooperación judicial[23].

En el citado Reglamento 2023/2844, asimismo, se recogió la importancia de apostar por la adaptación tecnológica para evitar «la exclusión social» y, de igual modo, quedaron identificadas dos de las necesidades básicas para cualquier tipo de sistema o tecnología que se desarrolle para la digitalización de la cooperación: la interoperabilidad y la seguridad[24].

De igual forma, a nivel europeo, encontramos normativa de toda índole que apuesta por la actualización del funcionamiento de las diferentes agencias, por la digitalización de la investigación y cooperación transfronteriza,

---

20. INTERPOL. Los delitos financieros y los cometidos por Internet son los que más preocupan a la policía de todo el mundo, según un nuevo informe de INTERPOL. 19 de octubre de 2022.

21. INTERPOL. Metaverse: a law enforcement perspective. Use Cases, Crime, Forensics, Investigation and Governance...*op.cit.*

22. INTERPOL. Informe resumido sobre las tendencias de la delincuencia a escala mundial. Secretaria General de INTERPOL...*op.cit.*

23. Reglamento (UE) 2023/2844 del Parlamento Europeo y del Consejo, de 13 de diciembre de 2023, sobre la digitalización de la cooperación judicial y del acceso a la justicia en asuntos transfronterizos civiles, mercantiles y penales, y por el que se modifican determinados actos jurídicos en el ámbito de la cooperación judicial. «DOUE» núm. 2844, de 27 de diciembre de 2023, pp. 1 – 29.

24. *Ibidem.*

por la regulación de las tecnologías emergentes y por la tipificación de todas estas conductas delictivas que se sirven de las tecnologías. Favoreciendo un control y la utilización de las tecnologías disruptivas en base a los principios de la Unión.

Por un lado, encontramos toda la normativa que se ha ido aprobando, modificando y actualizando sobre el funcionamiento de las agencias y organismos de la UE, creando incluso centros especializados y atribuyendo competencias específicas relacionadas con la tecnología[25]. Es destacable como son diversos los actos que han recogido como las diferentes agencias deben cooperar y colaborar entre ellas, previendo la regulación de los intercambios de información y datos.

Esta necesidad de intercambio óptimo, ágil y seguro de datos ha desencadenado también la aparición de plataformas electrónicas y canales digitales, que, en atención a su base tecnológica, a la entidad de los datos intercambiados y a su utilización a nivel transfronterizo, han requerido el desarrollo de normativa exhaustiva que prevea su funcionamiento y control[26].

---

25. Véase, por ejemplo: Reglamento (UE) 2018/1727 del Parlamento Europeo y del Consejo, de 14 de noviembre de 2018, sobre la Agencia de la Unión Europea para la Cooperación Judicial Penal (Eurojust); Reglamento (UE) 2023/2131 del Parlamento Europeo y del Consejo de 4 de octubre de 2023 por el que se modifican el Reglamento (UE) 2018/1727 del Parlamento Europeo y del Consejo y la Decisión 2005/671/JAI del Consejo en lo que respecta al intercambio de información digital en casos de terrorismo; Reglamento (UE) 2016/794 del Parlamento Europeo y del Consejo, de 11 de mayo de 2016, relativo a la Agencia de la Unión Europea para la Cooperación Policial (Europol) y por el que se sustituyen y derogan las Decisiones 2009/371/JAI, 2009/934/JAI, 2009/935/JAI, 2009/936/JAI y 2009/968/JAI del Consejo; Reglamento (UE) 2022/991 del Parlamento Europeo y del Consejo, de 8 de junio de 2022, por el que se modifica el Reglamento (UE) 2016/794 en lo que se refiere a la cooperación de Europol con entidades privadas, el tratamiento de datos personales por Europol en apoyo de investigaciones penales y el papel de Europol en materia de investigación e innovación; Reglamento (UE) 2019/881 del Parlamento Europeo y del Consejo, de 17 de abril de 2019, relativo a ENISA (Agencia de la Unión Europea para la Ciberseguridad) y a la certificación de la ciberseguridad de las tecnologías de la información y la comunicación y por el que se deroga el Reglamento (UE) n.° 526/2013 («Reglamento sobre la Ciberseguridad»); Comunicación de la Comisión al Consejo y al Parlamento Europeo: La represión del delito en la era digital: creación de un centro europeo de ciberdelincuencia. COM/2012/0140 final; entre otros de interés.

26. Véanse: Reglamento (UE) 2018/1862 relativo al establecimiento, funcionamiento y utilización del Sistema de Información de Schengen en el ámbito de la cooperación policial y de la cooperación judicial en materia penal; Reglamento (UE) 2018/1726 del Parlamento Europeo y del Consejo, de 14 de noviembre de 2018, relativo a la Agencia de la Unión Europea para la Gestión Operativa de Sistemas Informáticos de Gran Magnitud en el Espacio de Libertad, Seguridad y Justicia (eu-LISA), y por el que se modifican el Reglamento (CE) n.º 1987/2006 y la Decisión 2007/533/JAI del Consejo y se deroga el Reglamento (UE) n.º1077/2011; Reglamento (UE) 2023/969 del Parlamento Europeo y del Consejo de 10 de mayo de 2023 por el que se establece una plataforma de colaboración en apoyo del funcionamiento de los equipos conjuntos de investigación y se modifica el Reglamento (UE) 2018/1726; entre otros actos.

De igual forma, hay que tener en cuenta los actos normativos que son relevantes en materia tecnificación de la investigación y digitalización de la cooperación[27]. En estos se ha tenido en cuenta el avance y la evolución de la delincuencia, planteando su aprobación en atención a los obstáculos y a las dificultades que se plantean en el nuevo panorama de la investigación y cooperación; por ejemplo, la problemática derivada de los prestadores de servicios en Internet[28].

Además, la previsión de herramientas para detectar, prevenir, investigar y probar estas actividades delictivas no se hubiera podido materializar sin contar con las Directivas y Reglamentos que persiguen acabar con los paraísos cibernéticos, apostando por regular todas las formas de ciberdelincuencia y delincuencia organizada[29]. Con el objetivo de que autoridades policiales y

---

27. Véase, entre otras: Directiva 2014/41/CE del Parlamento Europeo y del Consejo, de 3 de abril de 2014, relativa a la orden europea de investigación en materia penal; Reglamento (UE) 2023/1543 del Parlamento Europeo y del Consejo, de 12 de julio de 2023, sobre las órdenes europeas de producción y las órdenes europeas de conservación a efectos de prueba electrónica en procesos penales y de ejecución de penas privativas de libertad a raíz de procesos penales; Decisión (UE) 2023/436 por la que se autoriza a los Estados miembros a ratificar, en interés de la Unión Europea, el Segundo Protocolo adicional al Convenio sobre la Ciberdelincuencia; etc.

28. Véase, por ejemplo: Reglamento (UE) 2023/1543 del Parlamento Europeo y del Consejo, de 12 de julio de 2023, sobre las órdenes europeas de producción y las órdenes europeas de conservación a efectos de prueba electrónica en procesos penales y de ejecución de penas privativas de libertad a raíz de procesos penales...*op.cit.*; Directiva (UE) 2023/1544 del Parlamento Europeo y del Consejo, de 12 de julio de 2023, por la que se establecen normas armonizadas para la designación de establecimientos designados y de representantes legales a efectos de recabar pruebas electrónicas en procesos penales; Reglamento (UE) 2024/1307 del Parlamento Europeo y del Consejo, de 29 de abril de 2024, por el que se modifica el Reglamento (UE) 2021/1232 por el que se establece una excepción temporal a determinadas disposiciones de la Directiva 2002/58/CE en lo que respecta al uso de tecnologías por proveedores de servicios de comunicaciones interpersonales independientes de la numeración para el tratamiento de datos personales y de otro tipo con fines de lucha contra los abusos sexuales de menores en línea; Propuesta de Reglamento del Parlamento Europeo y del Consejo por el que se establecen normas para prevenir y combatir el abuso sexual de los menores; entre otros.

29. Véanse actos normativos que contemplan actividades delictivas cometidas utilizando Internet y las tecnologías: Directiva (UE) 2024/1385 del Parlamento Europeo y del Consejo, de 14 de mayo de 2024, sobre la lucha contra la violencia contra las mujeres y la violencia doméstica; Directiva (UE) 2024/1712 del Parlamento Europeo y del Consejo, de 13 de junio de 2024, por la que se modifica la Directiva 2011/36/UE relativa a la prevención y lucha contra la trata de seres humanos y a la protección de las víctimas; Directiva (UE) 2017/541 del Parlamento Europeo y del Consejo, de 15 de marzo de 2017, relativa a la lucha contra el terrorismo y por la que se sustituye la Decisión marco 2002/475/JAI del Consejo y se modifica la Decisión 2005/671/JAI del Consejo; Directiva 2013/40/UE del Parlamento Europeo y del Consejo, de 12 de agosto de 2013 , relativa a los ataques contra los sistemas de información y por la que se sustituye la Decisión marco 2005/222/JAI del Consejo; Directiva 2011/93/UE del Parlamento Europeo y del Consejo, de 13 de diciembre de 2011, relativa a la lucha contra los abusos sexuales y la explotación sexual de los menores y la pornografía infantil y por la que se sustituye la Decisión marco 2004/68/JAI del Consejo; entre otros.

judiciales no vean frustrada su actuación debido a la ausencia de tipificación de estos delitos en determinados territorios.

En este sentido, ya se ha debatido sobre la cabida en tipos penales existentes y en el encaje en diversos tipos penales de los metacrímenes que se cometen en estos espacios, los cuales también tendrán que ser prevenidos, detectados, investigados y probados por las autoridades competentes.

No obstante, no debemos perder de vista uno de los principales objetivos de la presente investigación, la utilización de espacios virtuales y de la realidad aumentada para mejorar la coordinación y actuación operativa en el marco de la cooperación policial y judicial internacional. Nos encontraríamos ante espacios y contextos en los que el intercambio de datos por medios tecnológicos es evidente, la protección de los mismos y la seguridad de estos espacios debe garantizarse y controlarse. De igual modo, existe un elevado número de riesgos que serán planteados a continuación.

3. EUROJUST: ESPECIAL ATENCIÓN A LOS CENTROS DE COORDINACIÓN Y A LAS JORNADAS DE ACCIÓN CONJUNTA

Eurojust, como Agencia de la Unión Europea para la Cooperación Judicial Penal, se configura como agencia referente en el marco de cooperación judicial a nivel de la Unión Europea; sin perjuicio de la importancia de la ampliación de sus redes más allá de las fronteras europeas. Eurojust se creó a través de la aprobación de la Decisión 2002/187/JAI, Decisión que fue sustituida por el Reglamento (UE) 2018/1727 del Parlamento Europeo, acto a través del que se establecen sus competencias actuales. Esta Agencia se crea con el objetivo de mejorar la coordinación y cooperación entre autoridades judiciales cuando nos encontramos ante casos de delincuencia grave y organizada.

Entre sus funciones, se destacaron algunas como las relativas a la información sobre los casos que les competen; asistencia en la coordinación de las investigaciones y los procesos penales; asistencia para mejorar la cooperación; apoyo operativo, técnico y financiero a las investigaciones y operaciones transfronterizas; apoyo y asistencia a Europol y a otras instituciones, órganos, organismos y agencias de la Unión; apoyar a los Estados en lo que respecta a las formas graves de delincuencia; peticiones de investigación, coordinación, constitución de ECI, adopción medidas especiales de investigación, etc. dirigidas a los Estados miembros[30].

---

30. Reglamento (UE) 2018/1727 del Parlamento Europeo y del Consejo de 14 de noviembre de 2018 sobre la Agencia de la Unión Europea para la Cooperación Judicial Penal (Eurojust) y por la que se sustituye y deroga la Decisión 2002/187/JAI del Consejo. DOUE L 295.

No obstante, en atención al funcionamiento de Eurojust y a la forma de ofrecer apoyo estratégico y operativo vamos a destacar tres herramientas principales: las reuniones de coordinación, los centros de coordinación y los Equipos Conjuntos de Investigación (ECI)[31]. Todas centradas en la consecución de un objetivo común que es la consideración de que cada caso se reviste de unas particularidades y requiere de un enfoque individualizado y personalizado a lo largo de todas las etapas del mismo[32].

En primer lugar, las reuniones de coordinación sirven para proponer y alcanzar acuerdos, ya sean para delimitar la línea o herramienta de cooperación a adoptar o bien para coordinar las investigaciones o procesos penales. En estas reuniones intervienen las autoridades policiales, judiciales y fiscales de los diferentes países implicados en algún caso de interés transfronterizo. Con carácter general, se prevé que estas reuniones de coordinación se celebren en las instalaciones de Eurojust, no obstante, ya se ha recogido la posibilidad de utilizar «videoconferencias seguras»[33]. En el año 2023 se han celebrado más de quinientas reuniones de coordinación, reflejándose una tendencia al alza en los últimos años[34].

Estas reuniones de coordinación, asimismo, pueden desarrollarse con el objetivo de planificar las denominadas «jornadas de acción conjunta», que suponen la ejecución simultánea de diferentes medidas en distintos Estados. Estas jornadas, suelen apoyarse desde un centro de coordinación, que favorecerá su éxito.

Los centros de coordinación se configuran y actúan desde una sala de Eurojust, que además de formada por los representantes y autoridades pertinentes, cuenta con tecnología avanzada para permitir la comunicación segura, así como el acceso a todo tipo de información necesaria. Además, como hemos apuntado, desde esta sala también se permite la conexión virtual segura por videoconferencia.

De igual modo, como ya hemos señalado, el principal objetivo de estos centros es el apoyo a las jornadas de acción conjunta, que pueden implicar detenciones, entradas y registros, interrogatorios, obtención de material probatorio, etc. en diferentes Estados involucrados en casos graves y comple-

31. Véase la relevancia de la creación de ECI y de realización de jornadas de acción conjunta en el último informe de Eurojust. EUROJUST. Informe anual. 2023. Consultado en: https://www.eurojust.europa.eu/sites/default/files/assets/files/ar2023-final-digital-es.pdf (Última consulta: 01/11/2024).

32. Véase sitio web de Eurojust. Consultado en: https://www.eurojust.europa.eu/judicial-cooperation/tasks-and-tools (Última consulta: 01/11/2024)

33. Véase sitio web de Eurojust. Consultado en: https://www.eurojust.europa.eu/judicial-cooperation/tasks-and-tools/coordination-meetings (Última consulta: 01/11/2024).

34. EUROJUST. Informe anual. 2023...*op.cit.*

jos, como son aquellos perpetrados por organizaciones criminales y grupos terroristas[35].

Además, ante cuestiones jurídicas complejas que pueden surgir en el marco operativo tienen un gran valor la coordinación y la función de apoyo urgente en estos momentos[36].

Desde hace varias décadas, Eurojust desempeña una función importante en la constitución de los Equipos Conjuntos de Investigación, equipos formados bajo un acuerdo legal entre dos o más países, con un fin determinado y para actuar durante un periodo de tiempo limitado y llevar a cabo investigaciones penales[37]. Desde Eurojust se valora la viabilidad de recurrir a esta herramienta, ayuda a su configuración y proporciona apoyo de todo tipo; jurídico, práctico, financiero, logístico, etc.[38]. Las reuniones de coordinación y los centros de coordinación pueden servir tanto para la apuesta por el establecimiento de este tipo de acuerdos o bien para apoyar directamente a un ECI ya en funcionamiento.

En atención a las reuniones y centros de coordinación pareciera que nos encontramos por un lado con espacios destinados a la toma de decisiones, planificación, resolución de conflictos e intercambio de información. Por lo tanto, todas ellas cuestiones que no van a exigir un espacio físico específico que no pueda ser suplido por un entorno virtual, como analizaremos con posterioridad. Entre las aplicaciones del metaverso se ha identificado como una de las principales las reuniones en línea, mejorando con sus funciones la realización de estos encuentros a distancia[39].

En este sentido, desde Eurojust ya se ha apostado por facilitar y digitalizar estas reuniones a través de medios tecnológicos, como sucedería cuando se recurre a realización de videoconferencias. En atención a esta vía telemática es importante como desde la Agencia se incide en la necesaria seguridad que debe revestir a estas prácticas.

---

35. Véase sitio web de Eurojust. Consultado en: https://www.eurojust.europa.eu/judicial-cooperation/tasks-and-tools/coordination-centres (Última consulta: 01/11/2024)

36. Véase sitio web de Eurojust. Consultado en: https://www.eurojust.europa.eu/judicial-cooperation/tasks-and-tools/coordination-centres (Última consulta: 01/11/2024)

37. Decisión marco del Consejo, de 13 de junio de 2002, sobre equipos conjuntos de investigación. DO L 162 de 20 de junio de 2002, pp. 1-3.

38. Catálogo Eurojust. 2020. ISBN 978-92-9490-495-9. Consultado en: https://www.eurojust.europa.eu/sites/default/files/2020-12/2020-08_Generic-factsheet_public_Final4_ES.pdf (Última consulta: 01/11/2024).

39. Barrio Andrés, M. «Metaverso: origen, concepto y aplicaciones». *Derecho Digital e Innovación... op.cit.*

Además, Eurojust desempeña también funciones asistenciales fundamentales para la solicitud y ejecución de otros instrumentos de cooperación; tales como órdenes europeas de detención y entrega, las órdenes europeas de investigación y las órdenes de producción y conservación de prueba electrónica en los procesos penales. Todas ellas órdenes clave para garantizar el éxito de los procesos penales, que podrían agilizarse y beneficiarse también de la digitalización de la cooperación con estas tecnologías. Asimismo, los actos que las regulan prevén principios y garantías que deben salvaguardarse en el marco de la investigación y prueba de estas conductas delictivas transfronterizas.

Debido a la necesidad de transmitir información sobre los procesos penales por delitos de terrorismo a Eurojust y a los defectos detectados a este respecto se produce la aprobación del Reglamento (UE) 2023/2131 del Parlamento Europeo y del Consejo, de 4 de octubre de 2023, que modifica el Reglamento (UE) 2018/1727 y la Decisión 2005/671/JAI en lo que respecta al intercambio de información digital en casos de terrorismo. El objetivo que se persigue no es solo reforzar la coordinación y la cooperación, que se traduzca en una mayor eficacia, sino que además se enfatiza la necesidad de que la información sea lo más completa y actualizada posible, para lo que se remite a la utilización de un sistema informático descentralizado. Se apuesta de este modo por un intercambio seguro y fiable[40].

En este estudio va a ser necesario analizar la viabilidad de la utilización de la realidad virtual y de la realidad aumentada atendiendo al Reglamento (UE) 2023/2844, ya que prevé la comunicación electrónica y la digitalización de diferentes actos, entre los que encontramos algunos para los que ya hemos señalado que la participación y colaboración de Eurojust puede ser crucial; tales como la adopción de las órdenes previstas en la Directiva 2014/41/UE. No obstante, también es necesario tener en cuenta que en materia penal y en lo que refiere al ámbito operativo prevé algunas excepciones que permitirán actuar con discrecionalidad a las autoridades en atención a las situaciones, no obligando a la utilización del sistema descentralizado que prevé y regula dicho Reglamento[41].

Además, algunos actos relevantes en los que participa Eurojust, como lo es la Decisión Marco 2002/465/JAI del Consejo, de 13 de junio de 2002, sobre equipos conjuntos de investigación no ha sido recogida expresa-

---

40. Reglamento (UE) 2023/2131 del Parlamento Europeo y del Consejo, de 4 de octubre de 2023, por el que se modifican el Reglamento (UE) 2018/1727 del Parlamento Europeo y del Consejo y la Decisión 2005/671/JAI del Consejo en lo que respecta al intercambio de información digital en casos de terrorismo. DOUE L 149 de 30 de abril de 2021.

41. Reglamento (UE) 2023/2844 del Parlamento Europeo y del Consejo, de 13 de diciembre de 2023, sobre la digitalización de la cooperación judicial y del acceso a la justicia en asuntos transfronterizos civiles, mercantiles y penales...*op.cit.*

mente en el Anexo II que recoge las comunicaciones que se servirán del sistema informático descentralizado en los diferentes actos jurídicos relativos a la cooperación judicial en materia penal.

Respecto a los equipos conjuntos de investigación, es destacable como desde hace años se habían detectado algunas dificultades para la utilización de las TIC y para el intercambio seguro de información. En este contexto de digitalización se aprobó el Reglamento (UE) 2023/969 por el que se establece una plataforma de colaboración en apoyo del funcionamiento de los equipos conjuntos de investigación. A través de esta plataforma se facilita la coordinación y gestión de estos equipos, el intercambio de información de forma rápida, la trazabilidad de estos intercambios, el almacenamiento de datos operativos, entre otros[42]. Se reconoce en este Reglamento como los ECI «han demostrado ser decisivos a la hora de mejorar la cooperación judicial» en casos de «ciberdelincuencia», «terrorismo» y «delincuencia grave y organizada»[43], ya que la investigación y obtención de material probatorio implica la necesidad de actuar a nivel transfronterizo y, en general, con grandes cantidades de datos.

La perspectiva estratégica de Eurojust continúa avanzando hacia una cooperación operativa más estrecha para poder hacer frente a las formas de delincuencia organizada y compleja, de este modo lo han reflejado en la Estrategia Plurianual 2025-2027[44]. En esta última estrategia publicada por Eurojust se ha destacado el papel de esta agencia en la creación de la Red de fiscales y jueces especializados en la lucha contra la delincuencia, que se suma a las redes existentes y con las que ya se estaba cooperando desde Eurojust; tales como la Red Judicial Europea, la Red de ECI, la Red de Genocidio y la Red Judicial Europea sobre ciberdelincuencia.

Entre las mejoras que se recogen en esta Estrategia plurianual, destaca no solo la estrecha colaboración, sino también el aumento del intercambio de información con Europol. Todas estas cuestiones que podrían verse favorecidas por sistemas seguros de intercambio de información.

Asimismo, entre las claves de dicha estrategia plurianual es importante la apuesta por adecuar la cooperación judicial a lo que han denominado estándares digitales del siglo XXI, recogiendo precisamente «la digitalización» como objetivo principal. Y, en atención las líneas de actuación esenciales de Eurojust, se ha recogido la preocupación por la obtención y acceso transfronterizo a las pruebas electrónicas, por el refuerzo de la cooperación

42. Reglamento (UE) 2023/969 del Parlamento Europeo y del Consejo de 10 de mayo de 2023 por el que se establece una plataforma de colaboración en apoyo del funcionamiento de los equipos conjuntos de investigación y se modifica el Reglamento (UE) 2018/1726. «DOUE» núm. 132, de 17 de mayo de 2023, pp. 1 – 20.

43. Véase considerando 3. *Ibidem.*

44. EUROJUST. Multi-annual strategy. 2025-2027. ISBN 978-92-9404-315-3.

con terceros estados y, en general, la consecución de una cooperación judicial en materia penal transfronteriza avanzada y digitalizada[45].

En el Reglamento (UE) 2023/2844 ya se señalaba expresamente que «la comunicación entre las autoridades competentes y los órganos y organismos de la Unión, como la Fiscalía Europea o Eurojust, en los asuntos en que sean competentes en virtud de los actos jurídicos enumerados en el anexo II, también debe ser objeto del presente Reglamento»[46]. Por lo tanto, la necesaria digitalización de la actuación transfronteriza en la que se ve involucrada Eurojust también se había contemplado ya con carácter previo a la última Estrategia, previamente analizada. Y, además, el devenir europeo ya ha marcado esta línea de tecnificación a seguir, en atención a los actos normativos que ya han sido referenciados en el presente estudio.

La realización de investigaciones que involucran a varios Estados miembros o incluso a terceros estados en casos de delincuencia grave y organizada pone de manifiesto la necesidad de recurrir a la tecnología o «herramientas informáticas modernas» para poder ofrecer una respuesta efectiva. Para ello se ha identificado que hay que actuar con rapidez, cooperar y ser eficientes, todas estas peticiones son en las que se basaron para el desarrollo de la plataforma de intercambio y almacenamiento de información que persigue mejorar la actuación de los ECI. Además, se señalaba que el intercambio debía ser seguro y había que garantizar la protección de la información, así como el registro y tratamiento de los datos y del material probatorio obtenido[47].

Por lo tanto, podemos afirmar que la coordinación y cooperación se tornan necesarias para hacer frente a la delincuencia transfronteriza, en muchas ocasiones grave y cometida en el seno de organizaciones criminales. A nivel europeo destacamos Eurojust como facilitador, apoyo y asistente a múltiples Estados en el marco de las investigaciones y procesos penales, gracias a la labor que se desarrolla desde esta Agencia con los ECI, pero también en atención a la utilidad de los centros de coordinación y de las jornadas de acción conjunta.

Asimismo, como hemos analizado, la digitalización es una realidad que ha marcado la evolución normativa de la UE, apostando porque la tecnología favorezca la cooperación, la investigación y la prueba de estos delitos. En definitiva, que las TIC se utilicen para garantizar la eficiencia y el éxito de las operaciones que son claves para asegurar los procesos penales.

---

45. «Eurojust will actively contribute to the EU's efforts to bring cross-border criminal justice cooperation up to the state-ofthe-art digital standard». EUROJUST. Multi-annual strategy. 2025-2027...*op.cit.*

46. Véase considerando 13. Reglamento (UE) 2023/2844 del Parlamento Europeo y del Consejo, de 13 de diciembre de 2023, sobre la digitalización de la cooperación judicial y del acceso a la justicia en asuntos transfronterizos civiles, mercantiles y penales...*op.cit.*

47. Reglamento (UE) 2023/969 del Parlamento Europeo y del Consejo de 10 de mayo de 2023 por el que se establece una plataforma de colaboración en apoyo del funcionamiento de los equipos conjuntos de investigación y se modifica el Reglamento (UE) 2018/1726...*op.cit.*

Con carácter específico, no contamos con actos normativos que prevean que la realidad virtual y la realidad aumentada debe ser la vía para la coordinación o para el intercambio de información. No obstante, analizaremos cómo esta tecnología también ha sido prevista como herramienta para diferentes autoridades y estudiaremos qué ventajas y retos pueden derivarse de la tecnificación de la lucha contra esta criminalidad transnacional.

4. REALIDAD VIRTUAL Y AUMENTADA PARA FAVORECER LA COOPERACIÓN POLICIAL Y JUDICIAL

La implementación de la realidad virtual y aumentada no puede realizarse de un modo arbitrario, sino que es importante tener en cuenta diferentes extremos que podrían comprometer la apuesta por estos espacios para favorecer la cooperación.

Con carácter general, el mantenimiento de la ciberseguridad de la infraestructura digital del metaverso se plantea como uno de los principales retos jurídicos[48]. Y, con carácter específico, en el modelo de espacio virtual creado por INTERPOL, en todo caso, fueron conscientes de la importancia de la seguridad en este tipo de entornos, controlando la accesibilidad y la neutralidad mediante el acceso a la nube protegida con la que cuenta esta Organización[49].

Se configura clave para mantener la seguridad del sistema, de la formación y del intercambio de información poder autenticar la identidad de las personas que van a intervenir en el espacio virtual, ya sea con fines de capacitación como en el marco de reuniones de coordinación o para controlar la actuación[50]. En un espacio virtual donde se puede interactuar a través de avatares sería conveniente regular su funcionamiento y garantizar sistemas de autenticación seguros, ya que a diferencia de una videoconferencia la interacción en los espacios virtuales no siempre mostrará la imagen y el sonido real[51].

48. Barrio Andrés, M. «Metaverso: origen, concepto y aplicaciones». *Derecho Digital e Innovación...op.cit.*

49. Afirman que: «Al metaverso de INTERPOL se accede por el conducto de la INTERPOL Secure Cloud, la nube protegida de la Organización». INTERPOL. «INTERPOL lanza el primer metaverso policial mundial»...*op.cit*.

50. Esta cuestión ha sido planteada como un problema para las vistas por videoconferencia o por medio de otras tecnologías de comunicación a distancia, cuya normativa se regula en el Reglamento (UE) 2023/2844. Reglamento (UE) 2023/2844 del Parlamento Europeo y del Consejo, de 13 de diciembre de 2023, sobre la digitalización de la cooperación judicial y del acceso a la justicia en asuntos transfronterizos civiles, mercantiles y penales...*op.cit.*

51. Esta afirmación sin perjuicio de que los avances de los sistemas de inteligencia artificial generativa van a dificultar la verificación de la identidad a través de la imagen y del vídeo, que se podrá simular y se asemejará cada vez con más detalle a la imagen real de las personas.

Si acudimos de nuevo al Reglamento (UE) 2023/969, se incide en la importancia de garantizar un intercambio seguro de información, insistiendo en que deben ser sistemas modernos y muy seguros, aseguran que solo de este modo van a poder actuar de un modo eficaz ante las nuevas formas de criminalidad o nuevos modelos de actuación. Se prevén, incluso, algunas funciones para que los datos se eliminen de la plataforma una vez que los usuarios lo hayan descargado, de igual modo se plantea la posibilidad de utilizar «algoritmos de cifrado de extremo a extremo para cifrar los datos en tránsito o en reposo». En el caso de un diseño de un espacio de realidad virtual podría ser programado para diferentes finalidades, pudiendo programarse diferentes funciones y plantearse la instalación de diferentes mecanismos de seguridad. Además, estaríamos ante un sistema informático de gran magnitud por lo que, como ocurre en el caso de la plataforma de los ECI, podría plantearse la posibilidad de que se atribuya el desarrollo y el mantenimiento de estos espacios a la Agencia EU-LISA, controlando la integridad, seguridad y tratamiento de los datos, pero sin acceso a los datos operativos y no operativos[52].

Del mismo modo, debemos tener presente la posible interrupción del sistema o que ocurran acontecimientos imprevisibles que impidan que la comunicación y/o actuación se pueda materializar de forma digitalizada. En el Reglamento 2023/2844 se remite a la utilización de otras vías alternativas que se caractericen por la rapidez y la seguridad, pudiendo ser «otros medios electrónicos» pero además servicios postales u otro tipo de vía no tecnológica. Sin embargo, es relevante atender a que el artículo 3.2 del citado Reglamento deja vía abierta a la utilización de otros medios de comunicación, que no restringirían la posible comunicación e intercambio en estos espacios virtuales. En el marco, por ejemplo, de una jornada de acción conjunta, que implique una actuación simultánea e inminente, el retraso de la misma podría comprometer su eficacia, es por ello que sería necesario contar con otras vías e, incluso, otros entornos virtuales de emergencia por si se compromete el espacio de uso habitual.

En atención al Reglamento 2023/2844 trasladamos al posible desarrollo de entornos virtuales la necesidad de contar con especificaciones técnicas diversas, incluyendo aquellas respecto a la autenticación de identidad, medidas técnicas que garanticen un nivel adecuado de ciberseguridad, requisitos técnicos, así como de los protocolos de comunicación a seguir[53].

Por último, se ha identificado a nivel europeo que la creación de nuevos sistemas informáticos debe suponer que se complementen otras herramien-

52. Reglamento (UE) 2023/969 del Parlamento Europeo y del Consejo de 10 de mayo de 2023 por el que se establece una plataforma de colaboración en apoyo del funcionamiento de los equipos conjuntos de investigación y se modifica el Reglamento (UE) 2018/1726...*op.cit.*

53. Reglamento (UE) 2023/2844 del Parlamento Europeo y del Consejo, de 13 de diciembre de 2023, sobre la digitalización de la cooperación judicial y del acceso a la justicia en asuntos transfronterizos civiles, mercantiles y penales...*op.cit.*

tas existentes y que no debe dejarse al margen la coordinación entre todas las Agencias, órganos y organismos existentes[54]. Además, se deber salvaguardar la normativa vigente a nivel de la UE, garantizando en todo caso un tratamiento adecuado de los datos y de los derechos de las personas involucradas.

En atención a todas estas características que deben ser tenidas en cuenta, en el presente estudio, analizaremos dos tipos de utilización de estas tecnologías que podrían ser clave para actuar contra la ciberdelincuencia y otros tipos de delincuencia transfronteriza compleja. Por un lado, destaca la importancia del conocimiento del funcionamiento del metaverso, sus límites y sus ventajas, por parte de las autoridades que van a tener que materializar la investigación y obtener material probatorio. Y, por otro lado, va a ser destacable como, en atención al funcionamiento previamente analizado, podría favorecer las herramientas y mecanismos de actuación conjunta que ya se están utilizando para poder intervenir ante las formas delictivas más graves y complejas.

En primer lugar, se puede configurar como un espacio de formación y capacitación[55], cuestión clave para poder afrontar, por parte de las autoridades policiales y judiciales las amenazas que se derivan del uso de las tecnologías y de los espacios virtuales por parte de los delincuentes. Además, no solo puede preverse como herramienta de formación para actuar ante ciberdelitos, sino que se puede configurar como vía de entrenamiento y capacitación para actuar ante situaciones de crisis o delitos graves, como podría ser el terrorismo. Existen algunas situaciones críticas que por su magnitud y peligrosidad podrían comprometer la seguridad e integridad física de las autoridades policiales y de otros operadores jurídicos que necesiten capacitación para responder a este tipo de incidencias[56].

---

54. De este modo lo hace el legislador cuando hace referencia a que «la plataforma de colaboración de los ECI debe complementar las herramientas existentes que permiten el intercambio seguro de datos entre las autoridades judiciales, policiales y aduaneras, como la Aplicación de la Red de Intercambio Seguro de Información (SIENA, por sus siglas en inglés) gestionada por la Agencia de la Unión Europea para la Cooperación Policial (Europol)». Reglamento (UE) 2023/969 del Parlamento Europeo y del Consejo de 10 de mayo de 2023 por el que se establece una plataforma de colaboración en apoyo del funcionamiento de los equipos conjuntos de investigación y se modifica el Reglamento (UE) 2018/1726...*op.cit.*

55. Como ha ocurrido con la aparición de otras tecnologías, ya se utilizaban realidades virtuales para entrenamiento militar, de astronautas, pilotos de aviones, entre otros. Véase análisis que se realiza en profundidad en: Lastiri Santiago, M. «El metaverso: origen, evolución y retos actuales». *La Ley Mercantil...op.cit.*

56. Como señala Magro Servet se podrían «llevar a la práctica las denominadas "experiencias piloto" que entrañarían menor riesgo de daños reales si se llevan a la práctica en el terreno de la "realidad virtual" que en el de la "realidad física" en la que vivimos». Magro Servet, V. «Proyección en el metaverso de la Administración de Justicia en la solución de conflictos». *Diario La Ley...op.cit.*

Asimismo, la digitalización a todos los niveles de la cooperación judicial requerirá de formación adecuada que permita a las autoridades policiales, judiciales, fiscales y al personal administrativo garantizar un uso efectivo de los recursos que configuren el nuevo paradigma de la cooperación digitalizada. Los espacios virtuales favorecerán la creación y la inmersión en entornos que se asemejarán a la realidad y podrán simular todo tipo de escenarios; desde atentados terroristas u otro tipo de crisis, a aularios o salas dentro de Agencias de cooperación establecidas, como son los centros de coordinación y las salas de reunión de Eurojust.

Hace varios años se impulsó el desarrollo de los denominados «gemelos digitales», definidos como la «réplica virtual de un producto, proceso o sistema» que en el ámbito laboral e industrial permiten «aumentar la productividad mediante el mantenimiento predictivo»[57], pero además favorece la capacitación y la simulación.

La realidad virtual permitirá simular diferentes intervenciones, adecuándolas al espacio del medio físico real en el que se van a ejecutar, pudiendo prever errores graves que podrían comprometer no solo la seguridad de los agentes que las materializan sino también la investigación y el proceso penal en su totalidad. De igual modo, la realidad aumentada podría ser utilizada para capacitar la actuación operativa[58] y favorecer el contacto en directo con los centros de coordinación y mando.

En segundo lugar, en lo que respecta al otro objetivo, es importante destacar que ya se identificaron por INTERPOL algunas ventajas que ofrece el desarrollo y la apuesta por este tipo de espacios virtuales. Destacaron, por un lado, a nivel estratégico y de organización, el «trabajo a distancia, [...], y la impartición de cursos». Pero, por otro lado, se recogieron algunas cuestiones positivas que podrían potenciar la cooperación y colaboración incluso a nivel operativo, como «la creación de redes de contacto» o «la recogida y la conservación de pruebas en el lugar del delito»[59].

Todas estas ventajas son importantes para potenciar la represión delictiva de la ciberdelincuencia, así como para esclarecer y probar los delitos complejos, como lo son los relativos a la delincuencia organizada. En este segundo caso, la previa capacitación e inmersión en un espacio virtual desarrollado en un contexto formativo podría contribuir a la práctica de intervenciones directas en otros espacios virtuales. Incluso podría favorecer la práctica de algunas diligencias de investigación y la obtención de material probatorio en

57. Comunicación de la Comisión al Parlamento Europeo, al Consejo, al Comité Económico y social europeo y al Comité de las regiones. Una Estrategia Europea de Datos. COM (2020) 66 final. Bruselas, 19 de febrero de 2020.

58. En este sentido se ha desarrollado el proyecto DARLENE. Véase sitio web: https://www.darleneproject.eu/ (Última consulta: 01/11/2024).

59. INTERPOL. «INTERPOL lanza el primer metaverso policial mundial»...*op.cit.*

estos entornos, aun cuando nos encontremos con espacios virtuales configurados como canales cerrados de comunicación.

El trabajo de expertos en los espacios virtuales podría favorecer la recogida y conservación de pruebas en este lugar de comisión del delito, con mayor probabilidad de éxito que si fueran recogidas por autoridades que no han sido capacitadas ni familiarizadas con estos entornos. Quizá el aseguramiento de este tipo de espacios virtuales o la inspección ocular en ellos no sea algo que deba obviarse por la propia configuración informática del entorno. El avance de la inmersión virtual, gracias a la evolución de la tecnología y los dispositivos de realidad virtual, va a provocar que la práctica de este tipo de reconocimientos no sea algo futurista y excepcional.

Por su parte, la utilización de realidad aumentada podría ser un auxilio para las personas que configuran los equipos de actuación operativa, ya que como hemos analizado el apoyo operativo también caracteriza a las grandes agencias y organismos que trabajan para conseguir una cooperación más efectiva y digitalizada. Podemos encontrar dos tipos de escenarios, uno de ellos podría responder a una jornada de actuación conjunta, que permita no solo coordinar actuaciones simultáneas sino guiarlas de un modo inmersivo. Y, por otro lado, otra de las utilidades podría ser el análisis de un espacio físico que permita interactuar, realizar registros fotográficos, generar el espacio en 3d, detección de fuentes de prueba relevantes, etc., en atención a una programación y configuración en la que podrían haberse utilizado otras tecnologías disruptivas punteras como lo es la inteligencia artificial.

Como hemos señalado, la coordinación y la actuación conjunta se está convirtiendo en una necesidad para poder hacer frente a la delincuencia transnacional que cada vez es más frecuente debido a la globalización. Aunque no nos encontramos con un fenómeno nuevo, la delincuencia organizada y compleja sí se sirve de las tecnologías más punteras para actuar buscando la mayor probabilidad de que queden ocultas e impunes sus actividades. Con la expansión de internet y la combinación con otras herramientas tecnológicas, la práctica delictiva se vuelve más segura y, es por ello, que todas las autoridades deben estar preparadas para actuar en todo tipo de escenarios y hacer frente a todo tipo de actuaciones delictivas híbridas, *online* puras y *offline*.

5. REFLEXIONES FINALES: INTELIGENCIA ARTIFICIAL COMO OPORTUNIDAD PARA LA COOPERACIÓN

La relación de la IA con los espacios virtuales o metaversos es una evidencia. El Grupo de Expertos en Metaverso de INTERPOL ha concluido que el futuro del metaverso como herramienta de aplicación de la ley para las autoridades competentes va a incluir la integración de la IA[60]. La IA permite y favorecerá que estos se revistan de diferentes funcionalidades, entre las que destacaremos algunas que hemos considerado esenciales.

La inteligencia artificial ya se ha identificado como clave para el desarrollo de oportunidades vanguardistas para las diferentes autoridades policiales que tienen que enfrentarse a la detección, persecución e investigación de casos delictivos complejos; delitos en los que podemos enmarcar el terrorismo y la delincuencia transnacional. En este sentido y para estos fines se puso en marcha la plataforma derivada del proyecto INSIGHT basada en el análisis de datos mediando técnicas de IA, obteniendo un análisis operativo y estratégico avanzado[61].

La inteligencia artificial se ha identificado como una tecnología óptima para fomentar la creación de espacios de formación diversos y dinámicos, así como herramienta para favorecer la simulación y predicción[62].

En los últimos años es destacable el avance y el desarrollo exponencial de la Inteligencia artificial generativa, servirse de esta tecnología va a ser fundamental para optimizar el desarrollo de espacios virtuales y para reforzar su funcionamiento, con indiferencia al objetivo perseguido; formación, investigación o actuación operativa. La creación tridimensional y realista de los espacios virtuales o de los escenarios de entrenamiento, así como de los avatares, objetos o escenas, se va a poder servir del avance de la IA generativa; la utilización de modelos multimodales con este tipo de funciones va a permitir facilitar y agilizar la creación de estos espacios.

Asimismo, se conseguirían simulaciones más realistas que permitan predecir y adecuarse a contextos reales. El *deep learning* favorece la creación de espacios complejos más interactivos. De igual modo, el recurso a este tipo de tecnología podrá ser de utilidad para el auxilio operativo, ya sea en el marco de los centros o reuniones de coordinación, como en relación con la realidad aumentada de la que pueden servirse diferentes unidades especiales capacitadas para intervenir en casos complejos.

En los últimos años, como ya hemos señalado, destacan los gemelos digitales, que se sirven de la inteligencia artificial para hacer predicciones, en base a datos. Esto puede favorecer la preparación de operativos que se van a tener que materializar en espacios reales, ya que la planificación puede ser más realista y la preparación más específica para ese contexto *offline*

60. INTERPOL. «Metaverse: a law enforcement perspective. Use Cases, Crime, Foderensics, Investigation, and Governance»...*op.cit.*

61. INTERPOL. INSIGHT. Consultado en: https://www.interpol.int/es/Como-trabajamos/Analisis-de-informacion-criminal/INSIGHT (Última consulta: 01/11/2024).

62. INTERPOL. «Metaverse: a law enforcement perspective. Use Cases, Crime, Foderensics, Investigation, and Governance»...*op.cit.*

concreto que se ha recreado haciendo uso de la IA; desarrollando el denominado «gemelo digital». Esto favorecerá el desarrollo de gemelos digitales de objetos, máquinas, infraestructuras o lugares críticos de cada Estado, propiciando no solo el control remoto sino también el desarrollo de planes de seguridad y de intervención en caso de emergencia[63].

En relación con la utilización de la realidad aumentada en el marco operativo, en casos complejos, es importante combinar la tecnología de realidad aumentada con sistemas de inteligencia artificial. Sistemas que permitan una lectura e interpretación rápida de datos, análisis de estado fisiológico de las personas a través de pulseras inteligentes, garantizar una visión inteligente, entre otros. Funciones que se sirven de sistemas de IA, de la programación de algoritmos, que ya han sido identificadas entre los objetivos del proyecto DARLENE[64].

Además, en estos casos, cuando se incorpora inteligencia artificial para auxiliar y favorecer en la cooperación judicial a nivel transnacional[65] nos encontraremos ante sistemas de IA que han sido catalogados de alto riesgo, lo que implicará el cumplimiento de los requisitos que se han previsto en el artículo 8 y siguientes del Reglamento (UE) 2024/1689 del Parlamento Europeo y del Consejo; respecto al sistema de gestión de riesgos, a los datos y la gobernanza de datos, a la documentación técnica, a la conservación de registros, a la transparencia y comunicación de información a los responsables del despliegue, a la supervisión humana, etc.[66].

El desarrollo de estos espacios virtuales puede suponer una ventaja, pero también, como ya hemos adelantado, un riesgo elevado. Nos encontramos ante operaciones policiales y procesos penales que requieren una seguridad reforzada. Las brechas en estos sistemas podrían comprometer no solo la seguridad de los agentes de policía, sino que también pueden poner en jaque bienes jurídicos como la vida y la integridad física de múltiples personas. La existencia de brechas de seguridad podría permitir el acceso de organizacio-

63. BARRIO ANDRÉS, M. «Metaverso: origen, concepto y aplicaciones». *Derecho Digital e Innovación…op.cit.*

64. Véase sitio web del proyecto DARLENE…*op.cit.*

65. Véase el análisis que realiza MARTÍN DIZ sobre la utilización de la IA en el marco de la cooperación judicial penal internacional. MARTÍN DIZ, F. «Capítulo VII. Inteligencia artificial y cooperación judicial penal internacional: instrumentos y posibilidades». *El uso de las TICs en la cooperación jurídica penal internacional: construyendo la sociedad digital del futuro.* A Coruña: Colex, 2022, pp. 135-160.

66. Reglamento (UE) 2024/1689 del Parlamento Europeo y del Consejo, de 13 de junio de 2024, por el que se establecen normas armonizadas en materia de inteligencia artificial y por el que se modifican los Reglamentos (CE) n.° 300/2008, (UE) n.° 167/2013, (UE) n.° 168/2013, (UE) 2018/858, (UE) 2018/1139 y (UE) 2019/2144 y las Directivas 2014/90/UE, (UE) 2016/797 y (UE) 2020/1828 (Reglamento de Inteligencia Artificial). «DOUE» núm. 1689, de 12 de julio de 2024, pp. 1-144.

nes criminales o delincuentes a los medios de coordinación de una operación transfronteriza a gran escala, la posible interrupción del servicio y de la conexión en medio de un operativo, el fallo de una intervención offline que persigue desarticular alguna de estas organizaciones, entre otros escenarios que pueden provocar daños irreparables para personas y Estados. Comprometiendo, en todo caso, la eficacia y el éxito del proceso penal. Lo que podría favorecer, además, que las personas involucradas no sean identificadas y queden impunes.

La apuesta por estas tecnologías puede contribuir a la digitalización que se persigue a nivel de la UE e, incluso, más allá de las fronteras europeas. Implementar todas las ventajas que ofrecen las tecnologías disruptivas al ámbito de la cooperación como se reconoce en el Reglamento (UE) 2023/2844 mejorará la eficiencia y la efectividad de los diferentes procesos penales[67]. Procesos incoados por delitos graves y complejos que requerirán el recurso a las herramientas de cooperación por motivo de la complejidad o gravedad delictiva, pero también debido a la posible digitalización o tecnificación del *modus operandi*.

Por lo tanto, de un modo paralelo al desarrollo y a la apuesta por la digitalización deben salvaguardarse todas las garantías inherentes al proceso penal, para lo cual no solo se va a tener que asegurar el cumplimiento de la normativa vigente en materia de protección de datos y relativas a otros derechos de las personas investigadas, sino que también se va a tener que centrar la atención en conseguir, sin excepción, sistemas que cuenten con elevados niveles de seguridad. Los cuales, además, podrán reforzar diferentes derechos fundamentales; como del derecho a la vida privada y familiar, derecho a la protección de datos de carácter personal[68].

Y, por último, se va a tener que garantizar que los intercambios de datos y la colaboración transfronteriza se desarrolle a través de sistemas que sean: rápidos, interoperables, fiables, accesibles, seguros, confidenciales y eficientes[69]. La apuesta tecnológica sin estas características se aleja del objetivo deseado, con la posible concurrencia de consecuencias graves, que afecten a Estados, autoridades competentes o a cualquier persona.

67. Véase considerando 4. Reglamento (UE) 2023/2844 del Parlamento Europeo y del Consejo, de 13 de diciembre de 2023, sobre la digitalización de la cooperación judicial y del acceso a la justicia en asuntos transfronterizos civiles, mercantiles y penales...*op.cit.*

68. *Ibidem.*

69. Características que fueron identificadas como claves para la regulación del sistema informático descentralizado como instrumento uniforme de tecnología que favorecerá el intercambio transfronterizo de datos de forma segura a nivel de la UE. Véase considerando 8. Reglamento (UE) 2023/2844 del Parlamento Europeo y del Consejo, de 13 de diciembre de 2023, sobre la digitalización de la cooperación judicial y del acceso a la justicia en asuntos transfronterizos civiles, mercantiles y penales...*op.cit.*

6. BIBLIOGRAFÍA

BARRIO ANDRÉS, M. «Metaverso: origen, concepto y aplicaciones». *Derecho Digital e Innovación*, n.º 12. Wolters Kluwer, segundo trimestre de 2022.

BERMUDEZ CABALLERO, M.P., MEJÍA CORREDO, C., RINCÓN ROMERO, J.C. «Realidad aumentada vs. Realidad virtual: Una revisión conceptual». *Teknos Revista Científica*, 19 (2), 2019, pp. 10-19.

BLANDINO LÓPEZ, N. «El metaverso y los nuevos retos sobre protección de datos, derechos de autor y responsabilidad jurídica». *Derecho Digital e Innovación*, n.º 19. La Ley, primer trimestre de 2024.

BUENO DE MATA, F. «Del metaverso a la metajurisdicción: desafíos legales y métodos para la resolución de conflictos generados en realidades virtuales inmersivas». *Revista de Privacidad y Derecho Digital*, n.º 27. Madrid, julio-septiembre 2022, pp. 19-59.

CATÁLOGO EUROJUST. 2020. ISBN 978-92-9490-495-9. Consultado en:

https://www.eurojust.europa.eu/sites/default/files/2020-12/2020-08_Generic-factsheet_public_Final4_ES.pdf (Última consulta: 01/11/2024).

COMITÉ ECONÓMICO Y SOCIAL EUROPEO. Dictamen de la Comisión consultiva de las transformaciones industriales: Iniciativa sobre mundos virtuales, como el metaverso. CCMI/206. 19 de abril de 2023.

Comunicación de la Comisión al Parlamento Europeo, al Consejo, al Comité Económico y social europeo y al Comité de las regiones. Una Estrategia Europea de Datos. COM (2020) 66 final. Bruselas, 19 de febrero de 2020.

DÍAZ MARTÍNEZ, M. «El factor criminógeno de las TIC». *El proceso penal en la sociedad de la información. Las nuevas tecnologías para investigar y probar el delito*, edición n.º 1. Madrid: Editorial La Ley, 2012.

Decisión marco del Consejo, de 13 de junio de 2002, sobre equipos conjuntos de investigación. DO L 162 de 20 de junio de 2002, pp. 1-3.

EUROJUST. Informe anual. 2023. Consultado en:

https://www.eurojust.europa.eu/sites/default/files/assets/files/ar2023-final-digital-es.pdf (Última consulta: 01/11/2024).

EUROJUST. Multi-annual strategy. 2025-2027. ISBN 978-92-9404-315-3.

INTERPOL. Informe resumido sobre las tendencias de la delincuencia a escala mundial. Secretaria General de INTERPOL, 2022.

INTERPOL INSIGHT. Consultado en:

https://www.interpol.int/es/Como-trabajamos/Analisis-de-informacion-criminal/INSIGHT (Última consulta: 01/11/2024).

INTERPOL. «INTERPOL lanza el primer metaverso policial mundial». 20 de octubre de 2022. Consultado en:

https://www.interpol.int/es/Noticias-y-acontecimientos/Noticias/2022/INTERPOL-lanza-el-primer-metaverso-policial-mundial (Última consulta: 01/11/2024).

INTERPOL. Los delitos financieros y los cometidos por Internet son los que más preocupan a la policía de todo el mundo, según un nuevo informe de INTERPOL. 19 de octubre de 2022.

INTERPOL. «Metaverse: a law enforcement perspective». *Use Cases, Crime, Forensics, Investigation, and Governance*. January, 2024.

Lastiri Santiago, M. «El metaverso: origen, evolución y retos actuales». *La Ley Mercantil*, n.º 99. La Ley, febrero 2023.

López Cumbre, L. «Relaciones laborales «por», «para» y «en» el metaverso». *Diario La Ley*, n.º 10033. La Ley, 21 de marzo de 2022.

Magro Servet, V. «Proyección en el metaverso de la Administración de Justicia en la solución de conflictos». *Diario La Ley*, n.º 10071. Wolters Kluwer, 18 de mayo de 2022.

Martín Diz, F. «Capítulo VII. Inteligencia artificial y cooperación judicial penal internacional: instrumentos y posibilidades». *El uso de las TICs en la cooperación jurídica penal internacional: construyendo la sociedad digital del futuro*. A Coruña: Colex, 2022, pp. 135-160.

Reglamento (UE) 2018/1727 del Parlamento Europeo y del Consejo de 14 de noviembre de 2018 sobre la Agencia de la Unión Europea para la Cooperación Judicial Penal (Eurojust) y por la que se sustituye y deroga la Decisión 2002/187/JAI del Consejo. DOUE L 295.

Reglamento (UE) 2023/2131 del Parlamento Europeo y del Consejo, de 4 de octubre de 2023, por el que se modifican el Reglamento (UE) 2018/1727 del Parlamento Europeo y del Consejo y la Decisión 2005/671/JAI del Consejo en lo que respecta al intercambio de información digital en casos de terrorismo. DOUE L 149 de 30 de abril de 2021.

Reglamento (UE) 2023/2844 del Parlamento Europeo y del Consejo, de 13 de diciembre de 2023, sobre la digitalización de la cooperación judicial y del acceso a la justicia en asuntos transfronterizos civiles, mercantiles y penales, y por el que se modifican determinados actos jurídicos en el ámbito de la cooperación judicial. «DOUE» núm. 2844, de 27 de diciembre de 2023, pp. 1 – 29.

Reglamento (UE) 2023/969 del Parlamento Europeo y del Consejo de 10 de mayo de 2023 por el que se establece una plataforma de colaboración en apoyo del funcionamiento de los equipos conjuntos de investigación y se modifica el Reglamento (UE) 2018/1726. «DOUE» núm. 132, de 17 de mayo de 2023, pp. 1 – 20.

Reglamento (UE) 2024/1689 del Parlamento Europeo y del Consejo, de 13 de junio de 2024, por el que se establecen normas armonizadas en materia de inteligencia artificial y por el que se modifican los Reglamentos (CE) n.º 300/2008, (UE) n.º 167/2013, (UE) n.º 168/2013, (UE) 2018/858, (UE) 2018/1139 y (UE) 2019/2144 y las Directivas 2014/90/UE, (UE) 2016/797 y (UE) 2020/1828 (Reglamento de Inteligencia Artificial). «DOUE» núm. 1689, de 12 de julio de 2024, pp. 1-144.

Vasco Gómez, A. «El derecho penal español en los delitos sexuales cometidos en el metaverso. Aplicabilidad y soluciones frente a un problema presente y futuro». *Revista Internacional de Cultura Visual*, 2022, pp 2-15. ISSN 2695-9631.

WORLD ECONOMIC FORUM. Defining and building the Metaverse. Consultado en:

https://initiatives.weforum.org/defining-and-building-the-metaverse/home

(Última consulta: 01/11/2024).

Sitio web del proyecto DARLENE:

https://www.darleneproject.eu/about/

(Última consulta: 01/11/2024).

Sitio web de Eurojust. Consultado en:

https://www.eurojust.europa.eu/

(Última consulta: 01/11/2024).

DECOMISO EUROPEO: UNA HERRAMIENTA DE COOPERACIÓN PENAL INTERNACIONAL

Paulo Ramón Suárez Xavier

Profesor Ayudante Doctor de Derecho Procesal
Universidad de Málaga

Sumario: 1. Introducción: el decomiso y figuras afines; 1.1. Decomiso civil, decomiso administrativo y decomiso penal; 2. El reglamento (UE) 2018/1805 sobre el reconocimiento mutuo de resoluciones de embargo y decomiso; 3. La regulación procesal del decomiso europeo en la ley 23/2014, de 20 de noviembre, sobre reconocimiento mutuo de resoluciones penales en la unión europea; conclusiones.

Resumen: este estudio explora la evolución de la regulación del decomiso como herramienta de cooperación penal internacional en la unión europea. Para ello, analiza la naturaleza y los orígenes del concepto, su regulación en la normativa de la unión europea y su aplicación en el ordenamiento jurídico español, con especial énfasis en el reconocimiento de resoluciones de decomiso emitidas por otros estados miembros.

Palabras clave: decomiso, unión europea, reconocimiento mutuo, cooperación penal internacional, procedimiento.

1. INTRODUCCIÓN: EL DECOMISO Y FIGURAS AFINES

El decomiso surge por primera vez en nuestro ordenamiento jurídico en el Código Penal de 1822, aunque sus orígenes, tal y como pone de manifiesto Escriche[1], remontan al término del latín *comissum*, que se representa por la

1. Escriche, Joaquín. *Diccionario razonado de la legislación civil, penal, comercial y forense*. Editorial UNAM. Ciudad de México, 1993, p. 173.

pena accesoria aplicada, relativa a la pérdida de la cosa, impuesta a quienes ejercían el comercio de géneros prohibidos.

Este mismo concepto, de *comissum*, también podrían referirse a los propios bienes sobre los cuales recae la pena de decomiso, es decir, en sus orígenes, dicho término no guardada precisión conceptual suficiente para alcanzar una autonomía y, además, no se trataba como una actuación procesal, sino que se insertaba en el ámbito civil.

En este sentido, tal y como pone de manifiesto Garrido Carrillo, este instituto jurídico ha estado buscando desarrollar su identidad propia en el ámbito interno de los Estados, sin embargo de que se haya desarrollado de forma importante en el ámbito del Derecho de los Tratados, especialmente el Convenio sobre blanqueo, registro, incautación y decomiso del producto del crimen, hecho en Estrasburgo en 08 de noviembre de 1990 y el Convenio sobre blanqueo, registro, incautación y confiscación del producto del delito y sobre la financiación del terrorismo, hecho en Varsovia en 16 de mayo de 2005.

Otros textos, como la Convención de las Naciones Unidas contra el tráfico ilícito de estupefacientes y sustancias Sicotrópicas del 1988, hecha en Viena el 20 de diciembre de 1988 y la Convención de las Naciones Unidas contra la delincuencia organizada transnacional del 2000, han tratado de establecer conceptos para el término, sin que se estableciera un procedimiento, tarea que ha quedado a cargo de cada Estado, al tratarse de una regulación procesal.

En la misma línea, la Unión Europea ha estado trabajando en la obtención de una regulación uniforme del decomiso, con vistas al fortalecimiento del combate a la criminalidad transnacional en el ámbito interno de la Unión Europea[2], por lo que nos encontramos con la Directiva 2014/42/UE del Parlamento Europeo y del Consejo de 3 de abril de 2014, sobre el embargo y el decomiso de los instrumentos y del producto del delito en la Unión Europea, así como el Reglamento de la Unión Europea 2018/1805, de 14 de noviembre de 2018 sobre el reconocimiento mutuo de las resoluciones de embargo y decomiso.

Tales alteraciones han repercutido en nuestro ordenamiento desde una doble perspectiva. Por un lado, concretando el procedimiento de decomiso en nuestra legislación procesal, por medio de la reforma de la Ley de Enjuiciamiento Criminal, que en su Título VIII pasó a abrigar la regulación procesal de las resoluciones de decomiso y, por otro lado, con el reconocimiento mutuo de resoluciones penales, incluidas las de decomiso en el ámbito de la Unión Europea, tal y como dispone la Ley 23/2014, de 20 de noviembre, de reconocimiento mutuo de resoluciones penales en la Unión Europea.

---

2. Morán Martínez, Rosa A. «El decomiso: regulación en la Unión Europea y estado de su aplicación en España». En Arangüena Fanego, Coral. *Espacio Europeo de libertad, seguridad y justicia. Últimos avances en cooperación judicial penal*, Ed. Lex Nova. Valladolid, 2010, p. 387.

En este sentido, lo primero que debemos tener claro es que en el ámbito de la Unión Europea la única hipótesis de reconocimiento mutuo soportada por la cooperación internacional se refiere al decomiso judicial, excluido el denominado decomiso administrativo o tributario (en materia aduanera) y el decomiso civil, también conocido como *Unexplained Wealth Orders* (UWOs).

Por ello, con vistas a mejor definir el marco teórico en el que se inserta el reconocimiento mutuo de decisiones de decomiso en la UE, empezaremos por diferenciar el decomiso penal y la resolución que le fundamenta del denominado decomiso administrativo y del decomiso civil.

1.1. Decomiso civil, decomiso administrativo y decomiso penal

El decomiso, tal y como hemos puesto de manifiesto con anterioridad, encuentra su fundamento histórico en la acción comisoria o pacto comisorio, cuyos orígenes nos remiten al derecho romano. El *comissum*, en este sentido, tal y como pone de manifiesto Rubio Maestre, se refiere a la cosa de la cual uno ha sido privado obrando contrariamente a las propias obligaciones, de forma que el derecho perdido pasa con esta actuación a otro[3].

En otras palabras, el comiso civil se correspondería al derecho real de garantía del artículo 1866 del Código Civil, es decir, el derecho de prenda, que es el derecho por medio del cual el deudor da derecho al acreedor para retener la cosa en su poder o en el de la tercera persona a quien hubiese sido entregada, hasta que se le pague el crédito.

No se puede, por ello, confundir el pacto comisorio del ámbito civil con el decomiso en el ámbito penal, ya que mientras uno nace del incumplimiento de una obligación exclusivamente civil garantizada por el propio deudor por el derecho de prenda, el decomiso surge de la comisión de un ilícito penal.

Algunos autores[4], en este sentido, confunden el *comissum* de origen en el Derecho Romano con las *civil forfeiture* del *common law*, que se aproxima más al concepto de expropiación forzosa que al concepto de decomiso civil, aunque manifieste efectos incontestablemente en la esfera civil, con la pérdida de la propiedad.

La principal diferencia de las *civil forfeiture*[5] del *common law* con relación al decomiso es que mientras la resolución de decomiso recae sobre el sujeto

3. Rubio Maestre, Tomás. «El pacto comisorio». *Anales de la Universidad de Murcia (Derecho),* 1961, p. 191-230.

4. Por todos, véase Blanco Cordero, Isidoro. «El debate en España sobre la necesidad de castigar penalmente el enriquecimiento ilícito de empleados públicos». *Revista Electrónica de Ciencia Penal y Criminología*, núm. 19-16, pp. 1-35.

5. Nelson, Caleb. «The constitutionality of civil forfeiture».*Yale LJ*, 2015, vol. 125, p. 2446.

titular de los bienes decomisados, en las *civil forfeiture* la acción se dirige al bien, no al sujeto, lo que implica que mientras la adquisición de los bienes decomisados por el Estado se constituye como un título derivativo, las *civil forteiture* se constituyen como un título originario[6].

Aunque se trate de una cuestión eminentemente conceptual, los reflejos de la equiparación de ambos institutos implicarían igualar dos títulos que son absolutamente distintos y cuyos efectos jurídicos de la declaración de nulidad de la sentencia de condena penal serían también distintos, ya que en un caso podría implicar la nulidad de la declaración de decomiso y en el otro posiblemente no tendría cualquier transcendencia jurídica.

En este sentido, nos parece absolutamente imprescindible comprender que el decomiso como pena accesoria de pérdida de los efectos y objetos del delito no puede ni debe ser confundido con la expropiación o con la denominada confiscación general[7], que ha quedado abolida en la casi generalidad de los ordenamientos jurídicos, restando como principal ejemplo de esta modalidad de limitación al derecho de propiedad la confiscación de glebas en las que se cultiven sicotrópicos, presente en el entorno europeo y especialmente iberoamericano[8].

En este caso, al depender de un procedimiento de expropiación autónomo y no de la sentencia penal condenatoria, tal y como ocurre con las *civil forteiture*, no se podrían equiparar, en nuestra humilde opinión, tales institutos con el decomiso de bienes, aunque la finalidad de ambos institutos finalmente sea la misma.

En cuanto al decomiso administrativo, señalado por muchos autores como una huida hacia el Derecho Administrativo, considerando la ineficiencia demostrada por la tutela penal en numerosas ocasiones[9], sin embargo, de que en nuestro ordenamiento jurídico lo que efectivamente exista sea la posibilidad de retención de bienes por parte de la Administración Tributaria, tal y como disponen los artículos 80 de la Ley General Tributaria y 74, apartado 3 del Reglamento del Impuesto sobre el Valor Añadido.

---

6. Sobre la distinción entre títulos originarios y derivativos de adquisición de la propiedad véase Da Silva Solla, Paulo Ramon. «Novos rumos do direito de propriedade: para entender a questão da desapropriação». *Revista Eletrônica da Faculdade de Direito.* ISSN 1984-1094, 2010, no 3, pp. 1-29.

7. Del Teso, Ana E. Carrillo. «Recuperación de activos en el sistema penal alemán: luces y sombras del actual régimen de decomiso de ganancias». *Revista Brasileira de Direito Processual Penal*, 2020, vol. 6, no 2, p. 584.

8. Un buen ejemplo de ello se encuentra en la Constitución Brasileña de 1988, cuyo artículo 243 determina que: *«Las propiedades rurales y urbanas en cualquier región del país donde se ubiquen cultivos ilícitos de plantas psicotrópicas o la explotación de mano de obra esclava bajo la ley serán expropiadas y destinadas a programas de reforma agraria y vivienda popular, sin indemnización alguna al propietario y sin perjuicio de las demás sanciones previstas en la ley, observando, en su caso, lo dispuesto en el art. 5».*

9. Rui, Jon Petter, «The Civil Asset Forfeiture Approach to Organised Crime. Exploring the Possibilities for an EU Model». *Eucrim*, n.° 4, pp. 153- 161.

No se trata, en este caso, de un decomiso como parece defender parte de la doctrina, sino más bien un derecho real de garantía que ostenta la Administración Tributaria frente a todos los ciudadanos, de forma a garantizar el cumplimiento de las obligaciones tributarias ante el tráfico de mercancías.

En conclusión, podríamos afirmar que en el ámbito del ordenamiento jurídico español no nos encontramos ante la figura del decomiso administrativo, ni tampoco de decomiso civil, no cabiendo extender la naturaleza civil o administrativa al decomiso sin condena del artículo 127 ter del Código Penal, ya que en este caso seguimos en el ámbito penal, especialmente con la incidencia del principio *nemo auditur propiam turpitudinem allegans*.

2. EL REGLAMENTO (UE) 2018/1805 SOBRE EL RECONOCIMIENTO MUTUO DE RESOLUCIONES DE EMBARGO Y DECOMISO

Tal y como pone de manifiesto González Cano, en el ámbito transfronterizo es donde nos encontramos de manera más acusada y manifiesta con las dificultades en la lucha contra la ocultación de los bienes y beneficios productos del delito y de la criminalidad transnacional[10].

En este sentido, atendiendo al principio de subsidiariedad, la Unión Europea ha aprobado el Reglamento UE 2018/1805, que establece normas sobre el reconocimiento mutuo de sentencias de embargo y decomiso en el ámbito de la Unión.

En este sentido, su artículo 1 se excluyen las resoluciones de embargo en materia civil y administrativa, ya que en su apartado 1 se establece su aplicabilidad para los casos en los que n Estado miembro reconoce y ejecuta en su territorio resoluciones de embargo y resoluciones de decomiso dictadas por otro Estado miembro en el marco de un procedimiento en materia penal.

Al tratar de las definiciones, el artículo 2 define el decomiso como sanción o medida firme impuesta por un órgano jurisdiccional a raíz de un procedimiento relativo a un delito, que tenga como resultado la privación definitiva de bienes de una persona física o jurídica, cuyo objeto puede incluir bienes, productos o instrumentos del delito[11].

---

10. GONZÁLEZ CANO, María Isabel. *El decomiso como instrumento de la cooperación judicial en la Unión Europea y su incorporación al proceso penal español*. Ed. Tirant lo Blanch, Valencia, 2016, p. 15.

11. Según el mismo artículo 2 se entiende por:
3) «bienes»: cualquier tipo de bienes, ya sean materiales o inmateriales, muebles o inmuebles, así como los documentos o instrumentos jurídicos acreditativos de un título o derecho sobre esos bienes que, a juicio de la autoridad de emisión:
a)sean el producto de la comisión de un delito, o su equivalente, tanto si se trata de la

El reconocimiento mutuo, sin embargo, no se aplica a la generalidad de las resoluciones de decomiso dictadas en el ámbito de la Unión Europea, sino que según los requisitos previstos en el artículo 3 del Reglamento, que establece que una resolución de resolución de decomiso se ejecutará sin verificación de la doble incriminación de los hechos que le dieron lugar cuando esos hechos sean punibles en el Estado de emisión con una pena máxima privativa de libertad de al menos tres años y sean constitutivos de uno o más de los delitos enumerados en dicho artículo[12].

---

totalidad como si se trata de solo una parte de dicho producto;
b)sean el instrumento de un delito o el valor de dicho instrumento;
c)sea objeto de decomiso mediante la aplicación en el Estado de emisión de cualquiera de las facultades de decomiso especificadas en la Directiva 2014/42/UE; o
d)sea objeto de decomiso a tenor de cualesquiera otras disposiciones en materia de facultades de decomiso, incluido el decomiso sin condena firme de conformidad con el Derecho del Estado de emisión a raíz de un procedimiento relativo a un delito;
4) «producto»: cualquier ventaja económica derivada, directa o indirectamente, de un delito, que puede consistir en cualquier forma de bien e incluye cualquier reinversión o transformación posterior del producto directo y cualesquiera beneficios cuantificables;
5) «instrumento»: cualquier bien utilizado o destinado a utilizarse de cualquier forma, total o parcialmente, para cometer un delito;

12. 1) pertenencia a una organización delictiva;
2) terrorismo;
3) trata de seres humanos;
4) explotación sexual de niños y pornografía infantil;
5) tráfico ilícito de drogas y sustancias psicotrópi
6) tráfico ilícito de armas, municiones y explosivos;
7)corrupción;
8) fraude, incluido el fraude y otros delitos que afectan a los intereses financieros de la Unión, tal y como se definen en la Directiva (UE) 2017/1371 del Parlamento Europeo y del Consejo (17);
9) blanqueo del producto del delito;
10) falsificación de moneda, incluida la falsificación del euro;
11) delitos informáticos;
12) delitos contra el medio ambiente, incluido el tráfico ilícito de especies animales protegidas y de especies y variedades vegetales protegidas;
13) ayuda a la entrada y residencia en situación ilegal;
14) asesinato o lesiones graves;
15) tráfico ilícito de órganos y tejidos humanos;
16) secuestro, detención ilegal o toma de rehenes;
17) racismo y xenofobia;
18) robo organizado o a mano armada;
19) tráfico ilícito de bienes culturales, incluidas antigüedades y obras de arte;
20) estafa;
21) chantaje y extorsión;
22) violación de derechos de propiedad intelectual o industrial y falsificación de productos;
23) falsificación de documentos administrativos y tráfico de estos;
24) falsificación de medios de pago;
25) tráfico ilícito de sustancias hormonales y otros estimuladores del crecimiento;
26) tráfico ilícito de materiales nucleares o sustancias radiactivas;
27) tráfico de vehículos robados;

En cuanto a la transmisión de las resoluciones de decomiso del Estado emisor para el receptor, el artículo 14 prevé que se realizará por medio de un certificado de decomiso, que es un certificado normalizado que integra el Anexo II, debiendo estar debidamente firmado y certificado en cuanto a su exactitud y corrección por la autoridad judicial del Estado emisor.

La certificación debe estar acompañada de una traducción a la lengua oficial del el Estado de ejecución o en cualquier otra lengua que este acepte, ya que el apartado 3 del artículo 17 autoriza que los Estados miembro indiquen en declaración presentada ante la Comisión las lenguas en las que aceptarán la traducción de los certificados.

Los Estados pueden exigir que, junto al certificado, se remita copia de la resolución de decomiso, sin que se pueda extender la exigencia de traducción a esta, dirigiendo su envío a los Estados en los que el decomisado pueda tener bienes o ingresos, cuando el decomiso se refiera a una cantidad cierta, o bien a lugar de situación de los bienes, cuando recaiga sobre bienes determinados.

Los certificados solamente podrán ser enviados a un Estado de ejecución, salvo en los casos en los que la resolución de decomiso se refiera a bienes concretos, siempre que concurran las condiciones del artículo 15, apartado 2, o cuando a resolución de decomiso se refiera a una cantidad de dinero y concurran las condiciones del artículo 15, apartado 3.

La determinación de la autoridad competente para la recepción del certificado y su ejecución se hará por medio de consulta al listado de autoridades competentes puesto a disposición de los Estados miembro por la Comisión. Sin embargo, en el caso de que la autoridad que reciba el certificado no sea la autoridad competente en el Estado de ejecución para reconocer la resolución de decomiso o para adoptar las medidas necesarias para su ejecución, dicha autoridad transmitirá inmediatamente el certificado de decomiso a la autoridad de ejecución competente en su Estado miembro e informará de ello a la autoridad de emisión.

Cabe destacar que el hecho de que un Estado miembro haya emitido un certificado de una resolución de decomiso no impide que el Estado emisor ejecute por sí solo, siempre que sea posible, la resolución dictada, concretándose como único limitador de esta posibilidad lo que dispone el artículo 16, apartado 2 del Reglamento UE 2018/1805, al establecer que la cantidad dineraria objeto del decomiso en los Estados miembro no debe superar la cantidad establecida en la resolución de decomiso.

---

28) violación;

29) incendio voluntario;

30) delitos incluidos en la jurisdicción de la Corte Penal Internacional;

31) secuestro de aeronaves y buques;

32) sabotaje.

Para evitar estas situaciones, el artículo 17 en su apartado 3 ha articulado una serie de mecanismos que deben ser adoptados por la autoridad emisora cuando considere que se pode ultrapasar el límite cuantitativo establecido en la resolución.

Así, cuando el certificado se encuentre debidamente traducido y acompañado de la resolución de decomiso dictada, el Estado de ejecución deberá reconocer dicha resolución sin más dilaciones y adoptar las medidas oportunas para su ejecución del mismo modo que en el caso de una resolución de decomiso dictada por una autoridad del Estado de ejecución, salvo que se manifieste un motivo de denegación o de aplazamiento para el reconocimiento.

En cuanto a los efectos del reconocimiento, cabe destacar que, si así lo autoriza el Derecho del Estado de ejecución, el decomiso de un bien determinado podrá ser sustituido por su equivalente dinerario o, en el caso de que el decomiso recaiga sobre una suma en dinero, sobre un bien o bienes del decomisado disponibles a este efecto, realizando la conversión monetaria, en los casos en los que sea necesario, tal y como dispone el artículo 18 del Reglamento.

En cuanto a los motivos de denegación del reconocimiento, se enumeran de forma tajante en el apartado 1 del artículo 19 del Reglamento, que restringe los motivos de denegación a los siguientes supuestos:

a) la ejecución de la resolución de decomiso resulta contraria al principio de non bis in idem;

b) el Derecho del Estado de ejecución prevé una inmunidad o un privilegio que impide la ejecución de una resolución nacional de decomiso con respecto a los bienes de que se trate, o establece normas sobre la determinación o la limitación de la responsabilidad criminal en relación con la libertad de prensa o la libertad de expresión en otros medios de comunicación que impidan la ejecución la resolución de decomiso;

c) el certificado de decomiso previsto en el artículo 17 está incompleto o es manifiestamente incorrecto y no se ha completado tras las consultas llevadas a cabo con arreglo al apartado 2 del presente artículo;

d) la resolución de decomiso se refiere a un delito cometido, total o parcialmente, fuera del territorio del Estado de emisión y, total o parcialmente, en el territorio del Estado de ejecución, y los hechos en relación con los que se ha dictado la resolución no son constitutivos de delito en el Estado de ejecución;

e) los derechos de las personas afectadas impiden la ejecución de la resolución de decomiso con arreglo al Derecho del Estado de ejecución, incluso cuando ello sea el resultado de la aplicación de las vías de recurso previstas en el artículo 33;

f) en los casos citados en el artículo 3, apartado 2, los hechos que motivan la resolución de decomiso no son constitutivos de delito de acuerdo con el Derecho del Estado de ejecución; no obstante, en los casos que impliquen impuestos o derechos o reglamentación en materia de aduanas y tipos de cambio, no podrá denegarse la ejecución de la resolución aduciendo que el Derecho del Estado de ejecución no impone el mismo tipo de impuestos o derechos, o que no contiene el mismo tipo de normas en materia de impuestos y derechos, ni la misma reglamentación en materia de aduanas o tipos de cambio que el Derecho del Estado de emisión;

g) con arreglo al certificado de decomiso, la persona contra la que se dictó la resolución de decomiso no compareció en el juicio del que deriva dicha resolución vinculada a una condena firme, a menos que el certificado de decomiso establezca que, con arreglo a otros requisitos procesales definidos en el Derecho del Estado de emisión, la persona:

i) fue citada en persona a su debido tiempo e informada así del lugar y la fecha previstos para el juicio del que deriva la resolución, o recibió efectivamente por otros medios información oficial de la fecha y lugar previstos para el juicio, de forma que pueda determinarse inequívocamente que la persona tenía conocimiento de la celebración prevista del juicio, y que fue informada a su debido tiempo de que podría adoptarse una resolución de decomiso en caso de incomparecencia en dicho juicio;

ii) teniendo conocimiento de la celebración prevista del juicio, dio mandato a un letrado, designado por ella misma o por el Estado, para que la defendiera en el juicio, y fue efectivamente defendida por dicho letrado en el juicio; o

iii) tras serle notificada la resolución de decomiso y tras haber sido informada expresamente de su derecho a un nuevo juicio o a la interposición de un recurso que le daría derecho a comparecer y que permitiría volver a examinar el fondo del asunto, incluidas nuevas pruebas, y que podría dar lugar a la revocación de la resolución de decomiso inicial:

—declaró expresamente que no impugnaba la resolución de decomiso; o

— no solicitó un nuevo juicio ni interpuso un recurso dentro del plazo establecido;

h) en situaciones excepcionales, cuando existan motivos fundados para creer, sobre la base de pruebas concretas y objetivas, que la ejecución de la resolución de decomiso implicaría, en las circunstancias particulares del caso, una violación manifiesta de un derecho fundamental aplicable recogido en la Carta, en particular, el derecho a la tutela judicial efectiva, a un juicio justo o a la defensa.

En estos supuestos, la autoridad de ejecución deberá adoptar la resolución de denegación a la mayor brevedad posible y remitirla a la autoridad de emisión por cualquier medio de notificación capaz de dejar constancia escrita, en el plazo de 45 días desde la recepción del certificado (art. 20, apartado 1), sin embargo, de la obligación del Estado de ejecución de notificar al Estado de emisión sobre los motivos de una eventual demora en la ejecución.

Finalmente, en lo que se refiere a las decisiones de aplazamiento del reconocimiento de la ejecución, el artículo 21 del Reglamento establece que podrá ocurrir en los siguientes supuestos:

a) su ejecución pudiera perjudicar una investigación penal en curso, en cuyo caso la ejecución de la resolución de decomiso podrá aplazarse hasta el momento que la autoridad de ejecución considere razonable;

b) en el caso de una resolución de decomiso referente a una cantidad de dinero, la autoridad de ejecución considere que hay riesgo de que el valor total derivado de la ejecución de dicha resolución de decomiso pueda exceder considerablemente la cantidad especificada en la resolución como consecuencia de su ejecución simultánea en más de un Estado miembro;

c) los bienes ya sean objeto de un procedimiento de decomiso en curso en el Estado de ejecución; o

d) en los casos en que se haya invocado un recurso efectivo frente a la decisión de reconocimiento, tal y como dispone el artículo 33 del Reglamento.

Sin embargo de esta legislación con ánimos de armonización, lo cierto es que no queda claro que el Reglamento pueda superar las dificultades que han constituido la base y el fundamento para la aplicación del principio de subsidiariedad y su consecuente aprobación, ya que, como bien observa Pérez Marín, ello tendrá su reflejo en manifestaciones distintas, dependiendo del Estado de ejecución y de los principios constitucionales que lo que rijan, e impide afirmar que con este nuevo Reglamento se hayan superado completamente las dificultades actuales, pues el legislador no puede suplir ni sustituir las disposiciones nacionales[13].

3. LA REGULACIÓN PROCESAL DEL DECOMISO EUROPEO EN LA LEY 23/2014, DE 20 DE NOVIEMBRE, SOBRE RECONOCIMIENTO MUTUO DE RESOLUCIONES PENALES EN LA UNIÓN EUROPEA

Como pone de manifiesto Moreno Catena[14], uno de los aspectos más destacables de la confusa reforma de la Ley de Enjuiciamiento Criminal de 2015 fue la armonización de las normas relativas al decomiso, que también fueron objeto de alteración en el Código Penal en su artículo 127.

No obstante, al margen del procedimiento interno, también se han introducido una serie de cambios en lo que se refiere al proceso de emisión y ejecución de resoluciones de decomiso en España por medio de los artículos 166 al 172 de la Ley 23/2014.

En efecto, el artículo 166 de la Ley 23/2014 establece que el Juez de lo Penal competente reconocerá y ejecutará una resolución de decomiso

---

13. Pérez Marín, María Ángeles. «Sobre el procedimiento para el reconocimiento y la ejecución de las resoluciones de embargo: el Reglamento (UE) 2018/1805». *Revista Internacional Consentir de Direito*, año V, núm. IX. Disponible en: DOI: 10.19135/revista.consinter.00009.40.

14. Moreno Catena, Víctor, and Valentín Cortés Domínguez. *Derecho procesal penal*. 10.ª edición. Valencia: Tirant lo Blanch, 2021, p. 563.

cuando se encuentre en España el bien sobre el que recaiga o el domicilio o, en su caso, el domicilio social de la persona afectada, exceptuados los supuestos en los que la resolución de decomiso hubiera sido emitida por un delito que pertenezca a una de las categorías de delitos enumeradas en el apartado 1 del artículo 20 y dicho delito estuviera castigado en el Estado de emisión con una pena privativa de libertad cuya duración máxima sea, al menos, de tres años, el Juez de lo Penal, supuesto en el que se acordará la realización de la medida sin control de la doble tipificación de los hechos.

Si la resolución de decomiso se ha impuesto en desfavor de una persona jurídica por una infracción para la que no se prevea su responsabilidad de acuerdo con el Derecho español, el apartado 3 del artículo 166 determina que también será posible el reconocimiento de la resolución de decomiso.

En este sentido, recibido el certificado y la documentación pertinente, el artículo 167 de la Ley 23/2014 determina que cabe al juez de lo penal la averiguación de la localización de los bienes objeto del decomiso, quien podrá requerir a la autoridad judicial emisora para que amplíe cualquier circunstancia relevante para la ejecución del decomiso.

Adoptada dichas averiguaciones, el juez de lo penal, previo informe del Ministerio Fiscal y demás partes personadas emitido en el plazo de cinco días, acordará mediante auto el despacho de ejecución de la resolución de decomiso debidamente transmitida, en un plazo máximo de diez días desde su recepción. La adopción de la resolución de decomiso de que se trate sucederá, en su caso, a las medidas que sobre los mismos bienes se hubieran acordado en aplicación de un embargo preventivo, tal y como dispone el apartado 2 del artículo 167 de la Ley 23/2014.

En lo que afecta a la ejecución propiamente dicha de la resolución de decomiso, es decir, tras su reconocimiento, el artículo 168 no introduce grandes especialidades respecto al procedimiento contenido en el Reglamento UE 2018/1805, estableciendo en su apartado 1 la posibilidad de conversión del decomiso de un bien en concreto en obligación de pago, para los casos en los que no fuera posible el decomiso.

El apartado 2 del artículo 167 establece la posibilidad de conversión en ejecución de la resolución de decomiso sobre cantidad dineraria en ejecución sobre los bienes del decomisado, con vistas a viabilizar la ejecución de la resolución, con la obligación de conversión de moneda aplicando el cambio vigente en los casos en los que sea necesario.

En los casos de ejecuciones de múltiples resoluciones de decomiso, el artículo 169 de la Ley 23/2014 establece que el juez de lo penal será quien decida cuál o cuáles resoluciones se ejecutarán, teniendo en cuenta principalmente y por este orden la existencia de un embargo preventivo, la gravedad relativa y el lugar de la infracción, las fechas de las resoluciones respectivas y las fechas de su transmisión.

En cuanto al rito procesal a ser adoptado para la tramitación del procedimiento de decomiso ante el órgano jurisdiccional, cabe destacar que la Ley 23/2014 no establece ningún procedimiento específico en cuanto a los incidentes procesales, intervención de terceros afectados o régimen de recursos, por lo que se entendemos que se aplicaría en la tramitación del expediente las normas relativas al decomiso autónomo, es decir, la LECrim en sus artículos 803 ter y hasta el 803 ter u.

Sobre estas especialidades del procedimiento, cabe destacar la intervención del Ministerio Fiscal de acuerdo con lo dispuesto en el artículo 803 ter h, así como el derecho de asistencia letrada del artículo 803 ter i.

De todo ello, lo que queda claro es que aunque la aprobación del Reglamento UE 2018/1805 configure un hito de abulta importancia en lo que se refiere a la armonización de las normas relativas al decomiso en el ámbito de la Unión Europea, su convivencia con la Directiva (UE) 2014/42 y la dualidad de la regulación actualmente existente puede suscitar diversas controversias, incluyendo la propia naturaleza jurídica del procedimiento, ya que se lo equiparamos al proceso de decomiso autónomo, con sus peculiaridades en la LECrim, implicaría considerar que se trata de un procedimiento civil que tramita ante un órgano penal, considerando su conexión con un proceso penal con sentencia firme de condena, suspendido o en tramitación[15].

Así, parece que, no obstante la Unión Europea venga envidando esfuerzos en el sentido de fortalecer la cooperación penal internacional, la regulación armonizada del procedimiento de reconocimiento de resoluciones de decomiso en el ámbito de los Estados miembro sigue siendo una asignatura pendiente en la legislación procesal, afectada, en nuestra opinión, por la propia confusión en lo que se refiere a la técnica legislativa en la UE, lo que es sintomático de la desvirtuación del principio de subsidiariedad, como bien destaca Araceli Mangas Martín[16].

Uno de los aspectos más relevantes de la reforma de la Ley de Enjuiciamiento Criminal de 2015, según señala Moreno Catena, fue la armonización de las normas relativas al decomiso. Esta reforma también tuvo su reflejo en el Código Penal, concretamente en su artículo 127, que sufrió modificaciones con el objetivo de adaptar la regulación del decomiso a los nuevos estándares europeos y mejorar su eficacia como instrumento de lucha contra la delincuencia económica y organizada.

Más allá del procedimiento interno, la Ley 23/2014 introdujo cambios significativos en el proceso de emisión y ejecución de resoluciones de decomiso en España. Los artículos 166 al 172 de esta ley establecen el marco norma-

---

15. Moreno Catena, Víctor, and Valentín Cortés Domínguez. *Derecho procesal penal*. 10.ª edición. Valencia: Tirant lo Blanch, 2021, p. 566.

16. Mangas Martín, Araceli. *Instituciones y Derecho de la Unión Europea*. Ed. Tecnos, Madrid, 2014, p. 383.

tivo para la cooperación judicial en materia de decomiso dentro del espacio de la Unión Europea, alineándose con los principios del reconocimiento mutuo de resoluciones judiciales.

El artículo 166 de la Ley 23/2014 dispone que el Juez de lo Penal competente reconocerá y ejecutará una resolución de decomiso cuando el bien afectado se encuentre en España o cuando la persona afectada tenga su domicilio en el territorio nacional. No obstante, se establecen excepciones a este principio, especialmente en relación con delitos incluidos en el artículo 20.1 de la misma ley y castigados con penas de al menos tres años de prisión en el Estado de emisión. En estos casos, el decomiso podrá ejecutarse sin necesidad de verificar la doble tipificación de los hechos.

En el caso de que la resolución de decomiso se imponga a una persona jurídica por una infracción que no conlleve responsabilidad penal en el Derecho español, el artículo 166.3 prevé la posibilidad de reconocimiento de la resolución de decomiso. Esto supone un avance en la cooperación penal internacional, al permitir la ejecución de resoluciones extranjeras incluso cuando la normativa española no contemple una figura equivalente.

El procedimiento de ejecución de las resoluciones de decomiso se inicia con la recepción del certificado y la documentación pertinente. Según el artículo 167 de la Ley 23/2014, el Juez de lo Penal deberá verificar la localización de los bienes objeto del decomiso y, en caso necesario, podrá solicitar información adicional a la autoridad judicial emisora. Este proceso busca garantizar que la ejecución del decomiso se lleve a cabo con pleno conocimiento de la situación patrimonial del afectado.

Una vez completadas estas averiguaciones, el Juez de lo Penal, tras recibir el informe del Ministerio Fiscal y de las partes personadas en un plazo de cinco días, dictará un auto acordando la ejecución de la resolución de decomiso. Este auto deberá emitirse en un plazo máximo de diez días desde la recepción de la solicitud. Además, en caso de que sobre los bienes afectados se hubiera dictado previamente un embargo preventivo, la ejecución del decomiso deberá respetar las medidas cautelares previamente adoptadas.

El artículo 168 de la Ley 23/2014 establece las reglas aplicables a la ejecución material del decomiso. En términos generales, este artículo se ajusta a lo dispuesto en el Reglamento (UE) 2018/1805, garantizando así una mayor armonización con el derecho comunitario. Se contempla la posibilidad de conversión del decomiso de un bien concreto en una obligación de pago, en aquellos casos en los que la ejecución del decomiso no sea factible.

Asimismo, el artículo 168.2 prevé la conversión de una resolución de decomiso sobre cantidad dineraria en ejecución sobre bienes del afectado. En estos casos, se deberá aplicar el tipo de cambio vigente si la conversión implica monedas distintas. Este mecanismo busca asegurar la efectividad del decomiso, evitando que la falta de liquidez impida su ejecución.

Cuando existan múltiples resoluciones de decomiso en ejecución, el artículo 169 de la Ley 23/2014 otorga al Juez de lo Penal la facultad de decidir cuál o cuáles se ejecutarán. Para ello, se establecen criterios de prioridad, como la existencia de un embargo preventivo, la gravedad del delito, el lugar de comisión de la infracción, y la fecha de emisión y transmisión de las resoluciones.

En cuanto al procedimiento a seguir, la Ley 23/2014 no establece normas específicas para la tramitación de incidentes procesales, la intervención de terceros afectados o el régimen de recursos. En consecuencia, se entiende que resultan de aplicación las normas sobre decomiso autónomo previstas en la Ley de Enjuiciamiento Criminal, concretamente en los artículos 803 ter e y siguientes.

Dentro de estas normas, cabe destacar la intervención del Ministerio Fiscal, regulada en el artículo 803 ter h de la LECrim, así como el derecho de asistencia letrada del afectado, previsto en el artículo 803 ter i. Estas garantías buscan asegurar que el procedimiento de decomiso respete los principios del debido proceso y la tutela judicial efectiva.

A pesar de los avances en la regulación del decomiso, la coexistencia del Reglamento (UE) 2018/1805 y la Directiva (UE) 2014/42 genera ciertas controversias. En particular, la dualidad de regímenes normativos plantea dudas sobre la naturaleza jurídica del procedimiento, ya que, si se asimila al decomiso autónomo regulado en la LECrim, se podría interpretar que se trata de un procedimiento civil tramitado ante un órgano penal.

Esta situación genera incertidumbre en la práctica judicial y puede afectar la efectividad de la cooperación penal internacional en materia de decomiso. La necesidad de una mayor claridad normativa es evidente, especialmente en lo que respecta a la relación entre el decomiso y otros procedimientos penales y administrativos.

En este contexto, aunque la Unión Europea ha impulsado medidas para fortalecer la cooperación judicial en materia de decomiso, la armonización de los procedimientos de reconocimiento de resoluciones sigue siendo una tarea pendiente. La falta de una regulación unificada dificulta la aplicación homogénea de las normas en los distintos Estados miembros.

Además, la técnica legislativa empleada en la UE ha sido objeto de críticas, ya que la proliferación de normativas superpuestas puede generar confusión y dificultar su aplicación efectiva. Como señala Araceli Mangas Martín, esta situación refleja una posible desvirtuación del principio de subsidiariedad, que debería garantizar una mayor coherencia en la regulación del decomiso a nivel europeo.

Uno de los aspectos más relevantes de la reforma de la Ley de Enjuiciamiento Criminal de 2015, según señala Moreno Catena, fue la armonización de las normas relativas al decomiso. Esta reforma también tuvo su reflejo en el Código Penal, concretamente en su artículo 127, que sufrió modificaciones con el objetivo de adaptar la regulación del decomiso a los nuevos estándares europeos y mejorar su eficacia como instrumento de lucha contra la delincuencia económica y organizada.

Más allá del procedimiento interno, la Ley 23/2014 introdujo cambios significativos en el proceso de emisión y ejecución de resoluciones de decomiso en España. Los artículos 166 al 172 de esta ley establecen el marco normativo para la cooperación judicial en materia de decomiso dentro del espacio de la Unión Europea, alineándose con los principios del reconocimiento mutuo de resoluciones judiciales.

El artículo 166 de la Ley 23/2014 dispone que el Juez de lo Penal competente reconocerá y ejecutará una resolución de decomiso cuando el bien afectado se encuentre en España o cuando la persona afectada tenga su domicilio en el territorio nacional. No obstante, se establecen excepciones a este principio, especialmente en relación con delitos incluidos en el artículo 20.1 de la misma ley y castigados con penas de al menos tres años de prisión en el Estado de emisión. En estos casos, el decomiso podrá ejecutarse sin necesidad de verificar la doble tipificación de los hechos.

En el caso de que la resolución de decomiso se imponga a una persona jurídica por una infracción que no conlleve responsabilidad penal en el Derecho español, el artículo 166.3 prevé la posibilidad de reconocimiento de la resolución de decomiso. Esto supone un avance en la cooperación penal internacional, al permitir la ejecución de resoluciones extranjeras incluso cuando la normativa española no contemple una figura equivalente.

El procedimiento de ejecución de las resoluciones de decomiso se inicia con la recepción del certificado y la documentación pertinente. Según el artículo 167 de la Ley 23/2014, el Juez de lo Penal deberá verificar la localización de los bienes objeto del decomiso y, en caso necesario, podrá solicitar información adicional a la autoridad judicial emisora. Este proceso busca garantizar que la ejecución del decomiso se lleve a cabo con pleno conocimiento de la situación patrimonial del afectado.

Una vez completadas estas averiguaciones, el Juez de lo Penal, tras recibir el informe del Ministerio Fiscal y de las partes personadas en un plazo de cinco días, dictará un auto acordando la ejecución de la resolución de decomiso. Este auto deberá emitirse en un plazo máximo de diez días desde la recepción de la solicitud. Además, en caso de que sobre los bienes afectados se hubiera dictado previamente un embargo preventivo, la ejecución del decomiso deberá respetar las medidas cautelares previamente adoptadas.

El artículo 168 de la Ley 23/2014 establece las reglas aplicables a la ejecución material del decomiso. En términos generales, este artículo se ajusta a lo dispuesto en el Reglamento (UE) 2018/1805, garantizando así una mayor armonización con el derecho comunitario. Se contempla la posibilidad de conversión del decomiso de un bien concreto en una obligación de pago, en aquellos casos en los que la ejecución del decomiso no sea factible.

Asimismo, el artículo 168.2 prevé la conversión de una resolución de decomiso sobre cantidad dineraria en ejecución sobre bienes del afectado. En estos casos, se deberá aplicar el tipo de cambio vigente si la conversión implica monedas distintas. Este mecanismo busca asegurar la efectividad del decomiso, evitando que la falta de liquidez impida su ejecución.

Cuando existan múltiples resoluciones de decomiso en ejecución, el artículo 169 de la Ley 23/2014 otorga al Juez de lo Penal la facultad de decidir cuál o cuáles se ejecutarán. Para ello, se establecen criterios de prioridad, como la existencia de un embargo preventivo, la gravedad del delito, el lugar de comisión de la infracción, y la fecha de emisión y transmisión de las resoluciones.

En cuanto al procedimiento a seguir, la Ley 23/2014 no establece normas específicas para la tramitación de incidentes procesales, la intervención de terceros afectados o el régimen de recursos. En consecuencia, se entiende que resultan de aplicación las normas sobre decomiso autónomo previstas en la Ley de Enjuiciamiento Criminal, concretamente en los artículos 803 ter e y siguientes.

Dentro de estas normas, cabe destacar la intervención del Ministerio Fiscal, regulada en el artículo 803 ter h de la LECrim, así como el derecho de asistencia letrada del afectado, previsto en el artículo 803 ter i. Estas garantías buscan asegurar que el procedimiento de decomiso respete los principios del debido proceso y la tutela judicial efectiva.

A pesar de los avances en la regulación del decomiso, la coexistencia del Reglamento (UE) 2018/1805 y la Directiva (UE) 2014/42 genera ciertas controversias. En particular, la dualidad de regímenes normativos plantea dudas sobre la naturaleza jurídica del procedimiento, ya que, si se asimila al decomiso autónomo regulado en la LECrim, se podría interpretar que se trata de un procedimiento civil tramitado ante un órgano penal.

Esta situación genera incertidumbre en la práctica judicial y puede afectar la efectividad de la cooperación penal internacional en materia de decomiso. La necesidad de una mayor claridad normativa es evidente, especialmente en lo que respecta a la relación entre el decomiso y otros procedimientos penales y administrativos.

En este contexto, aunque la Unión Europea ha impulsado medidas para fortalecer la cooperación judicial en materia de decomiso, la armonización de los procedimientos de reconocimiento de resoluciones sigue siendo una tarea pendiente. La falta de una regulación unificada dificulta la aplicación homogénea de las normas en los distintos Estados miembros.

Además, la técnica legislativa empleada en la UE ha sido objeto de críticas, ya que la proliferación de normativas superpuestas puede generar confusión y dificultar su aplicación efectiva. Como señala Araceli Mangas Martín, esta situación refleja una posible desvirtuación del principio de subsidiariedad, que debería garantizar una mayor coherencia en la regulación del decomiso a nivel europeo.

La efectividad del decomiso como herramienta de lucha contra la delincuencia organizada depende en gran medida de la celeridad en su ejecución. Sin embargo, la existencia de distintos marcos normativos y procedimientos en los Estados miembros puede generar dilaciones que afectan su eficacia. La necesidad de una mayor coordinación entre las autoridades judiciales y administrativas resulta crucial para evitar estos problemas.

Otro aspecto relevante es el destino de los bienes decomisados. En algunos Estados miembros, los activos recuperados se destinan a programas sociales o a la indemnización de las víctimas del delito, mientras que en otros se integran en el presupuesto estatal. La falta de un criterio uniforme sobre el uso de los bienes decomisados es un elemento que debería abordarse en futuras reformas normativas.

La cooperación judicial en materia de decomiso también enfrenta desafíos en relación con la identificación de bienes ilícitos ocultos en jurisdicciones fuera de la UE. La falta de acuerdos eficaces con terceros países puede dificultar la recuperación de activos provenientes de actividades delictivas, lo que subraya la necesidad de fortalecer la cooperación internacional en esta materia.

En conclusión, aunque la reforma de la Ley de Enjuiciamiento Criminal y la Ley 23/2014 han supuesto avances en la regulación del decomiso en España, la coexistencia de distintos marcos normativos a nivel europeo sigue planteando desafíos. La necesidad de una mayor armonización y claridad normativa es crucial para garantizar la eficacia de este mecanismo en la lucha contra la criminalidad transnacional.

4. CONCLUSIONES

Tal y como hemos señalado, una de las principales dificultades a las que se enfrenta la doctrina actual al abordar el tema del decomiso radica en la multiplicidad de conceptos e instituciones que, en muchas ocasiones, se equiparan erróneamente con esta figura jurídica. Ejemplos de ello son la *«civil forfeiture»* del *common law* y la expropiación sancionatoria existente en algunos países de nuestro entorno, figuras que, aunque comparten ciertos elementos con el decomiso, presentan diferencias fundamentales en cuanto a su naturaleza y finalidad.

La problemática no disminuye si analizamos los obstáculos que ha enfrentado la regulación del decomiso en nuestro ordenamiento jurídico. En la actualidad, coexiste un modelo híbrido que se encuentra parcialmente regulado por la Directiva (UE) 2014/42, la cual establece unos estándares mínimos en cuanto a las garantías del sujeto decomisado, y el Reglamento (UE) 2018/1805, que regula no solo los procedimientos de decomiso previstos en la mencionada directiva, sino también otros tipos de resoluciones dictadas sin condena firme. Esto significa que, aunque un Estado miembro no contemple en su ordenamiento jurídico la posibilidad de dictar resoluciones de decomiso sin sentencia condenatoria, debe estar en condiciones de reconocer y ejecutar aquellas dictadas por otro Estado miembro.

Por otro lado, en el ámbito del derecho interno, nuestro sistema procesal alberga dos regulaciones paralelas: por un lado, el procedimiento de decomiso previsto en la Ley de Enjuiciamiento Criminal, en sus artículos 803 ter e y siguientes; y, por otro, el procedimiento de reconocimiento de resoluciones de decomiso establecido en la Ley 23/2014. Sin embargo, no se ha desarrollado en profundidad la tramitación del procedimiento, el sistema de recursos ni los incidentes procesales que puedan derivarse de su aplicación, lo que genera incertidumbre tanto para los operadores jurídicos como para los afectados por estas resoluciones.

Un ejemplo claro de esta deficiencia normativa se encuentra en el artículo 168, apartado 4, de la Ley 23/2014, que impone la obligación al juez de lo penal de oír previamente al Ministerio Fiscal y a las partes personadas en los casos en los que el decomiso se convierta en una obligación de pago. No obstante, la norma no establece el recurso pertinente ni el cauce procesal a través del cual debe tramitarse dicho procedimiento, lo que genera una gran inseguridad jurídica tanto para el sujeto decomisado como para terceros interesados.

En este sentido, una posible solución a estas cuestiones se encuentra en la propia Ley de Enjuiciamiento Criminal, mediante la aplicación de las normas relativas al decomiso autónomo y la intervención de terceros en los procedimientos que afecten a bienes decomisados. Sin embargo, esta opción podría entrar en conflicto con la naturaleza supletoria de la Ley de Enjuiciamiento Civil frente a la LECrim en aquellos casos en los que las disposiciones de esta última sean insuficientes o ambiguas.

Además, el problema no se limita únicamente a la falta de regulación procesal interna, sino que también se extiende a la interacción entre los distintos marcos normativos europeos y nacionales. La coexistencia de la Directiva (UE) 2014/42 y el Reglamento (UE) 2018/1805, junto con la normativa interna de cada Estado miembro, puede generar conflictos de aplicación y dificultades en la ejecución de resoluciones de decomiso transfronterizas. Esta falta de armonización es especialmente problemática en aquellos casos en los que la legislación de un Estado miembro no prevé determinadas figuras jurídicas contempladas en otros ordenamientos.

Por otro lado, la falta de previsión normativa sobre el régimen de recursos aplicable en los procedimientos de decomiso genera una grave indefensión para los afectados. En la actualidad, no existe un criterio uniforme sobre la posibilidad de impugnar las resoluciones de decomiso dictadas en el marco del reconocimiento mutuo, lo que puede dar lugar a interpretaciones dispares por parte de los tribunales nacionales y afectar negativamente a la seguridad jurídica.

Otro aspecto a considerar es el impacto que la falta de regulación detallada tiene sobre la protección de los derechos de terceros de buena fe. La normativa europea establece la necesidad de salvaguardar los derechos de aquellos que hayan adquirido bienes decomisados sin conocimiento de su origen ilícito, pero la ausencia de un procedimiento claro para hacer valer estas garantías en el ámbito nacional dificulta su efectiva protección.

Asimismo, la ausencia de un marco normativo detallado puede afectar la eficacia del decomiso como herramienta de lucha contra la criminalidad organizada y la corrupción. La inseguridad jurídica derivada de la falta de regulación específica puede generar dilaciones en la ejecución de las resoluciones de decomiso y facilitar que los bienes ilícitos permanezcan en manos de organizaciones criminales.

En este contexto, resulta fundamental que el legislador español adopte medidas para uniformizar y clarificar el régimen del decomiso en nuestro ordenamiento jurídico. Una posible vía para lograrlo sería la incorporación de todas las disposiciones dispersas en una única norma dentro del cuerpo de la Ley de Enjuiciamiento Criminal, lo que permitiría dotar de mayor coherencia al sistema y facilitar su aplicación práctica.

Además, sería conveniente establecer un procedimiento detallado para la tramitación del decomiso, incluyendo normas específicas sobre la intervención de terceros, el régimen de recursos y las garantías procesales aplicables. De este modo, se reforzaría la seguridad jurídica y se garantizaría un mayor equilibrio entre la eficacia del decomiso y la protección de los derechos de los afectados.

En definitiva, aunque los avances en materia de cooperación penal internacional han sido significativos, su efectividad se ve mermada por la falta de una regulación clara y armonizada a nivel interno. La dispersión normativa y la ausencia de un marco procesal detallado dificultan la aplicación del decomiso y pueden comprometer su función como instrumento de recuperación de activos ilícitos.

Por ello, resulta imprescindible que el legislador aborde estas deficiencias y adopte medidas para garantizar una mayor coherencia en la regulación del decomiso. Solo así se podrá asegurar que este mecanismo cumpla eficazmente su objetivo de privar a los delincuentes de los beneficios de sus actividades ilícitas y reforzar la cooperación jurídica penal internacional.

En conclusión, si bien la Unión Europea ha realizado importantes esfuerzos para fortalecer la cooperación en materia de decomiso, su efectividad depende en gran medida de la correcta implementación de estas medidas en el ámbito interno de cada Estado miembro. En el caso de España, la falta de un marco normativo unificado sigue siendo un obstáculo que debe ser superado para garantizar la plena eficacia del decomiso y su contribución a la lucha contra la criminalidad transnacional.

4. BIBLIOGRAFÍA

Blanco Cordero, Isidoro. «El debate en España sobre la necesidad de castigar penalmente el enriquecimiento ilícito de empleados públicos». *Revista Electrónica de Ciencia Penal y Criminología*, núm. 19-16, pp. 1-35.

Da Silva Solla, Paulo Ramon. «Novos rumos do direito de propriedade: para entender a questão da desapropriação». *Revista Eletrônica da Faculdade de Direito*. ISSN 1984-1094, 2010, no 3, pp. 1-29.

Carrillo del Teso, Ana E., «Recuperación de activos en el sistema penal alemán: luces y sombras del actual régimen de decomiso de ganancias». *Revista Brasileira de Direito Processual Penal*, 2020, vol. 6, no 2, p. 584.

Escriche, Joaquín. *Diccionario razonado de la legislación civil, penal, comercial y forense*. Editorial UNAM. Ciudad de México, 1993.

González Cano, María Isabel., *El decomiso como instrumento de la cooperación judicial en la Unión Europea y su incorporación al proceso penal español*. Ed. Tirant lo Blanch, Valencia, 2016.

Mangas Martín, Araceli. Instituciones y Derecho de la Unión Europea. Ed. Tecnos, Madrid, 2014.

Morán Martínez, Rosa A. «El decomiso: regulación en la Unión Europea y estado de su aplicación en España». En ARANGÜENA FANEGO, Coral. *Espacio Europeo de libertad, seguridad y justicia. Últimos avances en cooperación judicial penal*, Ed. Lex Nova. Valladolid, 2010.

Moreno Catena, Víctor, and **Cortés Domínguez**, Valentín. *Derecho procesal penal*. 10.ª Edición. Valencia: Tirant lo Blanch, 2021.

Nelson, Caleb. «The constitutionality of civil forfeiture». *Yale LJ*, 2015, vol. 125, p. 2446.

Pérez Marín, María Ángeles. «Sobre el procedimiento para el reconocimiento y la ejecución de las resoluciones de embargo: el Reglamento (UE) 2018/1805». *Revista Internacional Consentir de Direito*, año V, núm. IX. Disponible en: DOI: 10.19135/revista.consinter.00009.40.

Rubio Maestre, Tomás. «El pacto comisorio». *Anales de la Universidad de Murcia* (Derecho), 1961, p. 191-230.

Rui, Jon Petter, «The Civil Asset Forfeiture Approach to Organised Crime. Exploring the Possibilities for an EU Model». *Eucrim*, n.º 4, pp. 153- 161.

PARTE III

INTELIGENCIA ARTIFICIAL Y GESTIÓN DE LA INFORMACIÓN EN EL ÁMBITO JUDICIAL

LA INTELIGENCIA ARTIFICIAL (IA) EN EUROPA: APLICACIÓN EN DILIGENCIAS PROCESALES EN EL CONTEXTO JURISDICCIONAL TRANSNACIONAL

Alejandro Manzorro Reyes
Juez de los Juzgados de Ibiza
Doctorando en Derecho en la Universidad de Sevilla y en Estudios Interdisciplinarios de Género en la Universidad de las Islas Baleares

1. SITUACIÓN Y CONTEXTO

Es indudable que hoy día, los actuales sistemas de Inteligencia Artificial (IA), y otros muchos que seguro vendrán, podrán emplearse como apoyo a la función jurisdiccional, en la investigación y enjuiciamiento de hechos delictivos. Su utilidad es incuestionable, pero al menos de momento, no deberían llegar a reemplazar la parte esencial de la tarea que realiza un juez o un tribunal; esto es, la toma de decisiones, ya sean de finalización de la causa absolución o condena —o intermedias— v.gr.: sobre medidas cautelares, o las relativas a la obtención, admisión y valoración de pruebas–, o en fase de ejecución de condena —v.gr: pertinencia del traslado de presos, calificación en grados penitenciarios, concesión de permisos, etc—. Todas estas resoluciones han de corresponder, en sentido estricto, al titular o titulares de los órganos jurisdiccionales respectivamente competentes. Además, no se vería satisfecho el requisito de jurisdiccionalidad, intrínseco a este tipo de decisiones, si el órgano competente se limitara a «validar» la propuesta o solución que en el supuesto concreto le pudiera ofrecer el sistema IA[1].

1. Ya destacó Gascón Inchausti, *vid.* su trabajo «Desafíos para el proceso penal en la era digital: externalización, sumisión pericial e inteligencia artificial», en *La justicia digital en España y en la Unión Europea*, Conde, J., y Serrano, G. (dirs.), Barcelona, 2019, pp. 191

Es destacable la repercusión que el uso policial y jurisdiccional de estas herramientas puede tener en la efectividad de la cooperación transfronteriza en el contexto normativo y geográfico del «espacio de libertad, seguridad y justicia» de la Unión Europea. Como es sabido, ésta se fundamenta en el reconocimiento mutuo de resoluciones judiciales, y su funcionamiento fluido depende en gran medida de la confianza mutua entre las autoridades implicadas en la cooperación, así como del grado de aproximación previa que exista entre las legislaciones estatales[2].

Podemos hacer referencia a varios supuestos que resultarían ilustrativos de cómo puede afectar la falta de esa suficiente armonización previa en la regulación del uso de sistemas IA, a la eficacia de tal cooperación transfronteriza en el contexto de la Unión Europea. Así, por ejemplo, podría repercutir negativamente sobre la utilización en un Estado UE de pruebas obtenidas en otro/s Estados miembros haciendo uso de sistemas IA, a través de una orden europea de investigación[3] o de la futura orden europea de entrega y

y ss., que, debido a la dificultad intrínseca de la toma de decisiones en ciertos escenarios complejos, es comprensible la tendencia humana a tratar de delegar esas decisiones o parte de ellas en un tercero —perito— o bien en una «máquina», que gozaría de una cierta «apariencia de mejor condición», al menos por su apariencia de mayor objetividad, lo que puede conducir a que esos sistemas tengan una repercusión sobre el sentido de la decisión que, si bien no puede decirse que sea «automático», sería desde luego muy determinante. Afirmaba también GASCÓN, *op. supra cit.* p. 205, que en tales casos se produciría un claro peligro para la efectividad del derecho de defensa, e incluso el riesgo de cierta inversión de la carga probatoria, pues no será sencillo cuestionar en un caso concreto el fundamento científico, metodológico o empírico del sistema de inteligencia artificial y la fiabilidad de sus resultados. Insiste igualmente GIALUZ en que el juez deberá evitar lo que se denomina *«automation complacency»* o *«automation bias»*, es decir, la tendencia humana a ignorar o a no buscar información adicional que pueda contradecir la solución generada por el ordenador, que es aceptada como «la correcta».

2. Desde la perspectiva procesal, véase ARANGÜENA, DE HOYOS, RODRÍGUEZ-MEDEL. (2015). *Reconocimiento mutuo de resoluciones penales en la Unión Europea*, Cizur Menor, ARANGÜENA., DE HOYOS (dirs.). (2018). *Garantías procesales de investigados y acusados. Situación actual en el ámbito de la Unión Europea,* Valencia; ARANGÜENA., DE HOYOS., HERNÁNDEZ. (2020). *Procedural Safeguards for Suspects and Accused Persons in Criminal Proceedings, Springer*, y DE HOYOS SANCHO, M. (2019). «El principio de subsidiariedad y la autonomía procesal de los Estados de la Unión Europea», *Revista Jueces para la Democracia,* núm. 96, pp. 36 y ss.

3. Sobre el instrumento, véase el compendio titulado *Orden europea de investigación y prueba transfronteriza en la Unión Europea*, Dir.: I. GONZÁLEZ CANO, 2019, y en particular los trabajos que, en relación con la admisión de la prueba transfronteriza, firman respectivamente en dicha obra, ARMENTA DEU, T., y LARO GONZÁLEZ, M.E., pp. 767 y ss. *vid.* también, DE HOYOS SANCHO, M. (2019). «Orden europea de investigación: avanzando hacia la integración en materia procesal penal», en *Claves de la Justicia Penal*, BARONA VILAR, S., pp. 343 y ss. Más recientemente, LLORENTE SÁNCHEZ-ARJONA, M. (2020). *La Orden Europea de Investigación y su incorporación al Derecho español,* Valencia; ARANGÜENA FANEGO, C. (2021). «Orden europea de investigación: régimen de sustitución de la medida solicitada», *InDret,* núm. 2; DE HOYOS SANCHO, M. (2021). «Algunas dificultades en la aplicación práctica de la Orden Europea de Investigación», en *Nuevos postulados de la cooperación judicial en la Unión Europea*, MORENO CATENA, V. (dir), Valencia, pp. 511 y ss.

conservación de pruebas electrónicas; o sobre la concesión o denegación de la solicitud de traslado de personas condenadas, cuando la determinación judicial de las posibilidades de reinserción social se pueda fundamentar precisamente en el resultado de un sistema IA —reconocimiento mutuo de sentencias que condenan a penas privativas de libertad[4]—; o sobre la posible sustitución de la prisión provisional por otra medida cautelar menos gravosa para el investigado / acusado, cuando la determinación judicial del riesgo de fuga o de reiteración delictiva se basó en la previsión ofrecida por un sistema IA; o sobre la eficacia transfronteriza de una orden europea de protección de víctimas[5], en los casos en que, igualmente, la previsión del riesgo de revictimización se hubiera basado en el resultado ofrecido por un sistema IA. Incluso tal falta de armonización en el uso de sistemas IA podría incidir en la apreciación del motivo de «vulneración de derechos fundamentales» en el Estado requirente, que podría invocarse como causa de denegación del reconocimiento y ejecución, entre otros instrumentos, de una orden europea de detención y entrega[6].

Además de su posible repercusión sobre la eficacia de la cooperación transfronteriza en materia penal, los instrumentos IA que pueden emplearse en la prevención, investigación y enjuiciamiento de hechos delictivos se califican generalmente como «sistemas de alto riesgo», pues pueden afectar derechos fundamentales de los ciudadanos, como la intimidad, la protección de datos personales, o la no discriminación, e incluso podrían llegar a verse erosionadas las garantías del debido proceso, o la esencia de la tutela judicial efectiva, entre otros.

Será preciso por tanto contar, no tardando, con una regulación nacional lo más detallada posible sobre su posible uso policial y jurisdiccional; pero no bastará sólo con esa normativa interna sobre la materia estableciendo las condiciones de su uso en cada Estado y garantizando los derechos de los respectivos ciudadanos.

---

4. *Vid.* Decisión Marco 2008/909, del Consejo, de 27 de noviembre de 2008, y la transposición en España en el Título III de la Ley 23/2014, de 20 de noviembre, de reconocimiento mutuo de resoluciones penales en la Unión Europea, arts. 63 y ss. Más ampliamente, De Hoyos Sancho, M. (2015). «El reconocimiento mutuo de resoluciones por la que se impone una pena o medida privativa de libertad», en *Reconocimiento mutuo de resoluciones penales en la Unión Europea*, pp. 107 y ss.

5. *Vid.* Directiva 2011/99/UE y Reglamento UE 606/2013, respectivamente sobre reconocimiento de órdenes de protección dictadas en procesos penales y en materia civil, así como el Título VI de la citada Ley de reconocimiento mutuo de resoluciones penales, arts. 130 y ss. Un estudio de dicho instrumento puede encontrarse en De Hoyos Sancho, M. (2015). «La orden europea de protección de víctimas: análisis normativo», en *Reconocimiento mutuo de resoluciones penales en la Unión Europea*, pp. 271 y ss.

6. *Vid.* art. 3 de la Ley 23/2014, de 20 de noviembre, de reconocimiento mutuo de resoluciones penales en la Unión Europea. Acerca del instrumento, *vid.* Jimeno Bulnes, M. (2020). «La orden de detención europea como instrumento procesal en la lucha contra el terrorismo», *Revista Unión Europea Aranzadi*, núm. 12, pp. 111-152.

La delincuencia organizada más grave y, desde luego, prácticamente todo el cibercrimen, es de carácter transfronterizo, por lo que será necesario, a fin de garantizar la operatividad del reconocimiento mutuo de resoluciones penales en que se basa la cooperación judicial y policial en el contexto UE, que exista previamente una mínima, pero suficiente armonización del uso jurisdiccional y policial de los sistemas IA, destacadamente de esos que se califican de «alto riesgo» por poder afectar derechos y libertades fundamentales.

2. HACIA LA ARMONIZACIÓN: ANÁLISIS DE LA PROPUESTA DE REGLAMENTO SOBRE INTELIGENCIA ARTIFICIAL (IA)

Tras numerosos estudios de grupos de especialistas, de trabajos previos en el contexto del Consejo de Europa, y también en el marco de las propias instituciones de la Unión Europea —entre los más recientes, la Carta Ética europea sobre el uso de IA en los sistemas judiciales y su entorno de 2018[7], Directrices éticas para una IA fiable de abril 2019[8], o el Libro Blanco sobre IA de febrero 2020[9]— se publicó, con fecha 21 de abril 2021, una Propuesta de Reglamento del Parlamento europeo y del Consejo para establecer reglas armonizadas en materia de IA[10].

Según puede leerse en la «Exposición de motivos» de esta Propuesta de Reglamento —apdo. 2.4: *Choice of the instrument*—, se opta por este instrumento normativo —el Reglamento— porque es necesaria una aplicación uniforme de las nuevas reglas, así como de la definición de IA, la prohibición de ciertas prácticas potencialmente peligrosas y la clasificación de sistemas IA en función del riesgo. La aplicación directa del Reglamento reduce la fragmentación normativa, asegura la libre circulación de bienes y servicios en el mercado interior, y facilita el desarrollo de un mercado único para sistemas IA, que deberán ser legales, seguros y fiables. De otro lado, también expresamente se indica —apdo. 2.1: Legal basis— que la base normativa de esta Propuesta es, en primer término, el art. 114 TFUE, relativo a la adopción de

7. Aprobada por la Comisión europea para la eficacia de la justicia —CEPEJ— con fecha de 4 de diciembre de 2018.

8. Documento elaborado un Grupo independiente de expertos de alto nivel sobre IA, por encargo de la Comisión Europea.

9. Un estudio de este instrumento prenormativo puede encontrarse en De Hoyos Sancho, M. (2020). «El Libro Blanco sobre inteligencia artificial de la Comisión Europea: reflexiones desde las garantías esenciales del proceso penal como sector de riesgo», *Revista Española de Derecho Europeo, núm. 26, pp. 9 y ss.*

10. Proposal for a Regulation of the European Parliament and of the Council laying down harmonised rules on Artificial Intelligence (Artificial Intelligence Act) and amending certain Union legislative Acts {SEC (2021) 167 final} - {SWD (2021) 84 final} - {SWD(2021) 85 final}.

medidas para garantizar el establecimiento y funcionamiento del Mercado Interior; concretamente en relación con la estrategia del Mercado Único digital en la UE. Además, teniendo en cuenta que esta propuesta de Reglamento contiene normas específicas sobre protección de las personas físicas en relación con el tratamiento de sus datos personales, también tiene por fundamento esta norma en lo dispuesto en el art. 16 TFUE, relativo precisamente a la protección de datos de carácter personal.

Debe llamarse la atención sobre el hecho de que ninguno de estos instrumentos aprobados o proyectados en el ámbito de la Unión Europea haga referencia a la importancia que la armonización del uso jurisdiccional y policial de los sistemas IA tiene y tendrá sobre la cooperación transfronteriza en el «espacio de libertad, seguridad y justicia». En todas las «Exposiciones de motivos» o «Considerandos» de esos textos se incluye una alusión directa a la importancia que esta materia tiene para del reforzamiento del Mercado Interior europeo, para la libre circulación de bienes y servicios, o para mejorar la competitividad de las empresas tecnológicas europeas en el mercado global. Nada se dice sobre la notoria trascendencia que el empleo de sistemas IA puede llegar a tener también sobre el reconocimiento mutuo de resoluciones jurisdiccionales, que está en la base de la cooperación transfronteriza penal y también civil, aunque ésta es evidente, según hemos expuesto supra.

Por lo que respecta a la definición de «Sistema de Inteligencia Artificial», el art. 3 de la Propuesta de Reglamento indica que por tal se entenderá «el software que se desarrolla empleando una o varias de las técnicas y estrategias que figuran en el anexo I y que puede, para un conjunto de objetivos definidos por seres humanos, generar información de salida como contenidos, predicciones, recomendaciones o decisiones que influyan en los entornos con los que interactúa».

Tal anexo I se refiere a estrategias de aprendizaje automático a través de una amplia variedad de métodos, incluido el aprendizaje profundo[11], a estrategias basadas en la lógica y en el conocimiento, así como a estrategias estadísticas, métodos de búsqueda y optimización.

11. Los algoritmos pueden configurarse para seguir aprendiendo mientras se utilizan y a medida que se van nutriendo de nuevos datos, de tal forma que los sistemas IA identifican patrones no predeterminados y general nuevas relaciones entre esos patrones y los nuevos datos, de forma que pueden seguir haciendo sucesivas predicciones o recomendaciones, en principio no previstas específicamente en la programación inicial del algoritmo. Sobre el llamado «aprendizaje automático» —*Machine learning*— y las utilidades de las máquinas emuladoras de funciones cognitivas humanas, vid. las reflexiones de Barona Vilar, S. (2021). *Algoritmización del Derecho y de la Justicia. De la Inteligencia Artificial a la Smart Justice*, Valencia, pp. 95 y ss., y de Martin Diz, F. (2019). «Aplicaciones de inteligencia artificial en procesos penales por delitos relacionados con la corrupción», en *Corrupción: compliance, represión y recuperación de activos*, Rodríguez García, N. y otros (Coords.), Valencia, pp. 533 y ss. Fuera de España, véase el trabajo de Mitchel, J. y otros: «Machine learning for determining accurate outcomes in criminal trials», en *Law Probability and Risk* 19 (1), pp. 43 – 65.

Esta definición contenida en la Propuesta de Reglamento y completada en el anexo I, que desde luego es compleja[12], pretende abarcar todas las posibles técnicas y estrategias de IA que se conocen hasta hoy. Entendemos además que el legislador europeo ha tratado de que no quede obsoleta en poco tiempo, lo que desde luego no es tarea sencilla en este específico contexto tecnológico. En todo caso, más clara nos parecía la definición expuesta al inicio de este trabajo, esto es, la reflejada en el citado Libro Blanco sobre la inteligencia artificial publicado por la Comisión europea en 2020.

Nos detendremos a continuación en los que, a nuestro juicio, son los contenidos más relevantes de esta Propuesta de Reglamento sobre IA; concretamente en relación con los llamados «sistemas de alto riesgo» que pueden usarse en el contexto de la investigación y enjuiciamiento de hechos delictivos, y en sus correspondientes garantías.

En primer lugar, conviene destacar que el legislador UE ha optado por un marco normativo basado en la clasificación por «niveles de riesgo» de los sistemas IA sobre derechos de los ciudadanos y seguridad de los sistemas, que serían los siguientes: inaceptable, alto, limitado/bajo y mínimo[13].

Se consideran niveles de riesgo «inaceptables» —*vid*. art. 5: prácticas IA que deben estar prohibidas— los que conllevan aquellos sistemas IA que pueden causar daños físicos o psíquicos, manipular la voluntad y el comportamiento humano o, en general, los que suponen *«social scoring»* —puntuación o clasificación social de una persona por los respectivos gobiernos a partir de datos sobre su comportamiento o características personales, si bien se admiten ciertas excepciones, *vid*. art. 5.1.c) —.

También se considera prohibido o generalmente inaceptable el uso de sistemas de identificación biométrica de personas[14] en tiempo real y en lugares

12. Como explica Ortega Klein, esta definición, que no es precisamente clara, refleja la complejidad de la materia a regular, la dificultad de sintetizar un concepto lo más neutro posible y que abarque todo lo que puede calificarse como IA, por lo que ha sido necesaria la remisión a un Anexo que, además, tendrá que ser objeto de continuas actualizaciones. *Vid.* «Hacia un régimen europeo de control de la Inteligencia Artificial», *Análisis del Real Instituto Elcano*, 6 de mayo 2021, pp. 1 y ss.

13. *Vid*. apdo. 5.2.2. de la Exposición de motivos: los sistemas IA de riesgo bajo o limitado serían aquellos que simplemente conllevan obligaciones específicas de información o transparencia, como por ejemplo cuando se utilizan «robots conversacionales» —*vid*. Exposición de motivos, apdo. 1.1—, en cuyo caso los usuarios tendrían que poder saber que están interactuando con un sistema IA. Serían de riesgo mínimo o nulo la mayoría de las aplicaciones de uso común, como por ejemplo las que nos recomiendan una película o serie en nuestra plataforma de entretenimiento, o las que permiten discriminar emails como spam. Este tipo de cuestiones no son objeto de tratamiento en el Proyecto de Reglamento, precisamente por no presentar riesgos para el usuario, si bien se fomentará y facilitará la elaboración de «Códigos de Conducta» destinados a la aplicación voluntaria de los requisitos de garantía, también en esos ámbitos de bajo riesgo, *vid.* art. 69 de la Propuesta de Reglamento.

14. De imprescindible consulta sobre esta materia el Informe de la Agencia Europea para los Derechos Fundamentales (FRA), publicado en 2020, sobre *Facial Recognition Technology:*

accesibles al público, con la finalidad de hacer cumplir la ley —*«real time biometric systems in publicly accessible spaces for the purpose of law enforcement»*[15]—, a menos que —y en esos casos pasarían a ser sistemas permitidos, pero de «alto riesgo»— su uso sea estrictamente necesario para uno de estos objetivos que menciona la propia norma, vid. art. 5.1.d): búsqueda dirigida de víctimas, especialmente de niños desaparecidos; prevenir una amenaza específica, importante e inminente para la vida o la seguridad física de personas, o un ataque terrorista; o bien para la detección, localización, identificación y procesamiento de un autor o sospechoso de haber cometido un delito de los mencionados en el art. 2.2 Decisión Marco 2002/584/JHA[16], castigado al menos en el Estado miembro interesado con penas de tres años de privación de libertad, según la legislación del referido Estado.

Además, para que sea admisible el uso de estos sistemas de identificación biométrica, se deberán tener en cuenta los siguientes elementos —art. 5.2—: gravedad y probabilidad de que efectivamente se produzca la situación de riesgo, daños que podrían causarse si no se usara este sistema de identificación, así como las consecuencias que el empleo de estos sistemas pueda tener sobre los derechos y libertades de todas las personas afectadas[17]. Su utilización ha de contar con las necesarias y proporcionadas salvaguardas, y además deben estar bien concretadas sus condiciones de uso; en particular, límites temporales, geográficos y personales.

fundamental rights considerations in the context of law enforcement, así como las recomendaciones contenidas en el Study on the use of innovative technologies in the justice field, Informe Final presentado por la Comisión Europea, con fecha de septiembre 2020, pp. 40 y ss. Véase también, aunque escrito en fecha anterior a la publicación de la Propuesta de Reglamento que nos ocupa, el trabajo de Etxeberria Guridi, J.F. (2021). «Inteligencia artificial aplicada a la videovigilancia: tecnologías de reconocimiento facial», *Justicia algorítmica y neuroderecho, una mirada multidisciplinar,* pp. 443 y ss.

15. Por datos biométricos se entiende en la norma —*vid.* art. 3, apdo. 33—, los datos personales resultantes de un procesamiento técnico específico, relacionado con las características físicas, fisiológicas o de comportamiento de una persona, que permiten o confirman la identificación única de esa persona física, tales como imágenes faciales, o datos dactiloscópicos.

16. Se trata de los ya conocidos como treinta y dos «eurodelitos», que permiten eludir el control de doble incriminación en relación con la orden europea de detención y entrega, si estuvieran castigados en el Estado miembro emisor con pena o medida de seguridad privativa de libertad de un máximo de al menos tras años, tal y como se definen en el Derecho del Estado miembro emisor. Entre esos delitos se cuentan tipos tan graves como la pertenencia a organización delictiva, el terrorismo, la trata de seres humanos, la explotación sexual de niños, el tráfico de armas, etc., etc.

17. Como bien destaca Exteberría Guridi, los sistemas de videovigilancia unidos a las nuevas herramientas IA, no sólo pueden afectar a la protección de datos de carácter personal, sino que los riesgos se extienden también a otras esferas de los derechos y libertades de los ciudadanos. Por ejemplo, el sometimiento a un escrutinio intenso mediante cámaras de un concreto espacio público puede resultar ser un elemento disuasorio para el ejercicio de ciertos derechos en ese espacio, como el derecho de reunión, de manifestación, o incluso la propia libertad de circulación.

Por otro lado, debe llamarse la atención sobre el hecho de que la norma que nos ocupa exige de forma expresa —*vid.* art. 5.3— que el uso de estos sistemas de identificación biométrica cuente con una autorización previa por parte de una «autoridad judicial» o por una «autoridad administrativa independiente» del Estado miembro en que se vaya a usar, la cual, en caso de extrema urgencia, podría obtenerse posteriormente.

Según el apartado 8.º de la Exposición de Motivos de esta Propuesta de Reglamento, la noción de «sistema de identificación biométrica remota» ha de entenderse de manera funcional; es decir, se trataría de un sistema IA destinado a la identificación de personas físicas a distancia, mediante la comparación de sus datos biométricos —facciones, modo de caminar, etc.—, captados en un lugar de acceso público, con los contenidos en una base de datos de referencia, y sin que se sepa previamente si la persona estará presente en ese lugar accesible al público donde se localiza el sistema IA, y si podrá ser identificada.

La norma distingue entre identificación biométrica remota que puede realizarse en «tiempo real», de aquella otra que se efectuaría *«ex post»*. En el primer caso, —vid. art. 3, apdo. 37—, la captura de datos biométricos, la comparación con la base de datos y la identificación de la persona ocurren de manera instantánea o casi instantánea; se usarían secuencias de video que se están grabando en ese momento en un lugar de acceso público[18]. En la llamada identificación *«ex post»* —vid. art. 3, apdo. 38—, los datos biométricos se han captado previamente, de forma que la comparación e identificación del sujeto se hace posteriormente, con un retraso que ya es «significativo» —*significant delay*—. Las imágenes o secuencias de video se habrían obtenido entonces de cámaras de TV de circuito cerrado o de dispositivos privados.

Por *publicly accesible space* en el que se van a obtener las grabaciones y los datos biométricos, se entiende en el Proyecto de Reglamento IA —vid. Exposición de Motivos, apdo. 9— un espacio físico accesible al público, independientemente de si se aplican ciertas condiciones de acceso, o si es de propiedad pública o privada. Aunque para acceder a ese espacio hicieran falta tickets de entrada, o hubiera restricciones por edad, también se consideraría a estos efectos un «espacio de acceso público». Por tanto, las calles, las partes relevantes de edificios gubernamentales, la mayoría de las infraestructuras de tranposrte, cines, teatros, centros comerciales... también son espacios de acceso público en este sentido. No obstante, deberá concretarse «case-by-case», destaca la Propuesta de Reglamento.

De otro lado, en este punto debe tenerse también muy en cuenta lo dispuesto en el Reglamento (UE) 2016/679, sobre protección de datos de per-

18. La calidad de este tipo de imágenes puede no ser muy buena, por lo que aumenta la probabilidad de que se produzcan «falsas coincidencias».

sonas físicas y libre circulación de esos datos —RGPD—, especialmente lo dispuesto en su art. 9: prohibición de tratamiento de datos personales de carácter biométrico y sus posibles excepciones. En semejantes términos, el art. 10 del Reglamento (UE) 2018/1725, sobre protección de las personas físicas en relación con el tratamiento de datos personales por instituciones, órganos u organismos UE y libre circulación de tales datos, así como el art. 10 de la Directiva (UE) 2016/680, sobre protección de las personas físicas en lo relativo al tratamiento de datos personales en ámbito penal.

Según esta normativa de referencia, se permitirá el tratamiento de los datos biométricos que permitan identificar de manera unívoca a una persona, si lo autoriza el Derecho de la Unión Europea o del Estado miembro, si fuera necesario para proteger intereses vitales del interesado o de otra persona física, por razones de un interés público esencial, o bien si el tratamiento se refiere a datos que el interesado hubiera hecho públicos de forma manifiesta.

Continuando con el análisis de los demás sistemas de «riesgo alto» que se contienen en el Título III de la Propuesta de Reglamento que nos ocupa, arts. 6 y ss., debe destacarse que entre ellos se encuadrarían la mayoría de los que pueden usarse en el orden penal. Esta categoría de sistemas se identificarían con una serie de criterios genéricos —*Classification rules for high-risk AI systems, vid.* art. 6—, si bien se adjunta además un listado de los mismos[19], en el anexo III.

En relación con la aplicación de sistemas IA a la prevención, investigación y enjuiciamiento de los hechos delictivos, nos interesan ahora particularmente algunos de los mencionados en los apartados 6.° y 8.° del referido anexo III[20]. El apartado 6.° es el relativo al «Law enforcement»[21], es decir, a las herramientas IA que pueden emplearse por las autoridades competentes para «el cumplimiento de la ley» en términos generales, entre las cuales se mencionan las siguientes: a) los sistemas IA usados por las autoridades para realizar una evaluación del riesgo individual en relación con personas físicas, *«individual risk assessments»*, a fin de poder determinar su riesgo de comisión delictiva o de reincidencia, así como el riesgo de ser víctimas potenciales de hechos delictivos; b) el uso de polígrafos y herramientas similares, o de aque-

19. Listado que la Comisión puede ir ampliando, con base en una serie de criterios que también se apuntan en el apdo. 2.° del art. 7.

20. El listado de sistemas IA *«high risk»* en este Anexo III comienza —*vid.* apdo. 1.°— con una referencia a los sistemas de identificación biométrica remota, a pesar de que, según hemos visto, en el articulado de la Propuesta de Reglamento éstos se posicionan como «sistemas prohibidos» o generalmente «inaceptables».

21. *Vid.* definición en art. 3, apdo. (41): *«law enforcement means activities carried out by law enforcement authorities for the prevention, investigation, detection or prosecution of criminal offences or the execution of criminal penalties, including the safeguarding against and the prevention of threats to public security».*

llas que detectan el estado emocional de una persona; d) los sistemas IA destinados a ser usados por las autoridades competentes para la evaluación de la fiabilidad de pruebas en el curso de una investigación o enjuiciamiento por hechos delictivos; e) los sistemas IA destinados a ser usados para predecir y prevenir la comisión o repetición de delitos, actuales o potenciales, con base en la elaboración de perfiles de personas físicas, o en la evaluación de rasgos de la personalidad, características o comportamientos delictivos pasados de personas concretas o grupos de personas, f) los sistemas IA destinados a ser usados por las autoridades encargadas de la aplicación de la ley para establecer perfiles de personas —*«profiling»*— según art. 3.4 Directiva 2016/680, en el curso de detección, investigación o enjuiciamiento de hechos delictivos. g) los sistemas IA usados para el análisis del delito —*«crime analytics»*— en relación con personas físicas, que permiten a la policía la búsqueda de grandes conjuntos de datos complejos en distintas fuentes o en diferentes formatos, a fin de identificar patrones desconocidos o descubrir relaciones ocultas entre esos datos.

En el apartado 8.º del Anexo III que nos ocupa, encontramos una referencia, calificándolos también como sistemas IA de «alto riesgo», a los que pueden utilizarse en el contexto de la «Administración de justicia y procesos democráticos», que serían aquellos instrumentos destinados a ayudar a la autoridad judicial a investigar e interpretar los hechos y la ley, para la aplicación de ésta a un conjunto concreto de hechos. Entendemos que bajo este epígrafe tendrían cabida numerosos instrumentos que pueden ser útiles para la obtención de fuentes de prueba, así como para la valoración de los correspondientes medios probatorios.

El legislador UE ha entendido que todos estos son sistemas de «riesgo alto», pues pueden conllevar peligros para la salud y la seguridad, y en general para los derechos fundamentales de las personas. Para su empleo tendrían que cumplir con una serie de requisitos «horizontales» de fiabilidad, y seguir unos procedimientos de evaluación de ese cumplimiento antes de su posible utilización.

Se distinguen además en la Propuesta de Reglamento los sistemas IA de «alto riesgo», que en términos generales estarían prohibidos, y que para ser empleados tendrían que verificarse previamente por un tercero independiente —v.gr.: sistemas de identificación biométrica remota—, de aquellos otros sistemas también de «alto riesgo», pero para cuyo uso bastaría una «declaración responsable» del proveedor del sistema IA —*Conformity assessment*—, en el sentido de que cumple con los requisitos establecidos; véase lo dispuesto en el art. 1958. Se trataría entonces de una especie de «cumplimiento normativo» —*Compliance tolos*—, que se requeriría v.gr. para los sistemas IA que podrían usarse con fines predictivos, tanto por la policía, como en el ámbito jurisdiccional.

Pues bien, llegados a este punto, puesto que los sistemas IA a los que venimos haciendo referencia se emplean y se van a seguir empleando de manera creciente, y puesto que tal uso ha de favorecer la ingente tarea de prevención, investigación y enjuiciamiento de hechos delictivos, es preciso referirnos a la determinante cuestión de las garantías o requisitos que debe reunir la configuración y el uso de estos sistemas IA de «riesgo alto». Estas cuestiones también se abordan en la Propuesta de Reglamento que analizamos; concretamente, en el Capítulo II del Libro III, arts. 8 y ss., y son las que resumimos a continuación:

Risk managemente system, art. 9: habrá de establecerse y documentarse un sistema continuo, regular y actualizado de evaluación y mitigación de riesgos, durante todo el ciclo de vida del sistema IA.

Data and data governance, art. 10: ha de exigirse una alta calidad del conjunto de datos —*high quality data*— que alimentan o con los que se «entrena» el sistema. Se deberá examinar periódicamente el conjunto de datos para evitar desviaciones —*biases*—, sesgos o discriminaciones, identificar posibles *«data gaps»* o *«shortcomings»* —lagunas o defectos— y establecer cómo pueden ser resueltos éstos.

Technical documentation, art. 11: toda la documentación técnica sobre el sistema IA deberá elaborarse antes de que se comercialice o se ponga en servicio, y se mantendrá actualizada. Deberá permitir evaluar su funcionamiento y el cumplimiento de las finalidades previstas.

Record-keeping, art. 12: todos estos sistemas IA han de tener la capacidad de grabar de forma automática los registros, y de asegurar un nivel adecuado de trazabilidad de los resultados alcanzados. Además, deberá poderse identificar a la persona física implicada en la verificación de los resultados.

Transparency and provision of information to users, art. 13: el diseño y funcionamiento de los sistemas IA debe ser lo suficientemente transparente como para permitir a los usuarios interpretar el resultado y emplearlo de forma adecuada. Las instrucciones de uso han de incluir información relevante, concisa, clara y completa, que además sea accesible y comprensible para los usuarios. Deberán explicar las características del sistema IA, sus posibles usos, su nivel de precisión, solidez y ciberseguridad. Habrán de advertir sobre posibles riesgos, tanto en su uso debido como en condiciones de uso indebido, aquellos que sean razonablemente previsibles. También deberán contener información sobre las medidas de supervisión humanas, necesidades de mantenimiento y de actualización del sistema, entre otros extremos relevantes.

Human oversight, art. 14: deberán establecerse medidas de supervisión humana, que puedan prever y minimizar los riesgos del sistema. Destaca en particular la medida contenida en el apartado 4. d) de este artículo, en el que se indica que la persona encargada de la supervisión debe ser capaz de decidir, en cualquier situación, la no utilización del sistema IA, o bien ignorar el *«output»* que éste ofrece.

Accuracy, robustness and cybersecurity, art. 15: este tipo de sistemas IA deben ser diseñados y desarrollados de forma que, a la vista de su específica finalidad, tengan un nivel adecuado de precisión, robustez y ciberseguridad, a lo largo de todo su ciclo de vida útil. Los niveles de precisión del sistema deben estar explicitados en las instrucciones de uso. Además, han de ser sistemas resilientes en caso de que se produzcan errores, fallos o incoherencias en el propio sistema o en el entorno en que operan, en particular por su interacción con personas físicas o con otros sistemas. Si son sistemas IA que continúan su aprendizaje tras su puesta en marcha, debe asegurarse que los ciclos de retroalimentación no lleven a resultados erróneos —*feedback loops*—. Deben ser seguros para prevenir y controlar ataques que pretendan manipular el conjunto de datos de entrenamiento del sistema, o entradas que tuvieran por objeto provocar errores en su funcionamiento.

Es igualmente reseñable el hecho de que el Proyecto de Reglamento añada también una serie de obligaciones que tendrán los usuarios de sistemas IA de «alto riesgo»; por ejemplo, seguir en todo momento las instrucciones de uso, conservar los registros generados automáticamente, respetar toda la normativa vigente sobre protección de datos, entre otros extremos.

Finalizaremos nuestro análisis con algunas valoraciones adicionales y conclusiones sobre el instrumento aquí abordado. Podemos convenir que esta normativa europea llegará tarde, pues es muy poco probable que entre en vigor antes del año 2023; sin embargo, como se ha expuesto, los sistemas IA ya se están utilizando desde hace mucho tiempo en distintos ámbitos públicos y privados, incluso los calificados de «alto riesgo».

De otro lado, aunque el instrumento normativo elegido es un Reglamento, lo que desde luego favorece el grado de armonización que pretende alcanzarse en la Unión, es indudable que éste necesitará normas nacionales de desarrollo y, además, esta regulación de carácter horizontal y general va a requerir ser complementada por otras normativas sectoriales mucho más específicas.

Por ejemplo, en el ámbito jurisdiccional, que principalmente nos ocupa, será imprescindible aprobar la correspondiente regulación que permita el uso procesal de este tipo de sistemas IA en cuestiones para las que ya se viene empleando dentro y fuera de nuestras fronteras, y en otras muchas utilidades que seguro surgirán: previsión del riesgo de reincidencia delictiva o de fuga, de revictimización, posibilidades de reinserción social, determinación de la futura solvencia económica de una persona, presupuestos y efectos de la identificación biométrica remota, uso de sistemas IA para la obtención de fuentes de prueba, como ayuda en la valoración judicial de medios probatorios en los distintos órdenes jurisdiccionales, posibilidad —o no— de que se adopten decisiones judiciales «automatizadas», en todo o en parte[22], etc.

22. *Vid.* el art. 22 del Reglamento 2016/679 —RGP—, sobre el derecho a no ser objeto de una decisión basada únicamente en el tratamiento automatizado de datos, incluida la

Esta regulación sectorial más específica tendrá que adaptar e incorporar todas las garantías que de forma muy genérica se contienen actualmente en la Propuesta de Reglamento IA, y que finalmente encontrarán reflejo en el previsible Reglamento, a las especificidades de su uso en ámbitos más concretos: proceso civil, penal, administrativo, laboral, actuaciones policiales, etc. De otro lado, será preciso avanzar en la llamada Estrategia Europea de Datos, que incluye una gestión responsable de los mismos, cumpliendo además con los llamados «principios FAIR»[23]. Además, habrá que armonizar también los aspectos esenciales relativos a la responsabilidad civil que pudiera derivarse del uso de sistemas IA[24].

---

elaboración de perfiles, que produzca efectos jurídicos sobre una persona o le afecte significativamente, así como el más reciente art. 14 de la LO 7/2021, de 26 de mayo, de protección de datos personales tratados para fines de prevención, detección, investigación y enjuiciamiento de infracciones penales y de ejecución de sanciones penales: Artículo 14. Mecanismo de decisión individual automatizado: «1. Están prohibidas las decisiones basadas únicamente en un tratamiento automatizado, incluida la elaboración de perfiles, que produzcan efectos jurídicos negativos para el interesado o que le afecten significativamente, salvo que se autorice expresamente por una norma con rango de ley o por el Derecho de la Unión Europea. La norma habilitante del tratamiento deberá establecer las medidas adecuadas para salvaguardar los derechos y libertades del interesado, incluyendo el derecho a obtener la intervención humana en el proceso de revisión de la decisión adoptada. 2. Las decisiones a las que se refiere el apartado anterior no se basarán en las categorías especiales de datos personales contempladas en el artículo 13, salvo que se hayan tomado las medidas adecuadas para salvaguardar los derechos y libertades y los intereses legítimos del interesado. 3. Queda prohibida la elaboración de perfiles que dé lugar a una discriminación de las personas físicas sobre la base de categorías especiales de datos personales establecidas en el artículo 13». Véase más ampliamente, GUZMÁN FLUJA, V. (2021). «Proceso penal y justicia automatizada», en *Revista General de Derecho Procesal*, núm. 53, pp. 1 y ss.

23. Acrónimo de «Fáciles de encontrar, Accesibles, Interoperables y Reutilizables». Véase el *Informe final y Plan de acción del Grupo de expertos en datos FAIR de la Comisión europea: Turning FAIR into reality*. Disponible en: https://ec.europa.eu/info/sites/info/files/turning_fair_into_reality_1.pdf

24. Materia esta desde luego de enorme trascendencia práctica, y que ya se abordó en el Informe sobre el marco de seguridad y responsabilidad civil de la Inteligencia Artificial, el Internet de las cosas y la robótica, adjunto al Libro Blanco sobre IA. Disponible en:
https://ec.europa.eu/transparency/regdoc/rep/1/2020/ES/COM-2020-64-F1-ES-MAIN-PART-1.PDF
En fechas más recientes la DG Justicia de la Comisión europea ha publicado un estudio muy completo de Derecho comparado sobre responsabilidad civil por Inteligencia artificial, que puede consultarse en
https://op.europa.eu/es/publication-detail/-/publication/8a32ccc3-0f83-11ec-9151-01aa75ed71a1.
Sobre esta cuestión, en nuestro país, *vid.* el trabajo de NÚÑEZ ZORRILLA, M.C. (2019). *Inteligencia artificial y responsabilidad civil derivada de daños ocasionados por robots autónomos con inteligencia artificial*, Madrid, y con referencia al contexto europeo, de la misma autora, (2018). «Los nuevos retos de la UE en la regulación de la responsabilidad civil por los daños causados por la inteligencia artificial», en *Revista Española de Derecho Europeo,* núm. 66, pp. 9 y ss.

Por último, aunque no por ello menos relevante, la necesaria creación del «ecosistema de confianza» en la Unión Europea en materia de Inteligencia Artificial[25], la implantación de un marco jurídico destinado a lograr una IA fiable y respetuosa de los derechos y garantías fundamentales[26], repercutirá también sobre el éxito de la imprescindible cooperación judicial y policial transfronteriza en los supuestos cada vez más frecuentes en que se hayan podido usar sistemas IA, cuestión esta que, según ya se ha indicado, ni siquiera encuentra mención en el Proyecto de Reglamento que analizamos.

Esta normativa UE está claramente centrada en la mejora del mercado interior y de la competitividad; en definitiva, en las libertades económicas comunitarias, y no tanto en reforzar el «espacio de libertad, seguridad y justicia», a pesar de que nos parecen objetivos perfectamente compatibles. Confiamos en que, tras este importante esfuerzo regulatorio en la Unión[27], el texto del Reglamento que finalmente se apruebe sí tenga en consideración también este aspecto.

3. EL IMPACTO DE LA PROTECCIÓN DE DATOS DE LA UE Y SU REPERCUSIÓN EN EL PROCESO PENAL ESPAÑOL

La rápida evolución tecnológica y la globalización han planteado nuevos retos en el ámbito de la protección de los datos personales, dónde se han visto incrementado de manera significativa la magnitud de la recogida e intercambio de estos datos de carácter personal que vamos dejando cada día.

De forma inconsciente vamos dejando rastro en la red de todo lo que hacemos, ubicaciones, movimientos de dinero, contacto con terceras personas, etc., ya no sólo dentro de las fronteras de un país si no de forma global. Este hecho es especialmente relevante en el tratamiento de datos personales para la realización de actividades de prevención, investigación, detección o enjuiciamiento de infracciones penales o la ejecución de sanciones penales, incluidas la protección y la prevención frente a las amenazas para la seguri-

25. Al que ya se refería expresamente el Libro Blanco sobre IA, donde se insistía además en el «enfoque antropocéntrico» como objetivo político en sí mismo, que sirviera de guía para hacer frente a los principales riesgos que hay que salvar cuando se hace uso de los sistemas IA: opacidad en la toma de decisiones, discriminaciones de género u otro tipo, intromisión en la intimidad y posible uso con fines delictivos.

26. Además de todos los que se mencionan expresamente en la Propuesta de Reglamento, habrá que tener siempre presente el respeto al debido proceso o proceso con todas las garantías, los derechos de defensa e igualdad de partes, la presunción de inocencia y la protección de la privacidad.

27. Que bien destaca BARONA VILAR, S., *Algoritmización del Derecho y de la Justicia, ob. cit.*, pp. 149 y ss.

dad pública en el seno de la Unión y la transferencia de estos datos personales a terceros países y organizaciones internacionales, al tiempo que se garantiza un alto nivel de protección de los datos personales.

Desde el punto de vista de una investigación o proceso penal es posible que se intercambien y recopilen multitud de datos o información que pueden ser personales y sensibles para la persona física, que entonces adquiere la condición de sospechoso, investigado o encausado, rozando en algunos casos los límites que amparan al sujeto ante la vulneración de su derecho de carácter fundamental —la protección de datos de carácter personal—. Especial relevancia cobra este derecho en tanto en cuanto estos datos son susceptibles de ser transmitidos a otro Estado. Sin embargo, esta acción está justificada en términos generales, y atiende a unos fines concretos: la prevención, investigación, detección o enjuiciamiento de infracciones penales o de ejecución de sanciones penales.

Por ello, deben respetarse los derechos y garantías de los procesados en todo caso. En efecto, la Unión Europea se caracteriza por ser la vanguardia internacional y mundial en cuanto la protección del derecho a la protección de datos, que fue objeto de regulación ante el rápido desarrollo tecnológico, especialmente de internet a los efectos de «consolidar e incluso mejorar este elevado nivel de protección a través de la creación de un marco legislativo nuevo, adaptado a la realidad cambiante, al tiempo que sólido, coherente e integral. En definitiva, un entorno normativo para un mundo globalizado y digital». En este contexto, debemos hacer mención a la Directiva 2016/680 del Parlamento Europeo y del Consejo de 27 de abril de 2016, relativa a la protección de las personas físicas en lo que respecta al tratamiento de datos personales por parte de las autoridades competentes para fines de prevención, investigación, detección o enjuiciamiento de infracciones penales o de ejecución de sanciones penales, y a la libre circulación de dichos datos y por la que se deroga la Decisión Marco 2008/977/JAI del Consejo, esta norma supuso la introducción de un nuevo paradigma en orden al tratamiento de los datos personales con fines penales[28].

28. En otro caso, será de aplicación el Reglamento (UE) 2016/679 del Parlamento Europeo y del Consejo de 27 de abril de 2016, relativo a la protección de las personas físicas en lo que respecta al tratamiento de datos personales y a la libre circulación de estos datos y por el que se deroga la Directiva 95/46/CE que trató de armonizar la protección de los derechos y libertades fundamentales de las personas físicas se aplica en los casos en los que un organismo o entidad recopila datos personales con otros fines y proceda a su tratamiento para el cumplimiento de una obligación jurídica a la que esté sujeto, lo que supone una doble vía para la protección de los datos personales de las personas físicas (Galán Muñoz, A. (2015). «La protección de datos de carácter personal en los tratamientos destinados a la prevención, investigación y represión de delitos: hacia una nueva orientación de la política criminal de la Unión Europea», en *La transmisión de datos personales en el seno de la cooperación judicial penal y policial en la Unión Europea*, dir. por Colomer Hernández, I., editorial Aranzadi, pp. 43-44). En este sentido, por ejemplo, las instituciones financieras tienen la obligación de conservar determinados datos personales

La Directiva Europea fue transpuesta a nuestra legislación interna, fuera del plazo establecido y la correspondiente sanción por parte de los Tribunales Europeos, a través de la Ley Orgánica 7/2021, de 26 de mayo, de protección de datos personales tratados para fines de prevención, detección, investigación y enjuiciamiento de infracciones penales y de ejecución de sanciones penales[29]. De lo dispuesto en la Directiva se desprende la sujeción a una serie de principios en aras de garantizar el derecho a la protección de datos personales de las personas físicas. De esta forma, el art. 4 de la citada directiva que fueron más tarde plasmados en nuestra norma nacional, debe regirse en torno a los siguientes principios:

a) Principio de licitud y lealtad: esto requiere que los datos obtenidos deben ser tratados de manera lícita y leal;

b) Principio finalista: recogidos con fines determinados, explícitos y legítimos, y no ser tratados de forma incompatible con esos fines;

c) Principio de pertinencia: lo que requiere que sean adecuados, pertinentes y no excesivos en relación con los fines para los que son tratados;

d) Principio de exactitud: los datos deben ser exactos y, si fuera necesario, actualizados; se habrán de adoptar todas las medidas razonables para que se supriman o rectifiquen sin dilación los datos personales que sean inexactos con respecto a los fines para los que son tratados;

e) Principio de conservación: esto es, han de conservarse de forma que permita identificar al interesado durante un período no superior al necesario para los fines para los que son tratados;

---

que ellas mismas tratan y únicamente facilitan dichos datos personales a las autoridades nacionales competentes en casos concretos y de conformidad con el Derecho del Estado miembro (Considerando 7 Directiva (UE) 2016/680 del Parlamento Europeo y del Consejo de 27 de abril de 2016 relativa a la protección de las personas físicas en lo que respecta al tratamiento de datos personales por parte de las autoridades competentes para fines de prevención, investigación, detección o enjuiciamiento de infracciones penales o de ejecución de sanciones penales, y a la libre circulación de dichos datos y por la que se deroga la Decisión Marco 2008/977/JAI del Consejo).

29. De la misma forma se plasma este artículo en la Ley española en materia de protección de datos personales en su art. 14 al disponer: «1. Están prohibidas las decisiones basadas únicamente en un tratamiento automatizado, incluida la elaboración de perfiles, que produzcan efectos jurídicos negativos para el interesado o que le afecten significativamente, salvo que se autorice expresamente por una norma con rango de ley o por el Derecho de la Unión Europea. La norma habilitante del tratamiento deberá establecer las medidas adecuadas para salvaguardar los derechos y libertades del interesado, incluyendo el derecho a obtener la intervención humana en el proceso de revisión de la decisión adoptada. 2. Las decisiones a las que se refiere el apartado anterior no se basarán en las categorías especiales de datos personales contempladas en el artículo 13, salvo que se hayan tomado las medidas adecuadas para salvaguardar los derechos y libertades y los intereses legítimos del interesado. 3. Queda prohibida la elaboración de perfiles que dé lugar a una discriminación de las personas físicas sobre la base de categorías especiales de datos personales establecidas en el artículo 13».

f) Tratados de tal manera que se garantice una seguridad adecuada de los datos personales, incluida la protección contra el tratamiento no autorizado o ilícito y contra su pérdida, destrucción o daño accidentales, mediante la aplicación de medidas técnicas u organizativas adecuadas.

En lo que se refiere al tratamiento automatizado de datos recopilados por algoritmos, el art. 11 establece que: «los Estados miembros dispondrán la prohibición de las decisiones basadas únicamente en un tratamiento automatizado, incluida la elaboración de perfiles, que produzcan efectos jurídicos negativos para el interesado o le afecten significativamente, salvo que estén autorizadas por el Derecho de la Unión o del Estado miembro a la que esté sujeto el responsable del tratamiento y que establezca medidas adecuadas para salvaguardar los derechos y libertades del interesado, al menos el derecho a obtener la intervención humana por parte del responsable del tratamiento». La propia norma establece una salvedad para la adopción de medidas adecuadas para salvaguardar los derechos y libertades del interesado, incluyendo, al menos, el derecho a obtener el derecho a obtener la intervención humana por parte del responsable del tratamiento de los datos con fines penales[30].

Como vemos, la legislación europea de referencia en materia de protección de datos personales en el proceso penal viene descartando ya la utilización de un sistema de Inteligencia Artificial para un tratamiento masivo de los datos de las personas encausadas y requiere participación humana a la hora de tomar alguna decisión que implique injerencia en los derechos y garantías del encausado o acusado[31].

4. REFLEXIONES FINALES

La IA está llamada a ser un gran catalizador de la transformación de la actividad y presencia digital de la Administración Pública mejorando la eficacia y la eficiencia de sus procesos, también en nuestra Administración de Justicia. España hoy en día, está dividida en 431 partidos judiciales, cifra actual muy excesiva, no respondiendo a las necesidades actuales de nuestra Administración de Justicia, con el sistema actual de gestión de notificaciones (LEXNET) y la posibilidad de celebrar actuaciones de forma telemática, debiendo avanzar por el camino de la especialización, por lo que nos lleva a la IA como posible solución, llevando que los algoritmos ayuden a reducir la burocracia y actuando como asistentes del juzgador.

---

30. Carrillo del Teso, A. E. (2018). «La protección de las personas físicas en la cooperación penal europea tras la directiva (UE) 2016/680» en *Fodertics 7.0. Estudios sobre Derecho Digital*, Dir. por FEDERICO Bueno de Mata, editorial Comares, p. 19.

31. Bueno de Mata, F. (2021). «Protección de datos, investigación de infracciones penales e inteligencia artificial. novedades y desafíos a nivel nacional y europeo en la era postcovid», en *La ley penal: revista de derecho penal, procesal y penitenciario,* 150. Disponible en: https://dialnet.unirioja.es/servlet/articulo?codigo=8049997

La propuesta de Reglamento (UE) del Parlamento Europeo y del Consejo por el que se establecen normas armonizadas en materia de inteligencia artificial (Ley de Inteligencia Artificial) y se modifican determinados actos legislativos de la Unión, no establece una prohibición de la utilización de la tecnología en este ámbito decisorio, pero sí lo incluye dentro de aquellas denominadas de alto riesgo, estableciéndose una serie de requisitos a cumplir, en cuanto a datos y su gobernanza, la documentación y el registro, la transparencia y la comunicación de información a los usuarios, la vigilancia humana, la solidez, la precisión y la seguridad, recogidos en el capítulo 2 del Título II.

A nivel regulatorio europeo e internacional, existen multitud de textos no vinculantes jurídicamente, elaborados en el seno de diversas organizaciones internacionales, como a OCDE y la UNESCO, o recomendaciones como en el caso del Consejo de Europa, aunque las iniciativas regulatorias aún están en una fase preparatoria. Se espera que en menos de un año se apruebe la norma que va a suponer un verdadero marco regulatorio para todos los Estados miembros de la Unión Europea, por lo que quedará regulado lo que se llama «actuación judicial automatizada», por lo que se ampliará esas actuaciones automatizadas y definiendo en su caso las materias o casos de uso donde se podrá utilizar la inteligencia artificial.

Desde el punto de vista del ordenamiento jurídico español, la utilización de la Inteligencia Artificial aplicada a la decisión judicial, está directamente relacionada con los derechos fundamentales reconocidos en el artículo 24 de la Constitución Española, en el sentido de garantía de la tutela judicial efectiva, prohibición de indefensión, Juez ordinario predeterminado por la ley, y al proceso público con todas las garantías. Cuestión distinta es que los jueces se sirvan de esta tecnología no para tomar la decisión o ayudarse en la valoración de la prueba, lo cual debe de ser un proceso completamente humano, sino para auxiliarse o apoyarse a la hora de poder relacionar hechos con mayor facilidad, de realizar comparaciones, buscadores de gran cantidad de datos, etc. Ya en la Agencia Tributaria se viene usando algoritmos en la lucha contra el fraude fiscal, así como los servicios de Inspección de Trabajo y de la Seguridad Social. También su usan algoritmos en la lucha contra la violencia de género a través del sistema de Seguimiento integral en los casos de violencia de género.

La propuesta sobre el uso de la IA en los ámbitos policial y judicial preparada por el Comité de Libertades Civiles, Justicia e Interior del Parlamento Europeo, señala que «todo instrumento de inteligencia artificial elaborado o utilizado por las fuerzas policiales o la judicatura debe, como mínimo, ser seguro en su uso, estar protegido y ser adecuado para su finalidad, así como respetar los principios de equidad, responsabilidad proactiva, transparencia y aplicabilidad y su despliegue estar sujeto a una estricta prueba de necesidad y proporcionalidad al caso concreto». Actualmente se utilizan datos electrónicos en el 85 % de las investigaciones penales.

De este modo, podemos concluir con que nos encontramos con la necesidad de regular una situación de gran complejidad, por un lado, por el desconocimiento de estas herramientas que tenemos por parte de los juristas y conocedores del Derecho y, por otro lado, por el desafío que implica su comprobación y utilización como una prueba confiable dentro de un proceso judicial.

COOPERACIÓN JUDICIAL Y VIOLENCIA DE GÉNERO. A PROPÓSITO DE LA DIRECTIVA (UE) 2024/1385 DEL PARLAMENTO EUROPEO Y DEL CONSEJO, DE 14 DE MAYO DE 2024, SOBRE LA LUCHA CONTRA LA VIOLENCIA CONTRA LAS MUJERES Y LA VIOLENCIA DOMÉSTICA

Irene de Lamo Velado
Universidad de Granada

1. INTRODUCCIÓN

En las últimas décadas la violencia de género se ha identificado como una forma de discriminación contra las mujeres y se han publicado múltiples instrumentos internacionales para su erradicación. En 1967, la Asamblea General de las Naciones Unidas aprobó la Declaración sobre la Eliminación de la Discriminación contra la Mujer mediante la Resolución 2263 (XXII). En 1979, se adoptó la Convención sobre la Eliminación de todas las Formas de Discriminación contra la Mujer (CEDAW).

Posteriormente, en 1992, el Comité para la Eliminación de la Discriminación contra la Mujer (Comité CEDAW), a través de su Recomendación General 19, determinó que el artículo 1 de la CEDAW también incluye la violencia de género. La Declaración sobre la Eliminación de la Violencia contra la Mujer (DEVAW) fue aprobada por la ONU en diciembre de 1993. Esta declaración establece que la violencia contra las mujeres en sus diversas formas constituye una violación de los derechos humanos y las libertades fundamentales, y refleja las relaciones de poder históricamente desiguales entre hombres y mujeres[1]. En 1995, se adopta la Declaración de la Cuarta Conferencia Mundial sobre la Mujer celebrada en Beijing que también identifica la violencia contra la mujer como una forma de discriminación.

---

1. Zamora Gómez, C., 2022. «Well-Founded Fear in International Refugee Law: A Feminist Approach». *The Age of Human Rights Journal*. N.º 19, pp. 271-291.

Diferentes textos que facilitaron la adopción en 2011 de Convenio del Consejo de Europa sobre prevención y lucha contra la violencia contra las mujeres y la violencia doméstica (2011) (Convenio de Estambul). Texto que ha representado un hito en la lucha contra la violencia de género en Europa[2], aunque no haya estado exento de críticas[3]. Recientemente, la Unión Europea ha aprobado la Directiva (UE) 2024/1385 del Parlamento Europeo y del Consejo, de 14 de mayo de 2024, sobre la lucha contra la violencia contra las mujeres y la violencia doméstica. Esta norma tiene como objetivo avanzar en la erradicación de la violencia y contiene diferentes disposiciones de carácter sustantivo y procesal.

Una de las expresiones más notables de la necesidad de erradicar la violencia de género han sido la introducción de las órdenes de protección. En el ámbito de la Unión Europea, se ha dictado la Directiva 2011/99/UE, regula la Orden de Protección Europea (EPO, según sus siglas en inglés), uno de los instrumentos de cooperación judicial en materia de violencia de género. El Estado español, traspuso la directiva mediante la Ley 23/2014 de reconocimiento mutuo de resoluciones penales en la Unión Europea. En España, las órdenes de protección fueron introducidas en la legislación española mediante la Ley Orgánica 11/1999, de 30 de abril, por la que se modifica el Título XIII del Libro II del Código Penal, aprobado por la Ley Orgánica 10/1995, de 23 de noviembre (en adelante, CP). Las órdenes de protección pueden imponerse como medida cautelar, como pena accesoria, como medida alternativa a la prisión o como medida de seguridad post-penal en sentencia condenatoria. En relación con los delitos de género, la legislación penal (art. 57.2 del CP en relación con el art. 48.2) determina como obligatorio para los Tribunales establecer la orden de protección como pena.

La Orden de Protección Europea y las órdenes de protección nacinales no han estado exentas de críticas[4]. Los Derechos Humanos y el Derecho Internacional Público han evolucionado notablemente en las últimas décadas. Sin embargo, el Derecho Procesal de los diferentes estados no se ha adaptado a los nuevos estándares, mostrando una evolución más progre-

---

2. Lopez de Zubiria, S., 2019, «El Convenio de Estambul en la lucha contra la violencia de género análisis crítico». *Letras jurídicas: revista de los investigadores del Instituto de Investigaciones Jurídicas*, N.°. 39, 2019, pp. 203-218.

3. Franch, A.V., 2016, «El Convenio de Estambul y los sujetos de la violencia de género. El cuestionamiento de la violencia doméstica como categoría jurídica». *Revista de Derecho Político*, vol. 1, no 97, pp. 179-208.

4. Por todos, véanse Sosa, L, Niemi, J., y Van Der AA, S. 2019. «Protection Against Violence: The Challenges of Incorporating Human Rights› Standards to Procedural Law». *Human Rights Quarterly*, 41(4), pp. 939-961. https://doi.org/10.1353/hrq.2019.0068;
Van Der AA, S. y Ouwerkerk, J., 2011, «The European Protection Order: No time to waste or a waste of time?» *European Journal of Crime, Criminal Law and Criminal Justice*, 19(4), pp. 267-287.

siva. Situación que ha afecta a la efectividad de las órdenes de protección y la Orden de Protección Europea específicamente[5].

El objetivo de este artículo es explorar el impacto de la Directiva (UE) 2024/1385 del Parlamento Europeo y del Consejo, de 14 de mayo de 2024, sobre la lucha contra la violencia contra las mujeres y la violencia doméstica en la efectividad de la Orden de Protección Europea y de las órdenes de protección en general.

2. LAS ÓRDENES DE PROTECCIÓN

Desde que la violencia contra las mujeres se ha conceptualizado como una violación de derechos humanos, diversos instrumentos internacionales han señalado la responsabilidad de los estados de proteger a las mujeres contra esta violencia. Incluyendo protección contra daños inminentes y contra la repetición de violencia a largo plazo[6].

2.1. Órdenes de protección en los textos internaciones

El comité CEDAW en su recomendación 19 establece que la violencia contra la mujer es una forma de discriminación basada en el género. El comité en sus diferentes dictámenes y comunicaciones ha establecido ciertas medidas que los estados deben procurar para proteger la integridad de las mujeres.

A efectos ilustrativos, cabe citar el dictamen de la Comisión CEDAW para el caso Sra. A. T. contra Hungría. La Sra. A. T. denunció que Hungría no le proporcionó protección adecuada contra la violencia doméstica a la que estaba siendo sometida por su expareja, quien no quiso abandonar el domicilio común. En este sentido, una vez que se mudó continuó acudiendo sorpresivamente al antiguo domicilio común donde residía la víctima para acosarla, tanto a ella como a sus hijos. La víctima inició diferentes procesos civiles y los tribunales húngaros confirmaron que su expareja tenía el derecho de volver al antiguo domicilio común. El Comité determinó que Hungría había fallado en cumplir con sus obligaciones bajo la CEDAW al no proporcionar una protección adecuada contra la violencia doméstica. El Comité recomendó que Hungría implementara medidas legales para asegurar la protección efectiva

5. Sosa, L, Niemi, J., y Van Der AA, S. 2019. «Protection Against Violence: The Challenges of Incorporating Human Rights› Standards to Procedural Law». *Human Rights Quarterly*, 41(4), pp. 939-961. https://doi.org/10.1353/hrq.2019.0068

6. Sosa, L, Niemi, J., y Van Der AA, S. 2019. «Protection Against Violence: The Challenges of Incorporating Human Rights› Standards to Procedural Law.» *Human Rights Quarterly*, 41(4), pp. 939-961. https://doi.org/10.1353/hrq.2019.0068

contra la violencia doméstica, incluyendo órdenes de protección y refugios adecuados para víctimas. El Comité subrayó la importancia de las órdenes de protección e inmediatas. Además de la importancia que poseen medidas de protección a largo plazo durante la tramitación del proceso judicial.

A nivel europeo, también cabe destacar que la Convención Europea de Derechos Humanos no señala explícitamente la violencia contra la mujer. Ahora bien, en su jurisprudencia, la Tribunal Europeo de Derechos Humanos ha indicado que la violencia de género es una violación del artículo 3 de la Convención Europea de Derechos Humanos[7] y que los estados poseen la obligación de proteger a las víctimas de violencia de género. Cabe citar la Sentencia del Tribunal Europeo de Derechos Humanos de 9 de junio de 2002, Asunto «Opuz vs. Turquía»[8]. El 15 de julio de 2002, Nahide Opuz, una ciudadana turca, presentó una demanda ante el Tribunal Europeo de Derechos Humanos contra Turquía. La denuncia se basaba en la falta de protección por parte del Estado turco frente a la violencia que ella y su madre sufrieron a manos de su entonces esposo. Esta violencia resultó en la muerte de su madre y la persistencia de los abusos y agresiones contra la demandante. Fue la primera sentencia que consideró la que la violencia de género como una violación de derechos humanos.

Progresivamente el Consejo de Europa ha evolucionado de hacer referencia a medidas de protección para explícitamente mencionar las órdenes de protección La culminación de este proceso se encuentra en el Convenio de Estambul. El texto internacional menciona explícitamente la obligación de incluir órdenes de protección en las legislaciones nacionales. Específicamente en sus artículos 52 y 53 establece la obligación de que los estados prevean tanto órdenes de protección para situaciones de emergencia y de daño inmediato como órdenes de protección a largo plazo. Sin embargo, el Convenio de Estambul no menciona como deben ser implementadas por los estados signatarios las órdenes de protección a nivel procesal, con el objetivo de poder otorgar a los espacios a los estados autonomía a la hora de implementarlas.

En 2011 la Unión Europea, publicó su Directiva 2011/99/UE del Parlamento Europeo y del Consejo de 13 de diciembre sobre la orden europea de protección, en la que instauró un nuevo mecanismo de Cooperación Internacio-

7. DAVIDSONT Natalie, 2019, «The feminist expansion of the prohibition of torture: Towards a postliberal international human rights law?», *Cornell International Law Journal*, 52 (1), pp. 109-136.

8. Antes del caso Opuz contra Turquía, el Tribunal Europeo de Derechos Humanos había abordado temas relacionados con la violencia de género, pero fueron analizados como actos de violencia individual y no como un fenómenos social. Véanse STEDH (Sección 4.ª), Asunto Kontrová contra Eslovaquia, Demanda núm. 7510/04, de 31 de mayo de 2007 y la STEDH (Sección 1.ª), Asunto Branko Tomašić y otros contra Croacia, Demanda núm. 46598/06, de 15 de enero de 2009.

nal en el ámbito de la violencia de género. La Orden Europea de Protección implica que la víctima que se desplaza a otro país de la Unión Europea no tendría que comenzar un nuevo procedimiento para solicitar una orden de protección, sería efectiva aquella orden dictada en su país de origen.

La Orden de Protección Europea puede emitirse tanto en relación con medidas cautelares adoptadas en un proceso penal como consecuencia de la imposición de penas o medidas de seguridad privativas de libertad, siempre que consistan en un listado específico de tres medidas que establece la directiva: la prohibición de residir o acercarse a determinados lugares, la prohibición de comunicación, y la obligación de mantener una distancia prudencial fijada por los tribunales. Medidas mucho más limitadas que las disponibles para la orden de protección española[9].

2.2. Aspectos problemáticos de las órdenes de protección

En su investigación, Lorena Sosa, Johanna Niemi y Suzan van de Aa[10] identifican tres criterios para evaluar las órdenes de protección, la disponibilidad, la accesibilidad y la efectividad. En cuanto a la disponibilidad, es necesario que las órdenes de protección se adopten de manera rápida a través de simples procedimientos y que dispongan de efecto inmediato. En este sentido, la contiene la Corte Internacional de Derechos Humanos ha indicado en su jurisprudencia que las órdenes de protección deben adoptarse en un lapso de tiempo razonable. Aquellas órdenes de protección dictadas en el marco de un proceso penal como medidas cautelares pueden poseer una tramitación que impida que pueda adoptarse con carácter urgente.

A efecto ilustrativo es posible citar la Sentencia del Tribunal Europeo de Derechos Humanos del 24 de abril de 2012, asunto Kalucza contra Hungría. En esta sentencia, la Sra. Kalucza sufría malos tratos por parte de su expareja, con quien seguía compartiendo su vivienda debido a la imposibilidad de obtener una orden de protección efectiva. La Sra. Kalucza denunció numerosos incidentes de violencia, que incluían agresiones físicas y amenazas, pero las autoridades húngaras no tomaron medidas suficientes para protegerla. El Tribunal Europeo de Derechos Humanos falló a favor de la Sra. Kalucza, concluyendo que Hungría no había cumplido con sus obligaciones positivas bajo el Convenio.

9. Burgos Ladrón de Guevara, Juan, 2013, La orden europea de protección: analogías y diferencias con la orden de protección del proceso penal español, *Diario La Ley*, núm. 8022.

10. Sosa, L, Niemi, J., y Van Der AA, S. 2019. «Protection Against Violence: The Challenges of Incorporating Human Rights› Standards to Procedural Law». *Human Rights Quarterly*, 41(4), pp. 939-961. https://doi.org/10.1353/hrq.2019.0068

El Tribunal señaló que las autoridades no habían tomado las medidas necesarias para proteger a la demandante de la violencia doméstica y que la inacción de las autoridades había contribuido a la continuación de los abusos. En consecuencia, el Tribunal Europeo de Derecho Humanos determinó que hubo una violación del artículo 3 y del artículo 8 del Convenio. Este caso subraya la obligación de los Estados de tomar medidas concretas y efectivas para proteger a las víctimas de violencia doméstica y garantizar que tengan acceso a recursos legales adecuados y protección. También destaca la importancia de que los Estados proporcionen una respuesta rápida y efectiva a las denuncias de violencia doméstica para cumplir con sus obligaciones bajo el Convenio Europeo de Derechos Humanos[11].

Otro aspecto problemático de las medidas de protección en su accesibilidad. Específicamente el comité de la ceda un ha establecido que las medidas de protección deben ser accesibles y ha advertido específicamente sobre la presencia de estereotipos sobre los roles de género que pueden afectar a la adopción de órdenes de protección. Es necesario citar el dictamen del Comité CEDAW sobre el asunto «V.K. contra Bulgaria» Comunicación núm. 20/2008, de 25 de julio de 2011. En este dictamen se aborda la cuestión de los estereotipos de género como parte de la discriminación y la violencia contra las mujeres. V.K., una mujer búlgara, fue víctima de violencia de género por parte de su esposo. A pesar de sus múltiples denuncias y solicitudes de protección, las autoridades búlgaras no actuaron de manera efectiva para protegerla contra los abusos. El Comité CEDAW instó a Bulgaria a adoptar medidas urgentes para prevenir y abordar la violencia doméstica de manera efectiva. Recomendó mejorar la implementación de leyes y políticas existentes, garantizar el acceso de las mujeres a la justicia y a recursos adecuados, y fortalecer los servicios de apoyo a las víctimas. Además, el Comité enfatizó la importancia de sensibilizar a la sociedad y capacitar a los profesionales, incluidos los funcionarios encargados de hacer cumplir la ley y el sistema judicial, sobre la violencia de género y los derechos de las mujeres.

Por último, otro aspecto problemático de las órdenes de protección es su efectividad. En varios dictámenes el comité de la CEDAW ha observado que no ha habido un correcto proceso de monitorización y a pesar de las víctimas haber recibido un orden de protección han sufrido violencia e incluso la muerte. Es necesario citar el dictamen del Comité CEDAW asunto Sahide Goecke contra Austria. Şahide Gökeç era una ciudadana austriaca de origen turco. Durante años fue víctima de violencia física y amenazas de muerte por parte de su esposo. En dos ocasiones, se emitieron órdenes de protección que requerían que su esposo abandonara el domicilio común, primero por un período de 10 días y luego por un período de tres meses. La violencia y las amenazadas de muerte continuaron y su esposo disparó a Şahide Gökeç frente a dos de sus hijas, causando su muerte.

11. Véase también la sentencia T.M. y C.M. contra Moldavia.

En este sentido, diferentes estudios que abordaron la efectividad de las órdenes de protección encontraron que estas órdenes no detuvieron ni previnieron el abuso de las víctimas al 100 %[12]. Entre el 30 % y el 70 % de las órdenes de protección no son efectivas[13].

Diversas investigaciones empíricas destacan que las órdenes de protección pueden aumentar la seguridad de las víctimas[14]. Sin embargo, si las víctimas son acosadas por los agresores, los efectos de la orden de protección no son beneficiosos para su salud mental. Lisa Logan y Jennifer Cole encontraron, en una encuesta con una muestra de 662 mujeres en los Estados Unidos, que el 57.4 % de las mujeres con una orden de protección fueron acosadas. El acoso impacta directamente en la salud mental de las víctimas, quienes sufren el abuso psicológico más severo y el trastorno de estrés postraumático.

En cuanto a lo de protección europea, la tramitación de la directiva que la regula fue muy discutida. En su investigación, Suzan Van der Aa y Jannemieke Ouwerkerk[15] sintetizan las principales objeciones a la Orden de protección europea. Una de las principales objeciones es el ámbito de las órdenes de protección. Se indican que resultan excepcionales aquellos casos donde una persona se encuentra en riesgo y se traslada de un Estado miembro a otro mientras que su agresor permanece en el mismo estado.

Otro aspecto problemático señalado son los altos costes de las órdenes europeas de protección para los sistemas judiciales. También se plantea como objeción que la tramitación de la Orden de Protección Europea no es un procedimiento ágil y que seguramente sea más inmediato solicitar una

---

12. Cordier, R., Chung, D., Wilkes-Gillan, S., y Speyer, R, 2021, The Effectiveness of Protection Orders in Reducing Recidivism in Domestic Violence: A Systematic Review and Meta-Analysis. Trauma, Violence, y Abuse, 22(4), pp. 804-828. https://doi.org/10.1177/1524838019882361

13. Russell, B. 2012. «Effectiveness, Victim Safety, Characteristics, and Enforcement of Protective Orders». *Partner Abuse*, 3(4), pp. 531–552. DOI: https://doi.org/10.1891/1946-6560.3.4.531; Kanuha, V. K., y Ross, M. L., 2004, «The use of temporary protection orders (TROs) as a strategy to address intimate partner violence». *Violence and Victims*, Jun; 19(3), pp. 343-56. DOI: https://doi.org/10.1891/vivi.19.3.343.65766; y Logan, T. y Walker, R. (2009). «Civil protective order outcomes: Violations and perceptions of effectiveness». *Journal of Interpersonal Violence*, 24, 4, 675- 692. DOI: https://doi.org/10.1177/0886260508317186.

14. Bell, M. E. y Goodman, L. A., 2001, «Supporting battered women involved with the court system». *Violence Against Women*, 7(12), 1377–1404. DOI: https://doi.org/10.1177/10778010122183919; Logan, T. K. y Walker, R. W., 2010, «Civil protective order effectiveness: Justice or just a piece of paper?», *Violence and Victims*, 25(3), 332–348. DOI: https://doi.org/10.1891/0886-6708.25.3.332 y Russell, B., 2012, Effectiveness, Victim Safety, Characteristics, and Enforcement of Protective Orders. *Partner Abuse*, 3(4), pp. 531–552. DOI: https://doi.org/10.1891/1946-6560.3.4.531.

15. Van Der AA, S. y Ouwerkerk, J., 2011, «The European Protection Order: No time to waste or a waste of time? European Journal of Crime», *Criminal Law and Criminal Justice*, 19(4), pp. 267-287.

nueva orden de protección en el país al que se traslade la víctima. Además, otra de las principales críticas a la orden de protección europea son las diferencias entre las legislaciones de los Estados miembros. La heterogeneidad de los ordenamientos jurídicos perjudica la eficacia de la Orden de Protección Europea[16]. El delito que motiva la adopción de la orden debe encontrarse tipificado en los dos ordenamientos jurídicos de los Estados miembros.

3. IMPACTO DE LA DIRECTIVA (UE) 2024/1385 DEL PARLAMENTO EUROPEO Y DEL CONSEJO, DE 14 DE MAYO DE 2024 EN LA COOPERACIÓN JUDICIAL EN ÁMBITO DE LA VIOLENCIA DE GÉNERO

La Directiva (UE) 2024/1385 del Parlamento Europeo y del Consejo, de 14 de mayo de 2024, se centra en fortalecer la cooperación judicial entre los Estados miembros de la Unión Europea en el ámbito de la violencia de género. Su objetivo principal es mejorar la protección de las víctimas mediante la armonización de normas y procedimientos legales en toda la Unión Europea. La directiva establece un marco legal común para la cooperación y protección en casos de violencia de género para mejorar la respuesta judicial y administrativa, así como garantizar los derechos y la seguridad de las víctimas en todos los Estados miembros.

En cuanto a las implicaciones de la Directiva (UE) 2024/1385 para la Orden de Protección Europea y las órdenes de protección en general es necesario destacar varias cuestiones. En relación con la Orden de Protección Europea, resulta positiva la armonización del marco legislativo sobre las conductas punibles en violencia de género. En este sentido, el primer capítulo de la directiva aborda diferentes disposiciones generales. Otorga definiciones de términos clave como violencia contra las mujeres, violencia doméstica, víctima, menor, y otras nociones relevantes. En el segundo capítulo, la Directiva (UE) 2024/1385 establece definiciones de diferentes conductas punibles. La mutilación genital femenina (artículo 3), matrimonio forzoso (artículo 4), la difusión no consentida de material íntimo o manipulado (artículo 5); el *cyberstalking* (artículo 6); el ciberacoso (artículo 7); y la incitación a la violencia o al odio por medios cibernéticos (artículo 8). Además, establece cuestiones generales, tanto procesales como sustantivas, sobre la participación en el delito (artículo 9), las penas (artículo 10);

16. Borges Blázquez, R., 2020, «La orden de protección europea y su aplicación en España». *Revista Jurídica Universidad Autónoma De Madrid*, (41), pp. 93–127. https://doi.org/10.15366/rjuam2020.41.004

las circunstancias agravantes (artículo 11), la jurisdicción (artículo 12) y la prescripción del delito (artículo 13).

Resulta positivo ya que anteriormente, el proceso para obtener una Orden de Protección Europea en casos de *stalking* era problemático debido a la heterogeneidad en la legislación de los Estados miembros y a la dificultad para reconocer este tipo de delitos de manera uniforme. Con la armonización, se facilita la cooperación y la protección de las víctimas a nivel europeo.

Por otra parte, la Directiva (UE) 2024/1385 fomenta activamente el uso de la Orden de Protección Europea, destacando en el artículo 19.2 que las autoridades competentes deben ofrecer la posibilidad de solicitar una Orden de Protección Europea a las víctimas. Implica que las autoridades deben ser proactivas en informar y facilitar el acceso a estas órdenes.

En cuanto a las órdenes de protección en general resulta positivo que las Directiva (UE) 2024/1385 pauta la creación de órdenes de protección inmediata y desvinculadas del proceso penal. Disposición que implica que una víctima puede recibir protección urgente sin necesidad de que se haya iniciado o concluido un proceso judicial. Esta medida es crucial para proporcionar una respuesta rápida en situaciones de peligro inminente, asegurando la seguridad de las víctimas.

Otro aspecto relevante de la Directiva (UE) 2024/1385 es la penalización del incumplimiento. La Directiva establece que cualquier incumplimiento de una orden de protección será castigado con sanciones efectivas, proporcionadas y disuasorias. El cumplimiento de estas órdenes es vital para garantizar la seguridad de las víctimas, y la posibilidad de sancionar el incumplimiento ayuda a prevenir futuros actos de violencia.

A modo de conclusión, las implicaciones de la Directiva (UE) 2024/1385 para la Orden de Protección Europea y las órdenes de protección en general son positivas. Se armoniza el marco legislativo, facilitando la solicitud y el reconocimiento de estas órdenes en toda la UE, y se fomenta activamente su uso. Además, se establece la posibilidad de emitir órdenes inmediatas sin necesidad de vinculación al proceso penal, y se asegura que cualquier incumplimiento de estas órdenes sea sancionado adecuadamente. Estas medidas en conjunto mejoran significativamente la protección de las víctimas de violencia. Sin embargo, la Directiva (UE) 2024/1385 no acarrea grandes modificaciones y la Orden de Protección Europea sigue adoleciendo de algunas críticas, como su limitado ámbito.

4. BIBLIOGRAFÍA

Bell, M. E. y **Goodman, L. A.**, 2001, «Supporting battered women involved with the court system». *Violence Against Women*, 7(12), 1377–1404.

DOI: https://doi.org/10.1177/10778010122183919.

Borges Blázquez, R., 2020, «La orden de protección europea y su aplicación en España». *Revista Jurídica Universidad Autónoma De Madrid*, (41), pp. 93–127.

https://doi.org/10.15366/rjuam2020.41.004.

Burgos Ladrón de Guevara, J., 2013, «La orden europea de protección: analogías y diferencias con la orden de protección del proceso penal español», *Diario La Ley*, núm. 8022.

Cordier, R., Chung, D., Wilkes-Gillan, S., & **Speyer, R.**, 2021, «The Effectiveness of Protection Orders in Reducing Recidivism in Domestic Violence: A Systematic Review and Meta-Analysis». *Trauma, Violence, & Abuse*, 22(4), pp. 804-828.

https://doi.org/10.1177/1524838019882361.

Davidsont N., 2019, «The feminist expansion of the prohibition of torture: Towards a postliberal international human rights law?» *Cornell International Law Journal*, 52 (1), pp. 109-136.

Franch, A.V., 2016, «El Convenio de Estambul y los sujetos de la violencia de género. El cuestionamiento de la violencia doméstica como categoría jurídica». *Revista de Derecho Político*, vol. 1, no 97, pp. 179-208.

Kanuha, V. K., y **Ross, M. L.**, 2004, «The use of temporary protection orders (TROs) as a strategy to address intimate partner violence». *Violence and Victims*, Jun; 19(3), pp. 343-56.

DOI: https://doi.org/10.1891/vivi.19.3.343.65766.

Logan, T. & **Walker, R.**, 2009, «Civil protective order outcomes: Violations and perceptions of effectiveness». *Journal of Interpersonal Violence*, 24, 4, 675- 692.

DOI: https://doi.org/10.1177/0886260508317186

Logan, T. K. y **Walker, R. W.**, 2010, «Civil protective order effectiveness: Justice or just a piece of paper?», *Violence and Victims*, 25(3), 332–348.

DOI: https://doi.org/10.1891/0886-6708.25.3.332

Lopez de Zubiria, S., 2019, «El Convenio de Estambul en la lucha contra la violencia de género análisis crítico». *Letras jurídicas: revista de los investigadores del Instituto de Investigaciones Jurídicas*, N.°. 39, 2019, pp. 203-218.

Russell, B. 2012. «Effectiveness, Victim Safety, Characteristics, and Enforcement of Protective Orders». *Partner Abuse*, 3(4), pp. 531–552.

DOI: https://doi.org/10.1891/1946-6560.3.4.531.

Sosa, L., Niemi, J., y **Van Der AA, S.** 2019. «Protection Against Violence: The Challenges of Incorporating Human Rights' Standards to Procedural Law». *Human Rights Quarterly*, 41(4), pp. 939-961.

https://doi.org/10.1353/hrq.2019.0068

Van Der AA, S. y **Ouwerkerk, J.**, 2011, «The European Protection Order: No time to waste or a waste of time?», *European Journal of Crime, Criminal Law and Criminal Justice*, 19(4), pp. 267-287.

Zamora Gómez, C., 2022. «Well-Founded Fear in International Refugee Law: A Feminist Approach». *The Age of Human Rights Journal*. N.° 19, pp. 271-291.

EPÍLOGO

Una de las tareas más gratificantes que puede abordar un profesor universitario es recibir la invitación a presentar una obra. Satisfacción que se torna en un auténtico placer cuando su director es, además de compañero, amigo. Es, por tanto, un honor para mi presentar esta obra colectiva que, dirigida por el profesor Paulo Ramón Suárez Xavier, bajo el título *La transición normativa y digital de la cooperación judicial en la U.E.*, aúna distintos estudios realizados por jóvenes —pero de solvencia sobradamente acreditada— investigadores del derecho procesal.

El eje sobre el que se construye esta obra es triple: la cooperación judicial penal, la digitalización y la inteligencia artificial. Elementos todos ellos que conforman un nuevo paradigma de nuestra sociedad y que plantea nuevos retos y oportunidades en el ámbito judicial, en general y en el ámbito judicial europeo, en particular.

Así pues, la creación de un espacio común de libertad, seguridad y justicia en la Unión Europea ha pasado necesariamente por apostar por la cooperación judicial, camino que no ha sido fácil al estar condicionado por viejas dinámicas políticas y económicas. A los tradicionales problemas que tradicionalmente se han planteado en el ámbito de la cooperación judicial penal se suman hoy aquellos otros que vienen de la mano de las nuevas tecnologías. La digitalización de los procedimientos, la inteligencia artificial aplicada a la investigación penal y la interoperabilidad entre los sistemas judiciales nacionales son cuestiones que exigen un debate profundo y soluciones normativas adaptadas a los nuevos tiempos que fortalezcan el Estado de derecho y garanticen la eficacia de la cooperación judicial en el seno de la Unión Europea.

En este contexto, la presente obra se erige como un referente para comprender las implicaciones de dicha transición y ofrece un estudio riguroso de los instrumentos jurídicos que regulan esta nueva realidad, invitándonos a reflexionar sobre cómo la evolución tecnológica transforma el ejercicio de la justicia y la manera en que los operadores jurídicos interactúan en un contexto cada vez más interconectado.

No obstante, no podemos obviar que junto a las ventajas que la digitalización plantea en aras de la consecución de una mayor eficiencia y transparencia en la cooperación judicial, surgen interrogantes en torno a la situación en la que queda la protección de los derechos fundamentales y la preservación de garantías esenciales del proceso. La regulación de estos aspectos requiere un enfoque equilibrado que combine el progreso tecnológico con el respeto a los principios básicos del derecho procesal.

Todas y cada una de estas cuestiones son analizadas —casi, diríamos, desmenuzadas— por los nueves autores que participan en esta obra colectiva quienes desde la madurez intelectual abordan estos temas con un enfoque multidisciplinar, combinando aspectos fundamentales como la protección de los derechos fundamentales en el contexto de la digitalización y los límites que el desarrollo tecnológico debe respetar en aras de preservar las garantías procesales.

Así pues, cada capítulo de este libro representa una contribución valiosa a la comprensión del proceso de modernización que está viviendo la cooperación judicial en Europa. Para ello, la obra se articula en torno a tres bloques dedicados respectivamente a los desafíos en las investigaciones transfronterizas y la cooperación judicial, la digitalización y nuevas tecnologías y técnicas en la cooperación judicial, y, finalmente, la inteligencia artificial y la gestión de la información en el ámbito judicial. Todos ellos bajo un denominador común: poner de manifiesto los retos normativos que enfrenta la Unión Europea en su esfuerzo por consolidar un espacio judicial más integrado y eficiente.

El resultado es una obra que, producto del esfuerzo conjunto de los investigadores comprometidos, académica y profesionalmente, con la construcción de un sistema de justicia más eficiente, accesible y justo, resulta de lectura obligada para aquellos que buscan conocer el funcionamiento de la cooperación judicial penal en la era digital puesto que la digitalización y la innovación en el ámbito de la justicia no son meros conceptos abstractos, sino realidades que afectan de manera directa a la forma en que los ciudadanos acceden a sus derechos y los Estados garantizan su cumplimiento.

Por ello, invito al lector —no sólo al jurista sino a quien aspira a serlo— a sumergirse en estas páginas con el espíritu crítico que caracteriza a cualquier estudioso del derecho, disfrutando del viaje que implica la constante construcción de la cooperación judicial en la Unión Europea a través de su digitalización. Esta obra le ayudará a comprender y orientar de dónde venimos y haciendo donde caminamos.

Y no puedo terminar este prólogo sin antes felicitar —pero sobre todo agradecer- al director de este proyecto, el profesor Paulo Ramón Suárez Xavier, así como a los coordinadores y autores que han contribuido en la obra aquí presentada. De ellos resalto su vocación, pero sobre todo, su pasión por la investigación que se puede ver reflejada en cada palabra, en cada página de este libro, que aspira a convertirse en una referencia obligada para quienes estudian y practican el derecho en el ámbito europeo.

Milagros López Gil

Profesora Titular de Derecho Procesal
Universidad de Málaga

Made in United States
Orlando, FL
04 November 2026

90201285R00120